城市生态安全治理的公众参与研究

吴 璟 殷如恒 著

中国城市出版社

图书在版编目（CIP）数据

城市生态安全治理的公众参与研究/吴璟，殷如恒著.—北京：中国城市出版社，2019.12
ISBN 978-7-5074-3235-0

Ⅰ.①城… Ⅱ.①吴…②殷… Ⅲ.①城市环境-生态安全-公民-参与管理-研究-中国 Ⅳ.①F299.23

中国版本图书馆CIP数据核字（2019）第251798号

    本书立足于中国城市生态安全治理的实际，系统地总结了公众参与城市生态安全治理的历史变迁，提出了具有推广价值的空间参与模型，内容丰富、适用性强，有助于激发专家学者、政府官员、社会大众等各界人士对于公众参与城市生态安全治理这一议题的兴趣，加深他们对于城市生态安全问题、公众参与问题的认知，化解公众参与城市生态安全治理的难题。本书包括绪论、城市生态安全治理中公众参与的基本概念与基础理论、城市生态安全治理中"P-E-C"空间参与模式的构建、中国城市生态安全治理中公众参与面临的困境、中国城市生态安全治理中公众参与面临困境的成因、发达国家公众参与城市生态安全治理的实践与经验、中国公众参与城市生态安全治理的对策与建议、结论与展望共8章内容。

    本书可作为高等学校行政管理专业的指导用书，亦可作为政府相关部门制定生态环境政策的参考用书。

责任编辑：仕　帅　吉万旺
责任校对：芦欣甜

城市生态安全治理的公众参与研究
吴　璟　殷如恒　著

*

中国城市出版社出版、发行（北京海淀三里河路9号）
各地新华书店、建筑书店经销
北京建筑工业印刷厂制版
北京建筑工业印刷厂印刷

*

开本：787×1092毫米　1/16　印张：16¾　字数：313千字
2019年12月第一版　　2019年12月第一次印刷
定价：48.00元
ISBN 978-7-5074-3235-0
（904220）

版权所有　翻印必究
如有印装质量问题，可寄本社退换
（邮政编码 100037）

前　言

　　城市生态系统是城市公众与周围生物和非生物环境相互作用而形成的具有特定功能的复合体系，也是人类在改造和适应自然环境的基础上建立起来的特殊人工生态系统。进入21世纪，城市生态系统与城市公众间的相互关系日益密切，相互影响不断加深。一方面，城市生态系统成为城市社会经济文化发展的助推器；另一方面，城市化进程为城市生态系统带来了不可逆的伤害。党的"十九大"报告中指出：坚持人与自然和谐共生。统筹山水林田湖草系统治理，实行最严格的生态环境保护制度，形成绿色发展方式和生活方式，坚定走生产发展、生活富裕、生态良好的文明发展道路，建设美丽中国，为人民创造良好生产生活环境，为全球生态安全做出贡献。城市生态安全问题的凸显，需要包括政府在内的城市社会主体进行综合治理，整合社会资源，通过多方协作，构建多元主体共同参与的城市生态安全治理模式。

　　基于以上认知，本书以协商民主理论、政治参与理论、生态正义理论为基础，在梳理农业社会的社会管理、工业社会的生态治理、后工业社会的城市生态安全治理的历史演进过程后，借鉴西方学者关于公众参与"民主立方体"的构想，提出适用于中国城市生态安全治理和公众参与实践的"参与主体-赋权程度-参与形式（P-E-C）"空间参与模式。同时，结合我国公众参与城市生态安全治理中的具体案例，总结其中存在的现实困境，并分析引发诸多困境的深层原因，进而探索适用于我国城市生态安全治理的公众参与机制和路径。在研究过程中，参与主体、赋权程度、参与形式构成"P-E-C"空间参与模式的三个维度，也是贯穿全文的主体脉络。其中，最大化利用治理资源、发挥治理主体参与能动性是模式构建的基本目标；增进参与主体间认知程度是模式构建的关键目标；公平正义是模式运作过程的价值目标；规范化参与是模式正常运转的组织目标。

　　一方面，"P-E-C"空间参与模式揭示了公众参与城市生态安全治理中各要素之间的内在关联性及相互作用，同时创造性地综合考量了参与主体、赋权程度、参与形式的地位与作用，是具有多维性、同时性、指向性、立体性、空间性的公众参与模式。其中，参与主体、赋权程度、参与形式都是跃出平面、伸向空间的结果，三个维度分别产生三个不同的平面，其中任意两个不同平面间或平行或交于一条直线，每个维度内部要素的划分、组合与区间都具有可变性和不确定性，模式所具备的弹性空间能够更好地应对不断变化的城市生态安全问题。另一方面，该模式的设计，旨在通过扩大公众参与主体范围、深化公众参与权利、丰富公众参与形式，同时提升公众参与的民主价值观和治理效果，构建符合我国国情的公众参与城市生态安全治理模式，进而最大化地实现公众参与过程及生态环境政策的合法性、正义性和有效性。

研究结果表明，我国在公众参与城市生态安全治理中存在公众对于政府治理行为的认可度不高、参与主体间权利与地位的界限模糊、城市生态安全治理效果不佳的问题。溯其根源，政府治理合法性、公众参与正义性、治理结果有效性不足是主要原因。发达国家在创新公众参与机制方面取得了许多成果，其中涵盖了提升公众参与意识、深化公众参与程度、丰富公众参与形式等内容。在此基础上，合理处理参与主客体间的关系、保障公众参与权利、细化公众参与形式成为提升我国城市生态安全治理中公众参与合法性、正义性、有效性的有力举措。总之，城市生态安全治理中的"P-E-C"空间参与模式是具有动态性、适应性、流动性特质的公众参与范式。该模式的有效运用需要实现参与主体、赋权程度、参与形式的有机融合，这是我国公众参与城市生态安全治理的现实需要，也是公众参与理论的题中之意。

公众参与城市生态安全治理的研究具有综合性、复杂性、时代性，涉及众多学科、研究领域、基础理论。本书作者虽然竭尽全力，但由于学术水平、时间、空间等条件的限制，仍存在一些不尽如人意之处，敬请相关专家和读者批评指正。

本书第1、2、3、4、5、7章内容由南京邮电大学吴璟老师撰写，第6、8章内容由徐州工程学院殷如恒老师撰写。最后，感谢中国城市出版社的编辑们为本书的出版所付出的辛勤劳动。

编　者

2019年10月

目 录

第1章 绪 论 001
1.1 研究的缘起 002
1.2 公众参与城市生态安全治理的发展过程及研究进展 009
1.3 结构框架与研究方法 027
1.4 研究重点与创新之处 030

第2章 城市生态安全治理中公众参与的基本概念与基础理论 033
2.1 城市生态安全治理中公众参与的相关概念厘定 034
2.2 城市生态安全治理中公众参与的理论基础 048
2.3 城市生态安全治理中公众参与的历史演进 057

第3章 城市生态安全治理中"P-E-C"空间参与模式的构建 075
3.1 城市生态安全治理中"P-E-C"空间参与模式分析 076
3.2 城市生态安全治理中"P-E-C"空间参与模式的基本单元：主体构成 085
3.3 城市生态安全治理中"P-E-C"空间参与模式的关键控点：赋权程度 093
3.4 城市生态安全治理中"P-E-C"空间参与模式的内生变量：参与形式 098

第4章 中国城市生态安全治理中公众参与面临的困境 ……… 105

4.1 公众参与主动性和意愿总体不足 ……………………… 106
4.2 参与主体间权利与地位的界限模糊 …………………… 111
4.3 城市生态安全治理整体效果不佳 ……………………… 116

第5章 中国城市生态安全治理中公众参与面临困境的成因 ……… 123

5.1 合法性危机：影响公众参与主动性的主观条件 ……… 124
5.2 正义性缺失：限制公众参与权利的制度因素 ………… 130
5.3 有效性减弱：影响公众参与形式的客观因素 ………… 136

第6章 发达国家公众参与城市生态安全治理的实践与经验 ……… 141

6.1 发达国家公众参与城市生态安全治理的实践 ………… 142
6.2 发达国家公众参与城市生态安全治理的主体性体现 … 166
6.3 发达国家公众参与城市生态安全治理的权利保障 …… 169
6.4 发达国家公众参与城市生态安全治理的实现路径 …… 173

第7章 中国公众参与城市生态安全治理的对策与建议 ……… 177

7.1 提升治理合法性：合理处理城市生态安全治理中的主客体关系 …………………………………………… 178
7.2 促进参与正义性：深化公众参与城市生态安全治理的程度 … 189
7.3 加强参与有效性：丰富公众参与城市生态安全治理的形式 … 201

第8章 结论与展望 ……… 209

8.1 本书主要研究结论 ……………………………………… 210
8.2 未来研究展望 …………………………………………… 213

附录A　中华人民共和国环境保护法

　　　　（自2015年1月1日起施行） ……………………………… 215

附录B　中华人民共和国环境影响评价法 …………………… 226

附录C　国务院信访条例（第431号） ……………………… 234

附录D　全国环境统计公报（2015年） ……………………… 243

参考文献 ………………………………………………………… 247

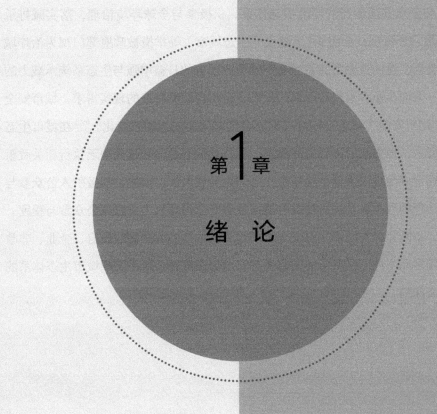

第1章 绪论

在全球城市化的时代背景下，城市规模急剧扩张、人口数量不断攀升、人口密度日益增大，城市社会经济的迅猛发展使人口流、物质流、信息流、资源流在有限的空间与时间场域内交汇。党的"十九大"报告中指出：必须坚持节约优先、保护优先、自然恢复为主的方针，形成节约资源和保护环境的空间格局、产业结构、生产方式、生活方式，还自然以宁静、和谐、美丽。着力解决突出环境问题。构建政府为主导、企业为主体、社会组织和公众共同参与的环境治理体系。积极参与全球环境治理，落实减排承诺。[1]大力发展"环保型社会组织"、建设"生态城市"等举措被政府部门视为治疗城市生态顽疾的良药，这一方面意味着城市外部资源压力的日益增强与生态系统承载力的逐渐削弱，另一方面也蕴含着对政府部门生态安全治理职能转换的现实需求。城市安全是一种状态，"绝对安全"状态是不存在的，会随时间而发生动态变化。[2]在城市生态安全治理的实践中，地方政府面临着高成本、低收益的问题，导致其缺乏执行相关政策的积极性，进而造成治理成效低下及城市生态体系发展失衡。因此，积极引入公众参与城市生态安全治理的理念，合理划分政府城市生态安全治理权力，深化公众参与程度、丰富参与形式，不断完善与城市生态安全治理相关的法律制度，构建政府、企业、非政府组织、公民等多元主体广泛参与的城市生态安全治理机制，对于实现城市生态体系的可持续发展意义深刻。

1.1 研究的缘起

1.1.1 城市生态安全问题日趋严重

城市化已成为各国政府关注的焦点，从以政治统治为主要职能的传统农业城市到现今具有卓绝政治、经济、文化、科技实力的国际化大都市，城市化已成为当下世界各地经济与社会发展的强劲推动力。城市是一种特殊的资源聚合，它不是土地、建筑物与人口的简单叠加，而是市民的生活方式、工作方式、学习和思维方式的集中映现。[3]城市本质上是生产力、生产关系等诸多要素的聚合地，是衡量国家或地区社会发展能力及现代化程度的重要指标,城市不仅手握本地区经济发展命脉,更扮演着一国政治中枢系统、文化传播纽带、社会生活主导者等多重角色。就中国而言,1980年,只有19%的人口生活在城镇,而到2015年,约56%的人口生活在城镇。[4]有资料显示:中国90%以上的城市水体污染严重,很多城市河道和湖泊有黑臭现象。20世纪90年代中期,世界银行把中国每年因环境造成的损失评估为GDP的5%～7%。伴随着城市化进程的加快,城市生态安全面临严峻挑战,城市生态安全性与城市生态足迹、生物承载力密切相关。生态足迹用来度量满足一定人口需求的具有生物生产力的土地和水域的面积;生物承载力指某地区或国家的可用的具有生物生产力的土地和水域。[5]在过去30余年中,中国城市化率与生态足迹呈同步增长态势,同步增长的一个原因是人均生态足迹与人均收入基本上成正比关系,在中国大陆各省,城市人口人均收入高于农村人口人均收入。图1-1显示出中国大陆不同地区人均收入与人均生态足迹的关系。综合来看,人口收入水平高,相应的生态服务消费即生态足迹也高。[6]与此同时,人类生态足迹的增长会挤占农田、森林、草地、湿地等绿色生态空间,在一定程度上造成生物承载力下降,进而威胁城市生态安全。

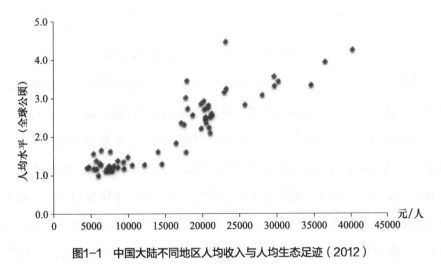

图1-1　中国大陆不同地区人均收入与人均生态足迹(2012)

2015年中央城市工作会议指出:城市发展要把握好生产空间、生活空间、生态空间的内在联系,实现生产空间集约高效、生活空间宜居适度、生态空间山清水秀。[7]营造一个良好的城市生态环境,需要把握好生产空间、生活空间及生态空间三者之间的关系。近几十年来,由于人口的迅速增长、消费量的增大以及污染的增多,生态环境压力剧增,由生态环境问题导致的冲突和灾害越来越多。[8]然而,在一个特定的城市化区域和城市化阶段,人均生态足迹的增长和人均生物承载力的下降会同时发生,这对包括中国在内的全球任何国家而言，都是生态系统难以承受的城市化发展之重。日益便捷的交通网络为生态资源及其他产品的空间流动提供了可能，这并不意味着城市在空间、人口规模与产业聚集上可以无限扩大。蔓延的生态足迹，不仅会加大国家的生态压力，对城市区域而言也会造成安全隐患。

以北京为例，近30年来，北京市人均生物承载力总体处于下降趋势，而人均生态足迹总体增加。虽然，2010~2012年北京市人均生态足迹有所回落，但是没能扭转生态足迹对外依赖幅度增加的态势。1985~2012年，北京市生态足迹与生物承载力之比翻了近2番，城市生物承载力面临严峻考验[6]（图1-2）。

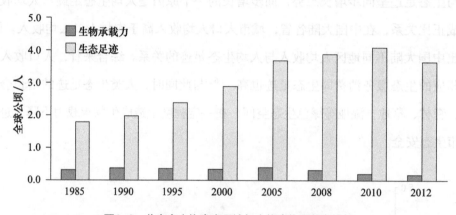

图1-2　北京市人均生态足迹与人均生物承载力比较

毋庸置疑，公众参与度的高低是衡量一国或民主政治发展程度的重要指标，公众参与为政府开展城市生态安全治理提供了必要的智力支持与资源保障，政府对公众参与的积极引导也为城市生态安全治理体系的重构与政府职能的转变创造了可能。迄今为止，中国政府在加强公众参与生态安全治理的制度建设、引导环保社会组织健康发展、开展全国公众生态文明意识调查方面取得了长足进展。2015年，中国政府制定发布了《关于推进环境保护公众参与的指导意见》；为配合新修订的《环境保护法》的实施，编制了《环境保护公众参与办法（试行）》；组织召开了环保社会组织培训班，向40多家环保NGO赠阅环境书刊，传递最新环保政策和相关知识。[9]通过调查，编撰完成《中国环保NGO数据库》，收录了全国650家环保NGO资料信息，增强了公众参与工作的系统性和前瞻性；基本摸清了全国公众生态文明意识现状和期盼，在此基础上建立了全国生态文明意识评价指标体系，为生态文明理论研究和公众参与环境保护提供了重要参考和决策支持。调查研究成果以绿皮书形式向社会广泛发放并引起了社会各界的高度关注。[9]然而，公民等其他社会主体在参与城市生态安全治理的实践中仍受到诸多条件的限制，这极大地抑制了公众参与的积极性。一方面，政府作为城市社会事务的管理者和主导者，扮演"全能型"政府角色。在应对水土流失、土地荒漠化、"三废"污染、噪声污染等城市生态安全问题方面发挥着举足轻重的作用。政府决策高度集中，管理机构冗杂、职责模糊，缺乏健全的规章制度，管理手段过于集中、强硬，管理效率低下，极大地削减了公众参与的热情。另一方面，公众生态意识匮乏、参与意识薄弱、参与机制不健全也使城市生态安全治理收效甚微。总之，在城市生态安全治理中，生态正义、生态权利、生态参与理念的缺失，对于城市不可再生资源重要性认知的偏差、政府信息沟通渠道的不畅通等都是公众参与城市生态安全治理所面对的现实困境。

毋庸置疑，在信息科技和现有治理体制强有力的推动下，国民经济持续平稳发展、国内居民消费水平逐年提高，这给城市的发展带来了前所未有的动力。然而，深刻的城市社会变革衍生出了一系列城市生态安全问题。伴随着经济的快速发展，城市生态安全问题频发、生态环境日趋恶化，这为政府提升城市生态环境质量、促进公众参与生态安全治理、提高社会公共服务质量提出了新的挑战。生态安全识别体系、生态安全治理体系、生态安全治理法律机制亟待完善。此外，伴随着新的社会元素不断涌现，社会各行为主体的利益诉求呈多样化趋势，各主体利益诉求表达渠道的不畅及各主体间信息严重不对称也会导致城市社会诸多矛盾冲突的加剧。社会各利益主体参与城市生态治理方式与渠道也呈多元化、多样化趋势，公民社会逐步走向成熟。城市政府不再是单一、封闭的行政体系，在信息化、网络化趋势的推动下，政府的行为愈来愈受到公众的广泛监督，在权责一致理念的指导下，城市政府治理城市生态安全问题的方式与效果也日趋完善化；另一方面，公众的广泛监督也表明公众积极参与城市生态安全治理的自觉性的不断加强，以及对于建立公正、透明、人性化的城市政府的强烈愿望。

在此时代环境下，探寻一条多元主体共同参与的城市生态安全治理之道成为中国城市政府面临的重要议题。城市生态体系的发展不仅应以推进成员利益为目标，更要秉承平等、正义的观念，提倡公民参与、复合化治理，推进政府职能的深刻转换，构建科学合理的城市生态安全治理模式。本书结合中国城市生态安全治理的现实，在政治参与等理论框架下分析公众参与城市生态安全治理的必要性、特征、主体及手段，探讨城市政府在治理过程中公众参与机制的建设路径，以求促进中国城市生态安全治理模式从管制型向治理型转变。在借鉴国内外城市生态安全治理中公众参与有益经验的基础上，总结中国城市生态安全治理的不足，明确实践中存在的问题及成因，探究具有中国特色的城市生态安全治理机制和模式，以期为中国城市生态安全治理中公众参与机制的完善提供理论支持与对策建议。

1.1.2 构建公众参与城市生态安全治理范式的意义

21世纪是全球城市化的时代，初步估计，到2030年，世界人口的60%将居住在城市。中国的城市化率从1978年的17.92%上升到2012年的52.57%。由此可见，随着城市人口的不断攀升，人口的高度集中不仅给城市发展带来经济效益，使城市在人类社会未来发展中越来越起着决定性作用。同时，伴随着城市规模的不断扩大，城市社会事务日益复杂，城市活动日益集中，传统城市管理模式将政府视为唯一的管理主体，倘若因袭陈规，必将无法适应现代城市的发展，且必将让位于多元主体共同参与的城市治理模式。

伴随着人类社会从工业社会走向信息社会，人类面临的风险越来越多，且被全球化的交往网络所放大。[10]城市生态系统中诸要素的多样性、流动性及复杂性让系统自身蕴含的风险因子数量、种类、触发效应极大地超越了以往社会的任何情境，不断考验着人类承载生态风险的能力。科学定位城市生态安全治理主体，明确其职责，积极构建由参与主体、赋权程度、参与形式三要素组成的"P-E-C"空间参与模式，对于化解城市生态危机、促进城市生态系统的健康与可持续发展具有重要的理论与实践意义。

1. 理论意义

党的十九大报告中明确指出：要推动协商民主广泛、多层、制度化发展，统筹推进政党协商、人大协商、政府协商、政协协商、人民团体协商、基层协商以及社会组织协商。加强协商民主制度建设，形成完整的制度程序和参与实践，保证人民在日常政治生活中有广泛持续深入参与的权利。[1]政府是城市公共物品的提供者与管理者，也是公共利益和公共价值得以实现的推动者。在城市生态安全治理的实践中，引入公众参与，建立由参与主体（Participants）、赋权程度（The Degree of Empowerment）、沟通与决策方式（Mode of Communication and Decision）三个维度构成的"参与主体-赋权程度-参与形式（P-E-C）"空间参与模式，有利于提升城市生态决策的合法性、正义性及有效性。这不仅符合民主政治发展的基本走向，而且对于丰富城市生态安全治理理论、公众参与理论等理论体系意义重大。具体来看：

其一，开展城市生态安全治理中"P-E-C"空间参与模式的研究，有助于深化对于公众参与主体相关理论的认知。参与主体的选择对于提升政府治理成效至关重要。城市生态安全治理客观上需要城市政府与城市多元主体在治理过程中通过互动、沟通与协商解决生态问题，实现公共利益最大化。本书通过实地调研和访谈，对城市生态安全治理中中央政府、地方政府、私营部门、环保专家、环保组织等参与主体的涵义、地位与作用进行了深入细致的分析。同时，将参与主体置于"P-E-C"空间参与模式中，力图将参与主体由单一化向多元化扩展，使参与主体成为多维、立体、动态的"P-E-C"空间参与模式的基本构成元素，进而阐释公众对于城市政府及生态体系发展的重要性，丰富现有的关于公众参与主体的相关理论。

其二，开展城市生态安全治理中"P-E-C"空间参与模式的研究，有助于加强对于公众参与权利相关理论的认知。为论证公众参与及政府环境决策对于城市生态安全的影响与作用，本书以公众参与主体、公众被赋权程度、公众参与形式为维度，探寻造成政府治理合法性、公众参与正义性、治理有效性不足的深层原因。其中，政府赋予公众权利的程度可以理解为城市生态安全治理参与权的实现程度，即公众实际获得参与权利的大小。在城市生态安全治理的"P-E-C"空间参与模式中，依据公众被赋权程度和大小的不同，可将公众参与权利的行使划分为研究和收集生态数据、生态信息供给、生态政策咨询、参与、合作和协作、委派与授权六个层级。其中，参与层级呈现出参与阶梯化发展的基本态势，参与程度由浅入深，逐层递增。通过对不同层级的公众参与权利进行纵向比较与分析，以得出政府赋予公众参与城市生态安全治理权利的真实情况。这一方面将会推进公众参与权利理论的自我完善与发展，另一方面也会激发更多的学术研究来证实或证伪本书的基本观点。

其三，开展城市生态安全治理中"P-E-C"空间参与模式的研究，有助于增进对于公众参与形式相关理论的认知。城市生态安全治理中，公众参与形式亦可理解为公众沟通与决策方式，参与形式的维度包括从单向流到双向流，从双向流到多向流的连续统一体。参与形式的多样化程度直接关系到城市生态安全治理的效果，良性的公众参与形式能够增加公众参与主动性及政府公信力。在"P-E-C"空间参与模式中，公众参与形式主要包括公民调查、环境信访、公民会议、环境听证会、生态环境专家咨询、网络参与等，通过对不同参与形式涵义、特征、地位、意义的研究，不仅能够从认识论层面正确理解公众参与形式的深刻价值，对于以公众参与形式与途径为研究内容的公众参与理论的发展也具有一定的意义。

2. 现实意义

现实中，以生态正义等知识与理论为基础，系统、全面地研究中国城市生态社会发展中面临的困境与成因，构建中国特色的"参与主体-赋权程度-参与形式（P-E-C）"空间参与模式，有助于城市政府生态安全治理能力的提升及城市生态系统的可持续发展。

其一，对于城市生态安全治理中"P-E-C"空间参与模式的研究，有利于城市政府生态安全治理职能的转换与治理能力的提升。城市的兴衰及城市政府体系良性运作与否很大程度上决定着一国在国际舞台上的地位及主动权。对于城市生态安全治理中的公民参与问题的系统研究，有助于城市政府在制度化、规范化、人性化层面上构建城市生态安全治理模式，最大程度应对城市生态危机，为城市社会健康发展提供秩序保障。另一方面，政府作为城市生态系统的主要管理者，对于城市生态安全治理问题的研究，有助于城市政府在生态安全治理过程中正确处理与企业、非政府组织、公民间的关系，通过良性的互动、沟通和谈判促使社会主体在参与城市生态安全治理的过程中加强与政府的协作与沟通，进而增强城市政府生态安全治理能力。

其二，对于城市生态安全治理中"P-E-C"空间参与模式的研究，有利于构建城市生态安全治理的多元主体参与机制，促进民主政治的发展。城市生态安全治理参与机制将企业、非政府组织、公民等主体纳入生态治理轨道，以实现公正、平等的生态权利为目标，符合民主政治发展的基本要求。民主是一系列的行为过程，包括选举行为过程、决策行为过程、参与行为过程等。就城市生态安全治理的主体而言，生态政治民主体现为不同政治主体的政治活动及其结果。其中，政府、企业、非政府组织、公民、大众传媒等城市主体是重要的生态政治角色和行为体，对于各主体间生态安全治理参与权利的保障与完善在一定程度上能够纠正生态安全治理中政府存在的问题，实现生态政策制定和实施的科学化和民主化，对于城市社会民主政治的发展具有重要的现实意义。

其三，对于城市生态安全治理中"P-E-C"空间参与模式的研究，有利于促进城市生态系统的可持续发展。中国正处在工业化、城市化快速发展的战略关键期。在这一时期，与经济迅猛发展相伴而生的是日趋严重的城市生态问题。良好的生态环境能够为城市经济发展转型、产业结构优化、技术能力的提升提供强大的外在保障，能否提供与城市新的经济发展方式、新的产业结构相适应的良好外部生态环境，直接关系到城市社会发展的基础走向。因此，加强环保组织的技术支持力度，积极引导社会力量广泛参与，通过开展公众垃圾分类、企业节能减排等环保行动，建立多元主体共同参与的生态安全治理机制，对于实现城市生态系统及城市社会的可持续发展意义深刻。

1.2 公众参与城市生态安全治理的发展过程及研究进展

城市化的规模越大,城市对自然环境的影响就越大,而自然对城市的反作用力也越大。[11] 近年来,城市化引发的城市生态安全问题逐渐引起人们的关注。城市生态安全问题的内容主要包括:气候变暖、土地荒漠化、海平面升高、生物多样性锐减、雾霾、水污染、交通堵塞等。为应对城市生态安全问题,学术界针对城市生态系统功能、城市生态安全范畴和城市生态风险评价等方面的研究日益深入,国内外学者从城市生态系统发展过程、城市生态服务功能的维持、提高城市生态系统价值、城市生态安全指标体系的构建、城市生态安全评价方法、城市生态风险评价的内容、方法和步骤等方面开展了研究,取得了丰硕的研究成果。本书以城市生态安全治理的逻辑演变为线索,对城市生态安全治理中公众参与问题的相关研究内容进行简单的梳理,以期从理论与实践的层面探寻应对城市生态安全问题之道。

1.2.1 国外学者对于公众参与城市生态安全治理的研究

1. 国外学者对于城市生态安全的研究

19世纪末期,英国学者霍华德(Ebenezer Howard)著述《田园城市》,试图用理性的规划方法来协调城市化与城市生态环境之间的发展,标志着城市生态学研究的兴起;20世纪中期,欧洲学者运用生态学方法就城市健康、土地及社会分层等问题进行研究,取得了丰硕成果;20世纪80年代,研究者从多学科、多角度、多层次研究城市生态问题,城市生态治理备受瞩目;进入21世纪,城市化及城市生态安全问题几乎都围绕着生态城市、城市可持续发展研究而展开,对城市可持续发展及生态环境评价的研究热潮高起。具体来看,可分为四个阶段。

第一,尝试研究阶段。19世纪末,研究者利用生态学和社会学的原理,从对城市外部生态问题的研究转向城市内部社会空间结构和土地利用的研究,城市化及城市生态问题成为研究的主流。生态安全（Ecological Security）最初以"环境安全（Environmental Safety）"的概念出现，围绕环境变化与安全之间的关系而展开，主要指生态系统的健康和完整情况。18世纪工业革命后，人口大量向城市集中，城市自然环境发生了巨大的变化，促使人们开始关注生存环境，生态安全作为生态学研究的一个热点问题逐渐被国外越来越多的学者、研究机构和政府部门所重视。城市规划学家首先从规划学的角度尝试解决此问题，1898年霍华德（Ebenezer Howard）的"田园城市"理念激起了规划学界的广泛关注，霍华德从保护自然生态环境这一生态哲学角度出发，提出"田园城市规划理论"，认为应建设一种兼具城市和乡村优点的理想城市，城市规划应包括公园、医院、学校、市政厅等核心建筑，周围由永久性的农业用地环绕，城市规模能够满足公民丰富的日常生活，但不应超出生态系统承载力。1904年和1915年格迪斯（Patrick Geddes）相继出版了《城市开发》《进化中的城市》，使社会学家融入人地关系的研究当中。美国芝加哥学派的帕克（Robert Park）等人在吸收了动植物生态学研究理论的思想后，形成了人类生态学的研究方向：将城市看作一个封闭的功能系统，这一功能系统可以视为有机体，特别关注有机体的时空变化特征，并提出理想城市模式——同心圆结构。[12]意味着生态学对城市问题的重视。另一方面，在实践领域，菲特（Fitter）和乔维特（Jovet）分别从生态规划学的角度研究了伦敦和巴黎等城市的过度城市化与城市生态环境演替关系问题。1941年，美国著名生态学家利奥波德（Aldo Leopold）提出了土地健康的概念并将其应用于土地功能状况的评价，此后关于生态系统和环境安全问题的研究也逐渐开展起来。[15]

第二，全面研究阶段。20世纪60年代，研究者从政府与非政府组织的关系、经济模型、数学分析方法等渠道对城市生态安全问题的动态性进行了全面而深入的研究。1962年美国学者卡逊（Rachel Carson）在其《寂静的春天》一书中，揭示了人类活动对生态环境的影响，引起世人的瞩目；1970年，联合国教科文组织（UNESCO）第16次会议决定发起"人与生物圈"MAB（Man and Biosphere）计划并于1971年确立了MAB的城市系统的生态学研究方向，从此，城市化与生态环境关系的研究在国际学术团体和非官方组织之间积极展开；1972年，罗马俱乐部发表的一部研究报告——《增长的极限》，[12]利用系统动力学模型对世界城市化前景进行了"有极限增长"的预测，进一步激发了人们从生态学角度研究城市问题的兴趣；1974年，戈德史密斯（E.Goldsmith）的《生命的蓝图》发表，激起了各国人民对城市化引发的世界资源环境问题的普遍担心。另一方面，实践领域，福雷斯特（Forrester）对城市的动态变化与生态环境的关系进行了研究；

中野尊正等从环境保护的角度系统阐述了城市化对城市自然环境的影响以及城市绿化、城市环境污染及防治等问题；贝里（Berry）首次应用生态因子分析法提取了城市化对城市生态环境影响的主要因子，开创了生态因子研究法；杨森（Jansson）把能源应用于经济生态环境效应的研究。[14]

第三，深入研究阶段。20世纪80年代至90年代，关于城市生态安全治理的研究异常活跃，它不仅在经济学、社会学、生态学、环境科学、管理科学和地理学等学科间展开，其微观机理与运行机制也引起了环境科学和城市研究者的极大兴趣，跨学科综合研究成为研究城市生态安全问题的重要发展趋向。1986年，国际森林研究组织联盟（IUVRO）建立"城市森林"计划工作组，旨在研究城市化对森林破坏的危害并寻求解决办法；同期，世界卫生组织（WHO）将健康城市研究列入组织发展重要议题；[14] 1989年，美国环保局、华盛顿研究与发展办公室等单位联合对美国亚特兰大的生态健康状况进行了综合评价，分析各类干扰因素对草原生态系统的抵抗力和恢复力的影响，并提出抵抗力和恢复力可以作为衡量生态系统健康与否的一个重要度量指标；1992年，加拿大生态经济学家里斯（William Rees）等首先提出了生态足迹（Ecological Footprint）的概念；[15] 1996年，他的博士生Wackernagel提出了具体的分析方法——生态足迹分析方法，这是一种衡量人类对自然资源利用程度以及自然界为人类提供的生命支持服务功能的方法，以计算出一个国家或地区维持资源消费和废弃物吸收所需要的尚未生产的土地面积。1998年，拉波特（Rapport）等人选用活力、恢复力、组织结构、维持生态系统服务、管理、减少投入、对相邻系统的危害和人类健康共八项指标评价生态系统的健康程度；[16] 1999年，巴特尔（Bartell）等人在加拿大魁北克省采用综合水生系统模型（CASM）对有害化学品给河流、湖泊和水库造成的生态风险进行评估。[17]

第四，综合研究阶段。20世纪末期至21世纪，有关城市生态安全治理的研究紧密围绕生态城市、可持续发展城市、卫生城市、安全城市、健康城市等主题而深入，相关的国际组织积极参与其中。1987年发布的《我们共同的未来》报告中将可持续发展定义为：既能满足我们现今的需求，又不损害子孙后代，能满足他们的需求的发展模式，[18] 为城市可持续发展的研究拉开了序幕；1990年，经济合作与发展组织（OECD）遵照1989年七国首脑会议的要求，启动了生态环境指标研究的项目，首创了"压力——状态——响应"模型的概念框架，[19] 用来衡量生态环境承受的压力、这种压力给生态环境带来的影响及社会对这些影响所做出的响应；1996年联合国人居环境大会以及国际城市环境研究所（IIUE）的"可持续城市指标体系研究"系列会议等的举办，表明对城市生态环境的研究进入了多元化阶段;在1998年发布的《生态安全与联合国体系》中,各国专家就生态安全的概念、不安全的成因、影响和发展趋势发表了不同看法,其中有悲观的观点,有中立的客观认识,也不乏积极乐观的见解;2001年,奎格利(Quigley)等人对哥伦比亚河流域的生态安全性进行评估,从生态安全的角度建立区域尺度上的安全评价指标体系,[20]特别关注生态城市建设中的人文和经济城市化的压力问题,为世界城市一体化进程中城市问题的复合系统研究指明了方向;2014年,在哥伦比亚麦德林市举办了"第七届世界城市论坛",论坛主题为"构建城市和谐——生活的城市",关注城市环境保护、减少污染、严肃处理城市气候变化等问题。

2. 国外学者对于城市治理的研究

从西方社会的城市治理理论发展的历史演变逻辑来看,主要经历了以下四个发展阶段。

第一,19世纪至20世纪,有关城市治理的研究经历了社会主导、政府主导、国家-社会合作治理几个阶段。首先,社会主导型。19世纪中叶,受孟德斯鸠、卢梭等思想家"国家越大,自由越小"[21]观念的影响,该时期的城市管理取向强调社会的自我管理,限制政府权力,政府作为社会管理的工具,起辅助作用。其次,政府主导型。20世纪初至20世纪80年代,凯恩斯主义倡导扩大政府干预国家经济的机能、限制私人经济,通过增加国内需求促进经济增长,以此经济政策为标志,该时期的城市管理强调政府是管理的主体,"只有通过凌驾于市民社会之上的国家,才能超出个人利益,克服市民社会占统治地位的任意性、偶然性、贫困、压迫以及各种对立和冲突"。[22]最后,国家-社会合作治理型。20世纪80年代至今,随着生产力的不断发展,政府、市场的失灵和一系列的社会问题,社会事务愈来愈复杂,注重政府与非政府组织的合作的"第三域"理论随之产生,该理论主张第三方参与城市管理,利用政府与社会各利益主体的合作来应对新的社会挑战。城市治理理论由此产生。

第二,20世纪90年代,国内外学术界对治理理论进行了探讨。被广泛应用于学术界的是全球治理委员会在1995年发表的题为《我们的全球伙伴关系》的研究报告中对治理做出的界定:"治理是各种公共的或私人的机构管理其共同事务的诸多方式的总和。它是使相互冲突的或不同的利益得以调和并且采取联合行动的持续的过程。它既包括有权迫使他人服从的正式制度和规则,也包括各种人们同意或以为符合其利益的非正式的制度安排。"[23]它包括四个基本特征:治理不是一整套规则,也不是一种活动,而是一个过程;治理过程的基础不是控制,而是协调;治理既涉及公共部门,也包括私人部门;治理不是一种正式的制度,而是持续的互动。"[24]不难看出,治理理论倡导政府与非政府组织、企业、公民等城市主体在秉承城市可持续发展理念下建立广泛、互助的合作关系,共同对社会事物进行有效的管理,最大化地满足公共利益。

对城市治理理论的理解,国外学者主要有以下观点:罗兹在《新治理:无政府治理》一文中提及:治理标志着政府意义的转变,是一种新的控制过程;或新规则条件的变化;或管治社会的新方法。[25]哈凡和博特格认为,城市治理不仅是不同于城市政府的一个名词,两者在内涵上也是不同的。城市治理以协调而不是以控制为基础;治理强调过程而不是行动与规则;治理既涉及公共部门,也包括私人部门;治理不是一种正式的制度,而是持续的互动。[26]可见,城市治理不仅是一种过程、能力,更是公民参与社会事务管理程度不断提高的表现。对于城市治理方式的划分,以皮埃尔的观点最具代表性,他在《城市治理范式》一文中提及:根据参与者、方针、手段和结果将西方种类繁多的城市治理方式归纳为四种:管理模式、社团模式、支持增长模式和福利模式。[27]

第三,在全球化、信息化的时代背景下,城市治理被赋予新的内涵。勃伦那在《地域全球化:重塑欧洲城市治理》一文中指出:城市治理不只是要提高政府的运行效率,而且要体现管理的弹性,区域经济的协调发展和全球的空间竞争。[28]法国的勒加勒在《欧洲城市治理与规则》一文中提出:竞争是现代城市和区域行动的逻辑,促成了政治精英、社会团体和公共机构的流动。在城市内部维度中,城市治理指的是整合组织、有关人员、社会团体和不同利益的能力。[29]在一些城市和地区,城市治理就是要整合大多数公共(地方和中央)的、私人的和社区的组织,但有些社会组织可能会被排除在治理之外。有效的城市治理体系的建构并非主张同质化、排斥异质化,而是倡导积极有效的协调与合作,是管理者在享有治理合法性前提下进行的城市管理。从外部维度看,城市治理指代表其利益主体及所在区域同其他治理机构尽可能获取多的社会资源的能力,特别是通过策略经济规划等手段实现在城市治理的内部、外部两个维度中的获取社会资源的能力。霍尔和哈伯德在《企业家城市:新城市政治与地理》一文中指出:城市不应只从通常的福利措施或土地利用规划中获得利益,而更应该通过地方资源的流动从竞争日益激烈的市场中获得利益。[30]勒非佛在《从批判角度看大城市治理和西方国家治理》一文中指出:城市治理的支持者往往是中心城市,因为它们想在未来世界经济网络中发展或保持它们的地位。[31]

第四,对于城市治理所产生的问题,国外学者也有所研究。比如,勒非佛在《从批判角度看大城市治理和西方国家治理》一文中指出:纵观西方大都市政府的发展历程,尽管城市治理为大都市政府的设立提供了有效的方法，然而合法性问题在许多大城市的政府中仍然不可避免。[31]考威尔和默多克在《土地使用和治理局限性：英国住房和矿产资源规划经验》一文中提及：在英国东南部某地的住房和采矿规划实践的研究中，人们发现诸如土地利用和环境保护等方面必须使用政府的强制力，因此在实践中尽管政府与非政府组织的协作非常必要，但是完全希望通过自治组织（self-organize）的治理解决一切问题是不可行的。[32]麦克里德和古德温在《空间、范围和州策略：对城市与地区治理的再思考》一文中指出：大伦敦治理的变化过程一定程度上反映了英国国家战略的变化，因而不同的国家政府政策会导致不同的城市治理模式。[33]

3. 国外学者对于城市生态安全治理中公众参与的研究

生态安全治理中的公众参与研究，最早起源于20世纪60年代。20世纪30～60年代的西方发达国家出现了严重的生态问题，尤其是八大公害事件的产生对西方的工业化发展产生了极大震动。因此，西方学者提出了将公民环境权作为基本人权——生存权的派生权利理论。通过各方努力，环境权被许多国家写入环境法律之中，公众参与的原则也逐渐得到国际社会的广泛认可。比如：1969年美国制定的《国家环境政策法》中明确规定公民享有环境权利和义务；[34]1992年联合国环发大会通过《关于环境与发展的里约宣言》，着重强调了公众参与的重要性。[35]至此，公众参与原则成了各国政府、社会团体和环保主义者的共识。对于公众参与在生态安全治理领域的应用，国内外学者已有诸多研究。其中，国外学者的研究大致经历了三个阶段。

第一，20世纪50年代到70年代末，公众参与理念被提出并在生态安全管理实践中得到应用。公众参与的模式和理念逐渐被应用于生态安全管理实践中，参与主体包括更广泛意义上的公民和不同地区和利益的国家政府组织。这一阶段的研究方法多是以理论研究为主，也有少量的案例分析，研究目的更多的是提出这种新的理论观点，引导生态管理的实践活动，并争取得到政府的认可。具体来看：

首先，公众参与式管理模式最早出现在企业管理的行为科学领域。20世纪50年代，行为科学领域的研究者提出员工参与式管理（Participative Management）理论，并将其运用在企业内部的小规模组织领域，期望通过员工参与管理的方法激励企业员工，提高决策接受度并灌输组织目标。自此不断有相类似的研究模型和成果出现，1973年，弗罗姆（Victor Vroom）和耶顿（Philip Yetton）提出了Vroom-Yetton模型。[36]1993年，桑普尔（Sample）对该模型在自然资源决策领域的使用和适用性进行了讨论，对其中的公众参与模式选择程序和应用条件进行了总结。[37]丹尼尔（Daniel）和史蒂文（Steven）等也运用该模型分析了生态系统管理和决策中的公众参与效果。[38]

其次,公众参与的思想也被引入到生态冲突的解决过程中。早期公众参与生态安全管理主要体现在环境影响评价(EIA)领域。在加拿大学者1975年发表的《环境管理与公众参与》(Environmental Management and Public Participation)文集中,专门就加拿大及其各省的环境法规和执法情况做出了较全面的阐述和评价,重点对环境政策制定、环境法的执行、环境计划和环境管理中公众参与的机会做出了判断和评价。书中系统地介绍了环境参与主体的全部法律责任和义务以及参与的机会。实际上是对加拿大环境政策的效果做出的评析,最重要的是给出了上百个改进的政策建议,如:通过组织专项委员会来提供适当的公众听证机会;针对具体的某一项法规提供个体参与的评审会议;更多的资金用于检查各个省及联邦法案的执行等。[39]美国学者乔纳森(Jonathan)提出公众参与是一种有助于改善环境质量和降低管理成本的有效途径;[40]日本早稻田大学教授原田尚彦认为公众参与环境治理可以创造出符合公民福利最大化的环境政策。[41]

最后,公众参与思想被广泛应用于解决全球生态问题。贝尼迪克(Richard E. Benedick)指出:未来的环境问题是全球性的,将越来越多地面对跨越国界和国家主权责任的环境挑战,尽管过去十年来生育率下降,但大多数国家的人口巨大增幅将发生在未来半个世纪,每个人的商品、资源开发和消费需求所带来的越来越大的压力将严重影响人们赖以生活的自然生态系统和循环系统。这就要求全世界各个国家共同参与来解决各种环境问题。[42]当然,一些极端"环境主义"者们强调的公众参与已经不仅仅停留在环境领域,而是延伸到了政治领域。他们已经将公众的环境权利提升到了政治权力的高度。[43]

第二,20世纪80年代到90年代末,在全球绝大部分范围内已经对公众参与环境治理给予认可的基础上,学者们主要从具体环境资源项目、不同国家的差异以及公众参与主体构成等角度对世界各国开展的公众参与环境治理实践进行评价。[44]基于大量实践数据的积累,这一阶段的研究多采用实证和案例分析的方法,主要对参与过程进行评价,包括评价指标的设计、参与过程的公平性、案例的分析、参与过程的分解和评价等内容。在研究视角和研究内容上都比前一阶段更加深入和具体,包括国别差异的体现、环境资源具体项目的差别、参与主体差异等。此外,还有大量的文献专门对环境影响评价的效果进行了定量分析,包括评价指标的设计、定量的评价方法等研究。

首先,就具体环境资源项目来研究公众参与的过程。韦伯(Thomas Webler)和图勒(Seth P.Tuler)依据哈贝马斯的公众参与交往行动理论,对森林管理决策过程的公众参与进行了评价,并推理得出良好参与过程的判断标准。[45]豪斯(Margaret A.House)

对水资源管理的公众参与问题进行了研究，提出水问题的可持续性解决需要普通公众参与水管理过程，说明在英格兰和威尔士水管理中存在三种参与模式，即正式的磋商会议、公众介入和公众真正的实际参与行动。正式的磋商会议往往将公众置于"对立面"，而忽视了"安静的大多数"，仅仅注意到了少数派的呼声；公众介入（Citizen Involvement）尽管不那么正式，但却形式多样，尽管不允许公众直接参与决策的过程，但可以对水管理工作计划提建议或对水域的选址提出个人的设想；而真正的参与是在制定决策中的参与。通过英国的案例给出了公众参与的方法以及正式组织与普通公众在具体项目中的参与表现；[46]唐古马罗（Esther W. Dungumaro）也对坦桑尼亚的综合水资源战略管理中公众参与问题进行了案例研究。[47]

其次，从国家的视角来研究公众参与环境保护的问题。斯蒂尔（Brent S.Steel）利用1992年美国国家公众环境态度和行为研究数据，检验了环境意识和个体环保行为之间的关系，结果表明：意识强度同个体环保行为以及环境问题的政治积极性有关联；具有环境保护意识的这些受访者声称他们实际是"立足本地、胸怀全球"。另外还进行了人口统计学分析，发现妇女比男人更容易大量参与环境保护行为和政策问题，而且这种性别差异在年长者中表现更明显。[48]克拉森（Robert D.Klassen）和安吉尔（Linda C.Angell）通过对218家美国及德国制造企业的"制造弹性"对环境管理的影响效果进行了分析，说明美国和德国在环境过程控制方面的差异。美国强调的是对指挥、控制制造过程的监管，而德国的模式是对最终产品处置的末端循环管理。厂商要衡量国家之间的分歧，然后利用总体规制灵活支持环境管理。因此，环境管理也要考虑跨越国际的背景。[49]弗雷亚（Luca Del Furiaa）和乔叟（Jane allace-Jonesb）对意大利环境影响评价中的公众参与效果和实践进行了研究。首先，明确指出了公众参与环境影响评估程序的"目标"和影响公众参与效率的"因素"，在此基础上构建了评价参与效果的一系列指标，然后运用Monfalcone和Verrone两个案例就这些指标进行了分析；最后建议给予广泛的参与机会，来提高公众参与制度的有效性。[50]

最后，从公众参与主体的角度来考察参与效果。皮尔（Jacqueline Peel）专门对非政府组织（NGO）参与环境保护的效果进行了研究。全球环境问题往往超越国界，NGO是环境保护中公众利益更有效的保卫者，超越了政府所代表的国家自身利益。他评估了增强NGO参与新的欧洲公约、公众参与决策过程和公平解决环境问题的可能性。NGO应该参与到欧洲法院（ECJ）、世贸（WTO）与其他国际法庭的决策过程，为公众提供一个参与国际环境决策的有效声音。[51]万斯泰格（GyuLa Vastag）专门从企业主体的角度出发，对企业环境战略的评估框架进行研究，说明了企业的环境风险来自两方面：一是企业内部，产生于企业的生产过程；另一个是外部风险，即地址、生态环境、物理环境等。建议企业通过反应、前摄、战略、危机预防等方法来应对这两类风险。此外，通过对匈牙利114家企业的调查发现：企业的环境风险与环境管理的方法有关联，战略环境管理的方法并不是针对所有企业的最好的选择——尽管企业不得不参与环境政策的执行并履行环境保护的责任。[52]

第三，20世纪90年代末至今，西方学者开始对生态安全治理中的公众参与问题进行反思与改进。他们不仅仅研究参与的过程和参与的公平问题，更多的是重新思考该不该引入公众参与到决策中来的问题。原因在于这一阶段大量的实证研究结果集中在对参与效果的评价上，很多结论显示参与的效果增加了决策的成本，倒不如政府直接制定政策对解决环境问题更为有效。但这种反对的呼声并没有阻止公众参与环境保护的实践进程，它只是提示人们思考如何使参与更加有效，毕竟广泛的公众参与预示着更加民主的社会进程。具体来看：

首先，希城（Tatsuyoshi Saijo）等运用博弈理论构建了针对环境资产在内的非排他性公共物品的自愿参与模型，进一步支持了参与在非排他性公共物品管理中的重要性。[53] 他认为针对公共物品机制设计中的原有条件假设是每个个体都会自愿参与到设计者提供的机制里，这种假设忽略了非排他性的公共物品。他对"自愿"参与重新进行了博弈分析，当参与人数固定时，a（效用函数的一个参数）值愈大，参与人数愈少；在给定 a 的条件下，参与人数愈多，实际参与人数的比例愈小。因此，提出对于解决像环境公共产品中的"搭便车"现象不可完全依靠市场机制，政府还是应发挥主导作用，通过机制设计让更多的个体真正的"自愿"参与。

其次，德里卡斯（John W. Delicath）等学者于2004年出版了《环境决策制定过程中的交流和公众参与》（Communication and Public Participation in Environmental Decision Making）一书，书中研究了美国及其他一些地方在制定环境决策中人的信息交流过程。这些人包括：对环境问题感兴趣的公民，如普通老百姓和一些社会上的利益集团；行业代表，如科学工作人员和技术专家；政府机关人员，如参与环境决策的联邦政府官员。还通过大量案例分析，研究了能够从决策机制上直接参与或间接参与决策的个人和机构的行为，揭示了公众参与对制定环境决策的影响程度，公众参与在很大程度上受到决策者信息交流的影响和限制。总之，公众参与尽管没有找到具体的执行举措，但总可以找到一个最优的选择或是合理的案例。[54]

最后,福劳斯(David Floz)和海斯莱特(Josepb Hazlett)一起对固体废弃物的循环利用效果作了定量研究,以公众参与率和回收利用率为因变量进行了多元回归分析,结果显示:"政策"因素较参与和其他因素而言更有效地影响了这一项目的结果。因此,地方循环项目的最终实施成效主要取决于项目的设计者和管理者。[55]格林(Andrew J.Green)利用统计学研究,证明环境治理效果与公众参与程度呈现一定程度的正向影响关系。[56]里昂(David Lyons)通过调查我国台湾内的35家油化工企业,检验了台湾环境法规和环保积极主义对产业发展的影响。结果显示:环境法规导致了公司经济发展的不确定性,而且当企业执行这些法规时会导致持续的污染控制管理失效;还发现环境积极主义的行为特征不仅仅对产业未来发展不利,而且对环境保护也不利。[57]

1.2.2 国内学者对于公众参与城市生态安全治理的研究

1. 国内学者对于城市生态安全的研究

国内学术界对于城市生态安全治理的研究起步较晚。20世纪80年代初,学者主要从环境科学的角度对城市生态安全问题进行研究,通过环境学、地理学、生态学中的技术措施应对城市生态问题;20世纪90年代中期后,随着可持续发展理论的兴起,国内学者先后从经济、社会、环境、生态和地理学的角度对城市可持续发展进行研究,城市生态安全的研究呈现多元化发展的趋势;21世纪初,国内学者从多学科角度探索城市生态、城市人居环境等要素之间的相互关系,注重探讨城市化引起的城市生态危机、城市社会经济与环境协调发展的评价、模拟调控以及城市生态环境可持续发展问题。具体来看,国内相关研究可分为三个阶段:

第一,从环境科学的角度研究城市生态安全问题。该时期,中国的环境科学工作者、地理学研究者和生态学家等学者从安全技术的角度对城市生态问题进行研究,以保护生态资源与环境为目标,探讨中国城市化带来的生态安全问题及对策。首先,环境学家对城市生态安全问题的研究。环境学家注重对环境变化的内在机理进行分析,以求实现生态环境的良性发展。例如:姜乃力等从微观角度探讨城市化引发的城市"热岛""混浊岛""雨岛"及局地环流等气候效应。[58]其次,地理学家对城市生态安全问题的研究。地理学家以区域差异对于生态环境的不同作用为研究起点,探寻正确处理人与自然关系的方法,以求实现不同地域间生态环境的健康发展。目前,城市化引发的水资源短缺和土地资源利用不合理等现象较为严重,城市发展与城市水环境安全成为环境科学领域研究的热点问题。例如：周海丽等以深圳水环境为个案，建立了城市化水平与城市水环境质量变化之间的回归模型，研究两者之间的变化关系；[59]张落成等采用国际对比的方法探讨了我国城市化进程中的城乡土地利用的非均衡性问题；[60]毛蒋兴等对城市交通系统和土地利用互动关系进行了探索，在全面分析广州城市土地利用模式特征的基础上，综合考虑汽车产业政策、能源及环境等影响因素，提出了广州可持续交通模式。[61]再者，生态学家对城市生态安全问题的研究。生态学家注重分析生态系统中内在要素的关联性，通过诸要素的相关作用与叠加，实现城市生态系统的动态平衡。例如：黄金川等揭示出区域生态环境随城市化的发展存在先指数衰退、后指数改善的耦合规律。[62]总之，由于学科和专业背景的差异，学者们从各自学科角度出发研究城市生态问题。环境科学家侧重于研究城市化引发的环境污染的内在机理；地理学家则从区域研究角度将定性与定量研究相结合，注重时空对比研究；生态学家强调生态系统之间的内在联系，注重生态系统平衡与健康。

第二，从经济、社会与生态环境协调发展的角度研究城市生态安全问题。研究学科主要包括经济学、社会学、城市规划和生态科学，研究重点是评价不同城市间社会、经济与生态环境协调程度，以及规划的合理程度。首先，从城市经济与生态环境协调发展的角度进行研究。城市经济与环境协调发展是我国城市经济研究者关注的研究领域。其中，刘耀彬等探讨了城市经济与环境协调发展的调控机理；杨文举等认为："生态城市规划应以环境容量、自然资源承载力、技术承载力和生态适宜度为依据，使城市的人口、资源、环境协调一致，形成一个稳定、高效、持续发展的生态经济系统。"[63]其次，从城市社会-经济-自然复合生态系统角度进行研究。该理论由马世骏等学者提出，主要以生态学理论为基础，以系统科学方法为手段，将城市社会、经济与自然环境作为一个复合系统，探讨其运行机理、规律及调控措施。目前，国内一些生态科学研究者对此进行了大量探索研究。方创琳指出："城市发展格局既是国家城市体系建设的基本骨架，也是长期形成的城市空间结构体系和功能系统体系。"[64]城市生态系统内各要素彼此联系、相互依存、相互转化，逐渐形成一个综合平衡的有机整体，如温度的高低变化直接影响动植物、土壤、河流的形态构成。从自然系统到城市复合生态系统的转变，为城市生态安全治理的研究提供了契机；把以生物-环境为主体的生态关系置于人类-环境关系为主体的研究中，使得生态学与人类社会的生产活动关系更为紧密，对解决城市化过程中所带来的各种城市生态安全问题具有重要的理论与现实意义。

第三，以可持续发展理论为基础研究城市生态安全问题。首先，20世纪80年代，可持续发展理论兴起,中国学者先后从经济学、环境学、生态学、管理学及地理学的角度对城市生态可持续发展问题进行了不同层次的研究。目前,城市生态系统可持续发展的研究主要集中在:城市化进程中的城市可持续发展问题分析、城市化与城市可持续发展的规律性以及可持续城市化等。蒋涤非等认为:"持续发展已成为生态城市的一个明显标志,城市生态可持续发展成为城市管理的新目标。"[65]张坤民认为:"在生态系统限度范围内发展的生态城市才是可持续发展的,因此,可持续发展正是生态城市的一个明显的标志。"[66]其次,20世纪90年代,城市生态安全的研究以构建生态城市和健康城市为目标。1998年8月,中国科学技术协会举办以"城市可持续发展的生态设计理论与方法"为主题的学术会议,将生态城市、健康城市、安全城市和卫生城市等概念引入城市发展体系中,契合了城市生态可持续发展的价值取向。杨全海认为:作为城市生态复合系统下的城市社会子系统、城市经济子系统、城市环境子系统共存共生、共促共进,在矛盾运动中共同推进城市复合生态系统的协调发展,最终实现社会生态化、经济生态化和环境生态化。[67]最后,20世纪末期,城市生态安全研究进入综合、多元化发展阶段,研究集中于城市生态系统中的人口、经济、资源与城市生态环境的交互作用,并对城市经济增长与生态环境协调发展提出了具体要求。2002年发表的《深圳宣言》对城市化、生态城市建设与可持续城市等问题进行一系列总结,指出:"生态安全:向所有居民提供洁净的空气,安全可靠的水、食物、住房和就业机会,以及市政服务设施和减灾防灾措施的保障。"[68]2016年在中国深圳举办以"森林城市与人居环境"为主题的首届国际森林城市大会,突出了森林城市建设在生态文明建设以及实现2015年通过的联合国2030年可持续发展议程中"建设具有包容性、安全、有复原力和可持续的城市和人居环境"的战略目标中的积极作用。[69]2016年,在厄瓜多尔基多举办的"第三届联合国住房和城市可持续发展大会"强调国家和地方政府、城市规划者和各社区应加强行动,积极建设包容、安全、有韧性和可持续的城市和人类住区。[70]

2. 国内学者对于城市治理的研究

近年来,随着我国公众参与治理、构建合作治理体系意识的不断强化,城市治理理论与实践得到了快速发展。作为较早研究公民参与城市治理的学者,俞可平教授认为:"公民参与又称公共参与、公众参与,就是公民试图影响公共政策和公民生活的一切活动,它包括:投票、竞选、公决、结社、请愿、集会、抗议、游行、示威、反抗、宣传、动员、串联、检举、对话、辩论、协商、游说、听证、上访等。"[71]就城市治理而言,国内相关研究主要体现在以下几个方面:

第一，对于城市治理的概念学术界莫衷一是。主要有：孙荣、徐红和邹珊珊在《城市治理：中国的理解与实践》一书中指出："城市治理是城市各治理主体对城市公共事业进行管理的过程，其目的在于有效地解决城市公共问题，维护公共利益。"[72]丁健在《论城市治理—兼论构建上海城市治理新体系》一文中指出："城市治理就是指城市中各公共机构、私人机构与市民管理其共同事务的诸多方式的总和。"[73]此外，周诚君和洪银兴在《城市经营中的市场政府与现代城市治理经验回顾和理论反思》一文中提出："现代城市治理就是在现代市场经济架构中，城市政府和市民社会在城市发展和管理中共同决策的过程。"[74]不难看出，国内学者对于城市治理的概念的理解虽略有不同，但其所强调的治理主体多元化、参与合作等因素是普遍存在的。此处，踪家峰的概括较为全面，他在《城市与区域治理》一书中指出："城市治理包括城市治理的政府说、城市治理的超越政府说、城市治理的结构说和城市治理的公共管理说。"[75]全面、系统地总结了城市治理概念。

第二，对城市治理模式和治理框架等内容一些学者也持有自己观点。其中，于明捷在《经济全球化与城市治理的转型》一文中，梳理总结了20余种城市治理模式："企业家化城市治理模式""公私合作制型模式""新精英主义模式""超多元化模式""合作型治理式""发展型政府模式""规制型政府治理模式""新自由主义城市治理模式""新管理主义城市治理模式""国际大都市治理模式"等。[76]郭鸿懋、踪家峰和郝寿义在《论现代城市治理的模式》中将城市治理模式归纳为四种基本模式："企业家化治理模式、顾客导向型治理模式、城市经营模式和国际化城市治理模式。"[77]在我国城市治理实践中，最常见的是公共部门和私人部门共同治理及以"企业家精神"为主导的城市治理模式。城市治理体系包括外部治理和内部治理两部分，在城市治理框架构建的研究中以王佃利的观点最具代表性，他在《城市管理转型与城市治理分析框架》一文中从城市治理主体出发建立城市治理的框架，认为从主体的角度看，城市治理涉及治理的自主性空间、治理范围、治理能力、治理关系等问题，城市治理的框架应具体包括："多层次治理与城市政府自主空间、跨区域治理与城市空间改造、治理能力与城市政府功能重组、伙伴关系与多元利益主体。"[78]

第三，构建积极有效的治理机制，即"良好的治理"成为众多学者热衷的课题。善治，即良好的治理，是对城市中的大多数人实现公共利益最大化，并力图在国家与市场之间寻求更为有效地提高社会生产力、创造力、竞争力方式的社会管理过程。善治的过程，亦是政府、非政府组织和公众在秉承合作主义的理念下，不断探索适合社会发展的新机制、新规则，积极整合多方利益的治理过程。因而，善治强调国家与公民之间建立合作管理的机制，公民的权益得到保障，法治社会不断健全，政府机构的管理合理高效，政务公开，治理具有透明度，公民社会逐渐形成，简而言之，善治包含以下几个要素：合法性（legitimacy）、透明性（transparency）、责任性（accountability）、法治（rule of law）、回应（responsiveness）、有效（effectiveness）。[23] 具体来看：

首先，合法性（legitimacy）。与普通的法律法规不同，善治的合法性指政府权威被公众认可或接受的程度和状态，它是人们内心对政治权威认同程度的直接表现。合法性的高低决定着善治程度的好坏，公众支持政府治理的方式并存在强烈的认同感，则合法性越高。因而，提高善治合法性的有效途径是使公众最大限度认可政府治理方式。

其次，透明性（transparency），指政务内部信息公开透明的程度。政府只有将相应的政府政策信息向社会公开，使公民获得与切身利益相关的政策制定、实施、政府开支等信息，促使公众积极参与政策的制定与实施，才能不断提高政务信息的透明度及善治程度。

其次，责任性（accountability），指政府及社会公众等行为主体对自己所为承担相应的责任与义务。对于政府工作人员而言，责任性指其在行使行政职权时必须适当地履行相应的义务，对所属机构及社会大众负责；社会公众等其他行为主体的责任性指其在参与城市治理过程中，对其所作行为负责，显而易见，善治程度的高低很大程度上受政府及社会公众承担主体责任性大小的影响。

再者，法治（rule of law），指政府行政人员和社会公众必须依照法律、法规行事。通过法治社会的建立和完善，规范公众行为，维护社会正常生活秩序，进而保证公民平等自由基本政治权利得以实现。健全的法治是社会善治的基本保障，也是走向城市善治的必经之路。

此外，回应（responsiveness），指政府机构及行政人员依法对公众的质疑、要求做出及时、积极有效的回应，不得无故推脱，推卸责任。回应性是责任性的细化和延伸，回应性越高，表明政府善治的力度越高。

最后，有效（effectiveness），指政府管理社会事务的效率。与传统官僚制体系所倡导的等级严格、僵化、缺乏人性化的管理方式不同，有效性强调管理机构的合理设置，管理流程灵活多变，管理方式具有较强的适应性，尽可能降低管理成本，以高效的管理不断提高善治程度。

概言之，国外学者就公众参与城市生态安全治理问题的研究起步较早，研究相对比较成熟。19世纪末期，对于城市生态安全问题的研究随着全球城市化进程的推进而不断深入。到20世纪50年代公众参与理论的兴起，公众参与城市生态安全治理问题的研究逐渐进入公众的视野。历经多年国际政府间的协调，基本上达成了在解决城市生态安全问题中引入公众参与行为的共识，公众参与式环境管理模式被写入了国际宪章以及各国的法规中。因此，早期的研究多集中于公众参与环境管理理论的提出。

20世纪60年代～80年代，学者们针对城市生态问题的多变性特质，运用经济模型、数学分析方法对该类问题进行了大量的实证研究，不仅对公众参与式城市生态安全治理的现状作了定量分析，而且对影响公众参与的因素进行了论述；不仅对包括自然资源管理在内的各种城市生态安全管理问题进行了案例研究，而且也从国别差异的角度进行了整体介绍和比较研究。总体来看，研究的视角不断拓展，研究的深度不断加强，大量的实证研究表明：人们不仅应该对公众参与本身的含义进行研究，更应关注参与的有效性问题。

自20世纪90年代起，对于城市生态安全治理的研究在反思与改进中得以发展，相关研究开始着眼于参与效果的评价。一些实证研究结论显示，参与并没有带来预期的效果，认为"政策"比参与更加有利于环境保护，[79]政府是城市生态安全治理的主导者。但这种反思的结果并不是否认参与式管理的理念，而是想引起人们进一步的思考。我们知道，公众参与并授权是很重要的可持续要素。[80]那么，政府究竟应该采取何种参与模式、参与途径或是政策支持使参与的结果更加有效，这才是问题的关键，也是城市生态安全治理中公众参与研究所关注的热点问题。

3. 国内学者对于公众参与城市生态安全治理的研究

相比国外学者的研究，我国对于公众参与城市生态安全治理的研究相对滞后，且大多遵循国外公众参与城市生态安全治理的研究轨迹，结合我国国情的原创性研究很少，具体来看，可从理论研究与实证研究两方面加以理解：

第一，理论研究层面。改革开放以来，随着中国各项环境法律制度的建立和完善，公众参与作为中国环境保护法的一项基本原则得到逐步确立。在1979年颁布的《环境保护法（试行）》中，第一次确认了我国公众参与环境治理的权利和义务。[81]在1993年国家计委、国家环保局、财政部和人民银行联合发布的《关于加强国际金融组织贷款建设项目环境影响评价管理工作的通知》中，首次提出在环评中引入"公众参与"。在1996年5月15日修订的《中华人民共和国水污染防治法》和1997年3月1日实施的《中华人民共和国环境噪声污染防治法》及2003年实施的《环境影响评价法》中，多次明确了公众参与的途径、方法和责任。[82]在2007年公布并于2008年5月1日开始实施的《政府信息公开条例》也明确提出了公民、法人和其他组织可以采取举报和行政诉讼的方式对行政机关政府信息公开义务进行监督。[35]至此，中国生态安全治理中的公众参与原则已经基本确立。在国家法律、政策层面的引导下，学者们对于公众参与生态安全治理问题也开展了一系列的研究。20世纪末期，有关研究多集中于对"公众参与"生态安全治理的一些基本认识的介绍，在研究方法上以规范性研究为主。例如，学者叶文虎对不同类别的公众参与方式做了详细的效用分析；[83]杨贤智关注公众在环境治理决策制定和执行过程中的监督作用。[84]

进入21世纪以来，生态安全问题频发使学者们在这一领域里的研究更加积极，也丰富了该时期的理论成果。学者们不断从制度经济学、信息经济学、区域经济学的角度阐释环境管理、环境制度建设和环境政策等方面的问题，其中也包括公众参与生态安全治理的面向。马晓明利用博弈论构建的环境谈判模型分析了环境治理谈判中可能涉及的各方利益情况，提出应进一步加强公众参与环境治理的范围和力度；[85]徐晓明从经济学视角出发构建了公众参与环境治理的效用函数，认为政府部门应当着力于拓宽公众参与环境治理的渠道，降低公众参与成本，以提升公众参与环境治理效用；[86]昌教虎等指出要解决环境问题，在不断发展新技术的同时，更应把握环境问题的社会性，强调公众参与解决环境问题的必要性和重要性。中国当前解决环境问题的重点应放在把握社会公众在不同问题解决方案的偏好上，积极实施广泛而有效的公众参与，充分利用其多学科交叉的方法论，解决人类社会系统与自然环境系统互动中产生的各种问题。[87]

此外，相关理论研究还不断地推向了环境保护的细节层面，包括了对环境影响评价、水流域、环保NGO的专题研究。环境影响评价不仅涉及科学判断，也涉及价值判断，并与各个环境价值主体的利益息息相关。与环境有关的公众是环境价值主体中不可缺少甚至是最重要的组成部分。[88]就非政府组织在环境管理中的作用而言，有学者认为："市场机制存在弊端，政府干预也留下了大量的空白地带，环境管理不能仅仅依赖市场机制的调节与政府干预，非政府组织在环境管理中起着重要的作用，但它同样也会出现'志愿失灵'问题，本身也需要市场机制的调节与政府干预的弥补。所以，环境管理是一个系统工程，非政府组织参与是其中重要的一环。它应成为政府管理环境的辅助机构，是企业与商业的监督者和合作者，是政府与民众沟通的桥梁。"[89]还有学者认为："构建与预案参与、过程参与、末端参与和行为参与相配套的制度体系，具体应该包括公众参与会议制度、人民代表和政协委员监督检查环境问题制度、环境保护问卷调查制度、群众信访办理制度、完善环境宣传教育制度、环境状况公布制度、环境陪审员和环境案例听证会制度等。"[90]

第二，实证研究层面。经历了一定的理论研究阶段以后，相应的实证研究始于20世纪90年代末。一方面，学者们采用问卷调查、静态分析、相关性分析的方法，对参与的现状及影响因素进行了定量描述；另一方面，采用案例分析的方法，对国外公众参与环境保护的具体案例进行了介绍。

首先，参与现状的定量描述方面。1999年出版的《全国公众环境意识调查报告》，对我国公众环境意识和参与意识做出了基本判断和分析，结果显示：我国公众参与水平较低，政治含量较低，偏低的受教育程度是导致公众环保参与行为层次较低的根本原因；但新的环境价值观已经在中国公众的头脑中萌芽，并在个人的环保参与行为上有所体现。[91]张世秋等根据我国6个中小城市的问卷调查结果，分析了小城市妇女对环境保护的知晓程度、对环境问题的认知水平。[92]陶文娣等对北京市大学生环境意识作了调查与现状分析。[93]王向东于2002年在我国西部地区组织了环境意识问卷调查，发现公众环境意识基本处于中级水平，多属于浅层环境意识，并受到地区、文化程度、民族、职业、性别、收入和年龄等样本个性差异的影响，并指出：通过教育宣传加大对环境教育、生态文化的推广，挖掘西部少数民族的环境思想，突出环境教育的普及性、针对性和实效性。[94]吴祖强在上海市11个区组织进行了"搞好环保主要依靠什么"的市民调查，同时分析了个性差异带来的影响，以期把握不同层次公众的心态。[95]赵秀梅等对北京11所学校的13个学生环保社团进行了调查分析，发现学生环保社团的特点是组织多、机构规范、组织健全；环境意识浓厚而且层次较高；社会影响较大；环保队伍不断壮大。但他们的稳定性小、灵活性大、针对性强；与外界联系少、社会效果小；社团活动质量有待提高。[96]

其次，在案例研究方面。问泽霞以上海某钢铁厂螺纹钢建项目的环境影响评价作为案例分析对象，指出公众在参与环评过程中存在的诸多问题。例如：公众与环境执法部门以及企业之间缺乏基本的交流沟通；环评过程和结果的公开性比较差；公众参与主体的数量比较少，而且参与评价的过程并不完全。认为公众很难真正客观地参与企业项目的环境影响评价，当然也就很难指望其能有效完成法律赋予的义务和责任。[97]侯小伏从法律赋予公民环境权、环保团体在环境保护中发挥的重要作用、环境影响评价中强调公众参与三个方面来介绍英国公众参与环境管理的一些做法，探讨其对中国环境管理中公众参与的启示。[98]李艳芳介绍了美国环境影响评价公众参与制度的主要内容和特征。[99]李西民对比了中西方环评中公众参与的不同内容和要求，提出了应借鉴的经验。[81]

概言之，自20世纪80年代起，国内学者从跨学科、多角度对城市生态安全问题进行了不同层面的研究，在理论和实证研究方面进行了积极尝试，尽管研究时间很短，但仍旧取得了一定的成果。

在理论方面，从最初散落在生态环境影响评价和生态安全治理教科书中的鲜有的公众参与环境管理理念的引入，到之后很多学者开始对公众参与生态安全治理问题的直接介入研究，有关生态安全治理的研究不断展开并深化。尤其是近年来将西方经济学、制度经济学、福利经济学、信息经济学等较成熟的理论引入到环境经济和生态安全治理问题的分析之中，并试图构建适合中国特殊国情的环境管理体制和机制，为公众参与生态安全治理的研究开辟了新视角。另一方面，在实证研究方面，从最初的国外先进经验的案例介绍，到之后的问卷调查、定量分析，尤其是在环境公报数据不断充实和其他相关公信数据逐渐公开的信息化进程中，一些学者开始用定量的方法描述我国在某一时期、某一地域公众参与生态安全治理的现状，并采用了一些简单计量经济学的方法做了一定的因素分析，开始找寻影响公众参与环境保护的基本因素，取得了些许成果。

与此同时，与国外相关研究相比，中国的研究起步晚、时间短，研究范围较为狭窄，研究广度及深度有待加强。较之农村等非城市地区，城市生态安全问题具有高度的复杂性和多变性，现有研究多聚焦于公众参与城市生态安全治理的科学性和合理性以及公众参与的作用和影响，但就公众参与治理的实际效用以及参与的有效性、治理的有效性而言，缺乏深入研究。尽管近年来出现了许多关于公众参与生态安全治理方面的研究成果，但多数仍然是一般介绍性研究，存在许多可提升空间。在理论研究方面缺少对公众参与生态安全治理内在规定性、形成条件、作用机理、参与途径、参与模式、参与行为、参与效果、过程评价的深入研究和分析；在定量研究方面，尤其是定量分析和案例研究方面的方法选择和分析深度都远远不够，对参与行为后果包括公众参与生态安全治理的经济效益、社会效益、溢出效益等内容的定量分析多数并未涉及。

较西方国家而言，我国公众参与城市生态安全治理的相关研究起步较晚，但伴随着市场经济的发展和全球化浪潮的涌动，国外许多先进的治理思想和理念被国人借鉴，并在实践领域取得了一定的成绩。但看到成绩的同时，我们也应该反思不足和待改进之处。就中国目前城市生态安全治理现状而言，城市政府的全能性使处于萌芽状态的市民社会显得十分薄弱，公众参与理论研究的发展进程与城市亟待解决的社会问题不相适应，对于一些生态安全问题，缺乏必要的、具有可操作性的实际研究成果，因而很难解决实践中遇到的问题。

进入21世纪，城市生态安全问题频发，城市生态系统的健康与可持续发展逐渐成为人们关注的焦点。在此背景下，公众参与在诸多领域得以深入应用，中央政府和地方各级政府已充分认识到公众参与在城市生态安全治理中的重要性并付出了诸多努力，城市生态安全治理领域内公众参与的广泛性和深刻性也在不断强化。因此，对于城市生态安全治理中公众有效参与的实现路径及系统性分析框架的构建是学者们研究的重点。

1.3 结构框架与研究方法

1.3.1 结构框架

本书主要从理论和实践两大方面构建基本的分析思路，并将基础性研究和应用性研究有机结合，探讨中国特色的公众参与城市生态安全治理的过程。研究分为前期研究、中期研究和后期研究三个阶段，具体来看：

前期研究定位于基础理论研究，重点以协商民主、政治参与、生态正义理论为基础阐释本书核心概念、公众参与城市生态安全治理的必要性与意义、公众参与权利的界限、参与方法与影响因素等理论问题。通过分析以上理论问题解释中国公众参与政府城市生态决策的适用性，为后续研究提供现实依据和理论基础。

中期研究在借鉴国外先进的城市生态安全治理经验和教训的基础上，结合具体案例分析，比较并验证影响公众参与对城市生态安全治理效果的因子，并将公众参与及公众参与城市生态安全治理的影响因素一起纳入"P-E-C"空间参与模式的构建。同时，在此基础上，阐述中国城市生态安全治理中存在的问题与成因，为构建"P-E-C"空间参与模式提供分析架构。

后期研究注重中国城市生态安全治理模式的建设和完善。分析公众参与对中国城市生态安全治理中政府决策的影响机理，并根据案例分析结果，提出相应的政策建议，建设具有中国特色的城市生态安全治理"P-E-C"空间参与模式，促进政府部门创造更多的治理参与机会，以推动该模式的更好应用。具体来看，本书主要分为八个部分，研究内容主要包括以下几个方面：

第1章是绪论，主要论述公众参与城市生态安全治理的研究背景、研究意义。同时，通过梳理国内外研究现状，总结研究成果与意义，确定本书研究方法、研究创新点、研究难点和研究框架等内容。

第2章论述了城市生态安全治理中公众参与的基本概念与基础理论。首先对公众参与城市生态安全治理的概念框架进行简要介绍，尔后论述了城市生态安全治理中公众参与的理论基础，为本书进行了理论铺垫；最后，着重从纵向角度分析了城市生态安全治理中公众参与的历史演变过程，力求从多样化的公众参与实践中探寻公众参与的有效机制。

第3章对城市生态安全治理中"参与主体-赋权程度-参与形式（P-E-C）"空间参与模式的构建进行描述与分析。该部分从城市生态安全治理中的主体构成、公众被赋权程度、沟通与决策方式三个维度详细介绍了"参与主体-赋权程度-参与形式"空间参与模式的内涵、设计目的、特点。此外，通过对模型的进一步解说分析了其对于中国公众参与城市生态安全治理实践的应用价值，是本书的核心章节。

第4章论述了中国城市生态安全治理中公众参与面临的困境。其中，面临的困境包括：公众参与主动性和意愿总体不足、参与主体间权利与地位界限模糊、城市生态安全治理整体效果不佳三个方面。

第5章阐述了中国城市生态安全治理中公众参与面临困境的成因。出现困境的成因主要有：政府城市生态安全治理存在合法性危机、公众参与城市生态安全治理正义性缺失、城市生态安全治理有效性不足三个方面。其中可以细分为群体本位传统政治思想的长期影响、公众生态安全价值观及利益诉求多元化、政府权力架构及机构运行不合理、城市环保组织发育不健全、精英主义盛行引发政府权力边界模糊等方面。

第6章论述了发达国家城市生态安全治理的实践经验与启示。该部分在分析加拿大、美国、澳大利亚、日本、欧洲国家的公众参与城市生态安全治理经验的基础上，得出对中国城市生态安全治理的启示，主要包括：提升公众参与意识，实现参与主体类别多元化；深化公众参与程度，加强公众对于生态政策的影响力；丰富公众参与形式，增加主体间交流沟通渠道等。

第7章针对前文所提出的问题提出了对策与建议。构建中国特色的公众参与城市生态安全治理的"参与主体-赋权程度-参与形式（P-E-C）"空间参与模式，需要合理处理城市生态安全治理中的主客体关系，提升治理的合法性；深化公众参与城市生态安全治理的程度，促进公众参与正义性；完善公众参与城市生态安全治理的形式及激励机制，增强公众参与有效性。最终，逐步实现城市生态体系健康可持续发展的目标。

第8章是对本研究的结论和展望。通过对城市生态安全治理中公众参与问题的研究，可以清晰地识别当下公众参与城市生态安全治理中存在的合法性、正义性、有效性不足的问题。基于以上问题，构建适用于中国国情的"P-E-C"空间参与模式，以期提升公众参与有效性。诚然，在本书中，对于"P-E-C"空间参与模式中各元素间关系的研究有待深入，对于中国不同城市公众参与生态安全治理差异性的研究也不是很全面，这些都将是在进一步的研究中值得关注的问题。

1.3.2 研究方法

1. 文献研究法

本书运用文献研究法，通过搜集、整理城市生态安全治理中公众参与的相关文献，梳理公众参与的历史演变过程，并在此基础上厘清相关概念、探寻城市生态安全治理与公众参与的逻辑关系和内在联系，为城市生态安全治理体系的建构奠定坚实的理论基础。另一方面，通过对协商民主理论、生态正义理论等理论的分析与总结，进一步解释城市生态安全治理中公众参与的必要性，为本书研究的核心观点提供理论支撑。

2. 比较研究法

城市生态安全治理理论与公众参与理论产生于发达国家，并在实践中不断丰富与完善。通过分析并研究发达国家相关理论知识与发展历程，对不同国家城市间生态安全治理中公众参与的产生背景、运行机制、实现过程、影响因素进行横向对比，反思并总结其中的经验、教训，有助于正确把握理论本质和发展规律，构建具有中国特色的城市生态安全治理体系。

3. 案例研究法

城市生态安全治理理论根植于治理实践，在诸多城市中以不同的形态加以体现。因此，通过对城市生态安全治理中公众参与的案例进行分析与归纳，寻求值得借鉴的治理经验、方法和路径，并不断地总结和提升，不仅有助于探索城市生态安全治理的本质与规律性，更有利于发现中国公众参与城市生态安全治理的新路径与新机制。

1.4 研究重点与创新之处

本书围绕中国公众城市生态安全治理中出现的问题展开，研究难点与创新点聚焦于公众参与、城市生态安全、城市生态安全治理等核心概念及适用于中国国情的公众参与城市生态安全治理模式的构建。具体来看，研究难点与创新点主要表现在以下几个方面。

1.4.1 研究重点

对于城市生态安全治理中公众参与问题的研究难点在于正确厘定相关概念、合理运用相关理论、相关案例及治理经验，同时，探寻城市生态安全治理中存在问题的深层次原因，构建适合中国国情的公众参与模式。具体来看：

首先，相关概念的厘定。城市生态安全治理中的公众参与问题十分复杂，涉及诸多学科和研究领域，需要明晰城市生态系统的概念、生态安全的概念、城市生态安全的概念、治理的概念、公众参与的概念。国内外学术界对于相关概念有过不同的见解和论述，但由于时代语境、研究背景、学者知识储备等条件的差异，对于城市生态安全治理中公众参与的相关概念存在着认知偏差。因此，如何在中国特定的时代背景下厘清与本书相关的概念是进行研究的难点之一。

其次，相关理论的运用。协商民主理论、政治参与理论、生态正义理论等现有或新兴理论对于解决中国当下城市生态问题具有重要的理论与实践价值。然而，相关理论种类繁多，且多缘起于西方国家，将西方先进的生态理论及政治理论进行本土化研究的学者和相关论著较少。因此，如何对西方城市生态安全治理理论进行本土化研究是本书的一个研究难点。

最后，案例分析的科学性。案例分析需要对中国及发达国家城市相关治理经验进行收集、整理、分析、筛选、评估、归纳、总结。由于实地调研受到时间、地点、人力等外在条件的影响和制约，相关资料的收集及分析过程会存在时效性和科学性偏差等问题。因此，如何尽可能排除外在不利因素的干扰，确保案例相关资料的真实性、科学性、有效性是本书研究的一个难点。

1.4.2 研究的创新之处

近年来，城市生态安全治理中的公众参与问题引起了国内外学术界的广泛关注，许多学者从理论与实践的双重维度对此进行了有益的探索，成果丰硕。然而，对于城市生态安全治理中公众参与理论与实践却缺乏系统而深入的研究，城市生态安全问题的频发迫切要求城市生态安全治理模式的不断完善与提升。因此，本书立足于现有城市生态安全治理的理论与实践，力图对原有话语体系进行一定程度上的提升与变革，创造性地提出了公众参与城市生态安全治理的"参与主体-赋权程度-参与形式（P-E-C）"空间参与模式。具体来看：

第一，提出了适用于中国城市生态安全治理的"P-E-C"空间参与模式。一方面，"P-E-C"空间参与模式对城市生态安全治理和公众参与之间的关系进行了重新审视，揭示了公众参与城市生态安全治理过程中各要素之间的内在关联性，分析了各要素之间的相互影响和共同作用，厘清了本书的核心概念和主要观点。同时，该模式超越了传统公众参与一维或二维模式，是具有多维性、同时性、指向性、立体性、空间性的公众参与模式，也是具有创新性和适用性的公众参与模式。

另一方面，"P-E-C"空间参与模式是对城市生态安全治理中各要素关系的重新审视。该模式对城市生态系统与城市政治系统之间、城市生态系统与城市经济系统之间、城市生态系统与城市文化系统之间的关系进行了重新解读，将城市生态系统作为一个有机整体来看待。其中，该模式中各要素关系的构建理念由传统的简单线性思维方式转变为复杂的整体非线性思维方式，这是对原有公众参与城市生态安全治理理论的创新与完善。总体来看，"P-E-C"空间参与模式超越了传统政府主导及集权式的参与范围，革新了参与理念和治理价值观，同时创造性地综合考量了参与主体、赋权程度、沟通与决策方式三个要素的地位与作用，是对传统单一主体、静态参与理念及方式的革新。

第二，"P-E-C"空间参与模式自身具备的弹性空间能够使其更好地适用于中国城市生态安全治理的实践。一方面，"弹性空间"亦可理解为"可变空间"，在"P-E-C"空间参与模式中，参与主体、赋权程度、参与形式都是跃出平面、伸向空间的结果，三个维度分别产生三面不同的平面，其中任意两个不同平面间或平行或交于一条直线，最终形成多维立体的"P-E-C"空间参与模式。该模式中,从参与主体、赋权程度、参与形式三个维度构建公众参与城市生态安全治理的范式,每个维度内部要素的划分、组合与区间都具有可变性和不确定性,能够根据具体的城市生态安全问题的特殊性建构特定的空间参与模式。因而具有较大的弹性空间、可调式范围和适应性,能够使该模式的运用更有特殊性和可操作性。

另一方面,"P-E-C"空间参与模式借鉴了发达国家公众参与的先进经验,增加了其在公众参与城市生态安全治理实践中的指导性与科学性。该模式以协商民主理论、政治参与理论、生态正义理论为基本视角,以中国城市经济社会发展现实为背景,同时,考虑到了中国与发达国家在城市生态安全治理方面的差异,着重论述发达国家城市生态安全治理的经验与启示。在此基础上,将"P-E-C"空间参与模式与中国当下城市生态安全问题结合起来进行研究,分析生态危机对政府等治理主体的特殊影响。这对于提升政府的城市生态安全治理能力、真正实现管制型政府向服务型政府的转变、促进参与主体的多元化意义深刻。

第三,"P-E-C"空间参与模式内嵌的合法性、正义性和有效性的民主价值观对于城市生态安全治理的实践起到较强引导作用。公众参与包含了三种重要的民主价值观:公共行为的合法性、正义性和有效性。通常情况下,不存在任何一种公众参与模式能够同时提升合法性、正义性和有效性。参与机制的设计是为实现某个特定民主价值观而设置的。在城市生态安全治理中,"P-E-C"空间参与模式所构成的民主立方体,就是为了从参与主体、赋权程度、参与形式三个维度尽可能地同时提升公众参与的民主价值观和治理效果,最大化地实现公众参与过程及生态环境政策的合法性、正义性和有效性。

另一方面,"P-E-C"空间参与模式创造性提出了促进治理合法性、公众参与正义性、治理有效性的具体方法,并将诸多方法有机整合,形成具有可操作性、立体性、空间性、层次性的参与范式。首先,在城市生态安全治理中,政府治理出现合法性危机的主要原因是政府行政人员与参与者之间存在沟通障碍。因此,提升治理合法性需要正确处理治理主客体间的关系,增进政府公信力;其次,在公众参与城市生态安全治理的实践中,非正义性的来源通常是公众参与过程及结果的不公平或不平等。所以,促进参与正义性的重要举措是赋予公众真正的参与权利;再者,治理效果不佳与政府部门的政策执行力密切相关,进而丰富参与形式、增加生态专业知识的供给重要而迫切。"P-E-C"空间参与模式从以上三个面向提升公众参与城市生态安全治理的合法性、正义性和有效性,对于公众参与的理论的提升与实践的顺利开展具有一定的积极作用。

第 2 章

城市生态安全治理中公众参与的基本概念与基础理论

本章对城市生态安全治理中有关公众参与的核心概念及基础理论进行阐释。首先对公众参与的概念与形式进行说明，并在此基础上详细介绍了城市生态安全治理的内涵与特征。其次，试图通过对公众参与、城市生态系统、城市生态安全、城市生态安全治理的分别阐述，厘清相关概念。并以此为研究基点，从宏观与微观角度全面认知公众参与城市生态安全治理这一核心概念。这将有助于理解公众参与城市生态安全治理的属性、特征与地位，明确其含义。此外，通过分析协商民主理论、政治参与理论、生态正义理论，明晰城市生态安全治理中公众参与的相关理论，为深入探索公众参与城市生态安全治理的内在机理、现实问题、对策建议奠定了认识论基础。最后，以农业社会雅典的公众参与、工业社会新英格兰市镇会议的公众参与、后工业社会的公众参与为时间轴，梳理了城市生态安全治理中公众参与的历史演进过程，为转变、革新公众参与城市生态安全治理的有关机制提供了客观依据。

2.1 城市生态安全治理中公众参与的相关概念厘定

城市生态安全治理中的公众参与问题是学界普遍关注的热点问题，要深入了解此问题，首先要梳理相关的核心概念。此外，更要对此类概念的属性、特征加以分析，从而使复杂的公众参与城市生态安全治理问题尽可能变得简单、明了。具体来看，需要对城市生态系统的概念与特点、公众参与的概念与形式、城市生态安全的内涵与特征、城市生态安全治理的概念与内涵、公众参与城市生态安全治理的含义与类别予以分析与说明。

2.1.1 城市生态安全的内涵与特征

城市生态系统是城市系统的有机组成部分。合理认知城市生态系统的内涵，首先需要明确城市的概念。古今中外，众多学者对城市内涵给出了不同的解释。在我国古代典籍中，"城"与"市"是两个不同的概念，"城"指军事防御之地，即军事要塞；《管子·度地》有言："内为之城，外为之廓。""市"指集市，即商品交换的场所，《易经·系辞下》有言："日中为市，致天下之民，聚天下之货，交易而退，各得其所。"恩格斯在《家庭、私有制和国家的起源》一书中指出：城市就是城堡，是危险增加和防卫需要增加的标志，同时也是手工业与农业相分离的产物。然而，城市既不是在一定地域范围内诸多单个人的集合体，也不是由城墙、房屋等物质资源聚合的整体，而是多种要素相互影响、发展而构成的复杂体系。仅仅将"城"定义为军事要塞、"市"定义为商品交换的场所，割裂来看，并不能反映城市的基本内涵，只有将两者相结合，并加以以人为主体的行为发出者，即城市是人口集中、工商业发展、拥有本土文化，并具有一定军事防御功能的人类聚居地，是依照一定的生产方式和生活方式组合起来的居民点。

总而言之，城市是由国家、地区等一定的地域空间内的人口、物质设施、经济、文化习俗、价值信仰等多要素构成的有机体系。正如迈因策尔所言："城市系统的时空结构不是其组成因素的简单相加，也并非是某个总体优化者或某种集体收益函数的结果，而是由非线性相变引起的相继的平衡态不稳定性的结果。"[100] 作为城市有机体系的组成部分，城市生态系统是城市公众与物质及非物质环境相互作用而构建的具有特定功能的复合体系，由自然系统、经济系统和社会系统构成。一方面，城市生态系统的安全性是影响城市社会经济文化健康发展的重要因素；另一方面，城市化进程为城市生态安全带来了严重威胁。因此，明晰城市生态系统和城市生态安全的内涵与特征是深入了解并应对城市生态安全问题的基础与前提。

1. 城市生态系统的概念与特点

城市生态系统是城市与周围生物和非生物环境相互作用而形成的一类具有一定功能的网络结构，也是人类在改造和适应自然环境的基础上建立起来的特殊的人工生态系统。与自然生态系统不同，城市生态系统强调城市社会中人与城市生态环境的相互影响与作用。

从宏观层面看，就城市生态系统的内容而言，主要包括自然系统、经济系统和社会系统三个子系统。自然系统是由空气、河流、土地、阳光、动植物等构成的城市公众赖以生存的客观物质环境；经济系统涵盖社会资源的制造、分配、消费、回收等内容；社会系统囊括了社会公众日常的政治、经济、文化行为和活动的诸多方面，具体体现为人与人之间、人与团体之间及团体与团体之间的互动关系。不难发现，城市生态系统是一个由多种要素构成的复合系统，不仅包括与人类生存密切相关的淡水、空气等物质环境，还涉及与人类行为活动相关的经济与社会因素。具体来看，城市生态系统的特点主要有：

首先,城市生态系统自身涵盖水、气、生物等自然因素,此外,也包含了诸如道路、建筑、人文景观等人类社会的产物,即人工要素。尽管自然因素是构成城市生态系统的基础,但是城市生态系统的内部结构和发展方向很大程度上受人类社会的影响与制约。人类社会对于城市生态系统的理解、规划与建构,在现有城市空间格局上能够得以映现。

其次,城市生态系统具有动态性特质,系统的正常运作需要高强度能量的流动与物质的输入输出。人类可以根据其社会目的性,对能量流动进行有效控制。例如,城市生态系统中,利用率最高的是传统化石能源,此外,人类也在积极探索,最大程度上利用太阳能、风能、地热能等。与此同时,利用管道等人工运输装置,或者机动车等其他方式,人类可以将所需的物质资源从储存地运输到目的地,确保城市生态系统中能量的流动性。

再者,就城市生态系统的功能而言,其自然功能通常不被重视,社会功能以及经济功能却被过度利用。换言之,城市生态系统具有高度集约化的特点,在其功能得到最大程度的发挥时,生产效率会随之提高、人口密度逐渐增大。最终极易导致自然系统、经济系统和社会系统发展失衡,对城市生态系统带来不可逆的损害。

最后,城市生态系统的发展与社会发展具有同步性。随着社会发展水平的提高,城市生态系统的构成及功能也会发生变化,城市生态系统变化的速度某种程度上会超越社会发展的速度。与此同时,城市生态系统的存在与发展必须依赖外界资源,在系统运作过程中,需要进行大规模物质能量输入。

2. 城市生态安全的概念与特征

"安全"作为现代汉语的一个基本词,《现代汉语词典》对"安"字的第4个释义是"平安;安全(跟'危'相对)",对"安全"的解释是"没有危险;不受威胁;不出事故"。安全的特有属性是没有危险,但是危险具有绝对性,没有危险具有相对性。因此,对于安全与否的主观判断主要取决于危险的状态或程度是否是人类自身可接受或可承受的范围。换言之,安全实质上是人类主体对客体危险状态的认知与评价。生态安全作为人类主体对于生态环境危险状态的认知与评价,其概念的提出已有10多年。现实中,研究者多将"生态"定义为"生态系统",即生态安全是指生态系统或复合生态系统安全。具体来看,生态安全的定义可从以下几个维度加以认知:

第一,国际应用系统分析研究所(IISA,1989)提出广义的生态安全概念,强调生态安全是人的生活、健康、安乐、基本权利、生活保障来源、必要资源、社会秩序和人类适应环境变化的能力等方面不受威胁的状态。

第二，从自然、半自然系统的角度来看，罗杰斯（Rogers，1999）认为："从国家的层面而言，生态安全是指一个国家生存和发展所需要的生态环境处于不受或少受破坏与威胁的状态，即自然生态环境能满足人类和群落的基本生存与发展需求，而不损害自然生态环境的潜力。"

第三，从自然、经济、社会复合系统的角度来看，郭中伟认为："生态安全包含两种含义：其一是生态系统自身是否安全，即其自身结构是否受到破坏；其二是生态系统对于人类是否安全，即生态系统所提供的服务是否满足人类的生态需要，并强调生态系统自身的安全是生态安全的基础。"[101]

以上观点从自然、经济、社会等角度探讨了生态安全的概念，无论是从人类主体安全性还是生态环境系统的安全性认知生态安全，本质上都是在探寻人类与生态环境系统间的相互关系与作用。倘若从地域范围内细化生态安全的概念，则可分为城市生态安全与农村生态安全，其中，城市生态安全可以定义为维护城市发展所需的生态环境能满足城市当前和未来发展需要的一种城市发展状况。[102]该定义将以人类主体的生态安全扩展到城市社会经济系统的层面，而支持系统的安全性则更侧重于对城市系统中自然生态系统安全性的研究。这已超越了城市建设与环境保持协调的范畴，是一种融合了社会、文化、经济等因素的广义的生态安全观。

城市生态安全首先是一种观念，是城市的发展与建设需要建立安全的底线，体现着人们对城市生态系统服务的需求，是一种城市发展与建设行为的生态导向价值观。保证对城市生态环境影响冲击的最低限度就是保证生态安全，更高的要求就是把这种冲击纳入到城市生态环境自身的发展变化过程中去，使之成为城市生态环境动态系统中的一员。就城市生态安全的特征而言，具有目标属性、状态属性、动态属性、相对属性。具体来看：

第一，目标属性。城市生态安全是一种目标，城市的发展建设应该以协调生态关系、保证城市生态环境和城市自身安全为目标导向。即在追求城市经济增长、社会和谐、物质丰富、设施完备等目标的同时，尽可能降低城市生态安全事件发生率，保障城市生态社会可持续发展。

第二，状态属性。城市生态安全也是一种存在状态，是相对于城市生态风险、城市生态威胁的一种存在状态，是其在一定时期内本质属性和总体功能的具体体现。城市生态系统的状态有"安全"与"风险"两个方面。换言之，城市生态安全与城市生态风险互为反函数。

第三，动态属性。城市生态安全会随着城市社会的变化而改变。换言之，影响安全的因子会产生变化，进而反作用于人们的生产、生活及发展方面，最终导致城市生态安全等级发生变化，甚至引发整个城市生态安全系统的状况由安全转化为不安全。

第四，相对属性。城市生态安全是相对不安全而言的，绝对的城市生态安全是不存在的。由于社会中时间、空间的差异，城市生态安全的组成要素对于人类社会的生存与发展也会产生不同程度的正向或负向的作用。如用城市生态安全系数来衡量城市生态安全性，则各地安全系数会存在一定程度上的差异。因此，城市生态安全具有相对性。

2.1.2 公众参与的概念与形式

公众参与，是公众在公共政策的制定与施行过程中，参与表达意见并行使权利的过程。公众参与的主体可以是与公共决策相关的利益主体、社会机构、组织等，也可以是无直接利益关系的新闻媒体工作者或普通公民。广泛的公众参与是政治民主化的一个表征。总体来看，公众参与作为推动民主政治发展的直接动力，其概念和表现形式主要可以从以下几个方面理解：

1. 公众参与的概念

城市生态安全治理是多方利益主体相互合作的过程，公民作为城市生态环境的直接受益者和城市生态安全治理的参与者，应该积极参与到城市生态安全治理过程中，行使相应的监督权等权利，只有如此，才能不断促进人类发展的决策符合生态系统和公共利益的要求，使进行开发工作的公共和私营机构更负责任；与此同时，充分发挥和利用人们的创造性，实现城市生态系统的可持续发展。

第一，斯凯夫顿报告（Skeffington Report）将公众和政府共同作用，一起制定行政公共政策和议案的行为称为公众参与，并指出："参与涉及言论和行动两个方面，充分的公众参与，只实现于公众能够积极参与制定规划的整个过程之时。"[103]

第二，雪莉·阿恩斯坦（Sherry Arnstein）在《市民参与的阶梯》中提出："公民参与是对公民权力的一种表述。这些权力，能够使那些原本没有权力的、当前被从政治和经济进程中排斥的公民，有意地参与进来。这是一种战略，借用这种战略，那些没有权力的公民可参与决策，包括信息共享、目标和决策的达成、项目的开展等。简言之，通过这种方式，无权者能够促进重大的社会变革，从而使得他们能够分享到富足的社会好处。"[104]

第三,俞可平认为:"公众参与,通常又称公共参与、公民参与,就是公民试图影响公共政策和公共生活的一切活动。"[105]这一视角下的公众参与是一个广义的概念,主要从宏观维度加以理解,包括投票、竞选、公决、结社、请愿、集会、抗议、游行、示威、反抗、宣传、动员、串联、检举、对话、辩论、协商、游说、听证、上访等内容。

第四,蔡定剑认为:"公众参与,作为一种制度化的民主制度,即指进行法律制度的突破性制定、公共集体决策以及进入到公共事务性领域的决策时,作为参与组织者的公共权力机构必须采取开放、多样的方式,实现对利益相关的个人或相关利益组织的搜集信息活动、完成听取公众意见的程序,最终要以反馈互动的形式完成对公众意见的回应,实现公众意志对行政公共决策和行政公共治理行为的影响。"[106]

由此可见,公众参与的概念可以从参与主体的权力、影响范围、民主制度等维度加以认知。综合来看,公众参与指公众在法律的框架内,运用参与权试图影响公共政策和公共生活的过程与活动。就参与范围而言,公众参与者是包括政府、企业、非政府组织、公民在内的社会主体。

2. 公众参与的形式

在城市生态安全治理领域,公众参与本质上是一种公民通过一定的管理手段、参与方式,以自身利益表达为契机,以实现城市生态系统健康发展和公共利益最大化为目标,影响政府生态政策制定、执行等的社会活动。这主要体现在公众对关系到生态环境的政府行为、城市发展战略的实施情况进行参与、监督。在西方国家,公众参与城市治理的形式主要有公众参与听证会、开放政府门户网站、社会舆论监督等,并已形成相关机制、制度,从法律上保障公众参与权的实现,这些举措有利于使政府行事透明化,提高政府权威性、合法性。目前,公众参与治理还存在参与机制缺失、社会舆论可信度低、参与与沟通渠道不畅通、参与形式分散、不系统等问题。具体来看,可从广义和狭义两个层面理解公众参与的形式。

第一,从广义来看,公众参与的形式主要体现为公众参与公共政策的执行、公共利益的实现、公共物品的满足等诸多方面。具体包括:公众对公共事务和政府行为进行投票、发表意见,通过形成利益集团或举行公开示威活动影响政府决策,通过游说、诉讼反对政府行为、实质性干预反对声较高的公共政策的执行等;同时,公众参与既是公民个人的参与,也可以是社会组织的参与。[107]社会组织也可以与政府机构合作,甚至通过拍摄电影、创作歌曲和开展艺术活动的形式,号召公众关注社会问题。克瑞顿

（Creighton）将公众参与视为将公众的关切、需求和价值纳入政府和企业决策的过程。实际上，公众参与可能更广泛地包括公民参与制定相关政策或直接地、亦或完全独立于政府而就公众关心的问题进行决策。

第二，从狭义上来看，公众参与的形式表现为公众对某一具体公共政策或公共活动施加影响。换言之，公众通过直接与政府或其他参与主体互动与协商，切实参与该项事务的治理。以城市生态安全治理为例，政府机构通过召开听证会、开放公众信息平台，鼓励公民、企业、社会组织等主体参与城市生态政策的制定、决策、规划、管理、监测和评估，实现生态资源的最优配置和治理效果的最大化。譬如：在美国，公众通过成立流域委员会或"流动团队"参与水污染治理；通过土地信托和森林委员会以及其他几十种方式直接参与生态治理。但总体来看，可将其参与方式分为政府主导型、政府公民共同参与型、公民主导型。

首先，政府主导型。此类型指政府在公众参与城市生态安全治理的过程中扮演"指路人"角色，通过明确相关的生态政策法规、设置参与途径，鼓励并引导公众以主人翁的身份参与到城市生态安全治理中。具体体现在公众参与公园、城市绿地、河流建设方案的制定与审核等方面，比如，政府可以采用召开相关主题听证会、行政人员走访基层社区、利用官方微博等网络信息平台征集公众建议等方式获取民意、科学制定符合公众实际需要的生态政策议案，确保公众参与城市生态安全治理目标的实现。听证会的召开能够提高城市生态政策的科学性、保障公众充分行使参与权，是公众参与城市生态安全治理具体体现。除此之外，城市政府作为治理过程的主导者，应大力宣传公民参与权，阐明其具体内容及有益之处，让公众认知并且积极主动地行使该项权利，有利于公众明确自己的权利与义务，进而对政府生态决策给予理解和支持。

其次，政府与公众共同参与型及公众主导型。政府与公众共同参与型治理方式是指政府与公众在合作主义视域内，本着互利共赢的原则，取长补短、共同参与城市生态安全治理，实现特定的治理目标。与此同时，公众主导型治理方式指公众作为城市生态安全治理的主导者，以某种组织方式将分散的成员进行整合，自发地参与城市生态安全治理。目前，在我国，公众主导型城市治理方式应用的广度与深度仍有待扩展，一些城市化进程较快的大城市已经开始采用该治理方式，主要涵盖一些公众较为关注的社会现象，比如城市居民自行设立的废品回收点等。无论是何种参与形式，只有将其制度化、规范化才能切实保障公众参与城市生态安全治理的权利。换言之，维护公众在城市生态安全治理中的正当权益，需要加强公众监督机制的建设。

总之，公众参与是指政府机构通过向公共利益相关者提供意见交流和决策建议的机会，使社会主体广泛参与到公共事务决策中，提高政府公共政策的科学性及有效性的行为。不同社会主体间的积极对话，不仅为政府决策提供了建议与支持，也使政府部门或相关责任主体充分了解公众的态度和需求，认知公众参与的范围、程度和不足，进而不断明确公众参与目标、改进公众参与机制，实现高效化的公众参与。

2.1.3 城市治理的概念与内容

理解城市生态安全治理的概念和内容，需要首先明确治理、城市治理的定义和内涵。只有将城市生态安全治理纳入城市治理的理论范畴加以考量，才能更好地明晰城市生态安全治理的特征与本质。具体来看：

1. 治理的概念和内涵

治理一词是当今政治和行政管理领域的主流话语，从语义学角度来看，"治理"这个词来源于古拉丁语和希腊语，有掌舵一意，其内涵是控制、引导或操纵。1995年，"全球治理委员会"（commission on global governance）发表的题为《我们的全球伙伴关系》的报告中对治理的概念作出了进一步阐释："治理是各种公共的或私人的个人和机构管理其共同事务的诸多方式的总和。它是使相互冲突的或不同的利益得以协调并且采取联合行动的持续的过程。"[23]从其定义中不难看出，治理不同于传统意义上的管理，公共部门、私人部门共同参与公共事务的管理，消除了城市治理主体的排他性，强调治理的参与性、合作性及过程性，是一种全新的城市治理范式。

目前，治理概念被用于诸多学科和实践研究领域，以解决不同现象和问题。具体来看，治理的内涵主要有：

1）强调治理主体的多样化

政府所扮演的角色应是"掌舵"而不是"划桨"，倘若政府对城市事务事必躬亲，亲力亲为，必然导致加重政府组织的负担，影响其行事效率。的确，政府万能的神话已不能应对纷繁复杂的国际事务，政府的作用十分有限，要想解决层出不穷的经济社会问题、维持社会的可持续发展，必须倚仗与非政府组织等多方利益主体的合作，变"单中心"治理框架为"多中心"、多方合作的治理机制。传统的政府管理不能够做到稀释政府职能，"统包统干"现象屡屡出现，政府组织臃肿而不精干，因而在处理社会事务中不免力不从心。治理所反映出政府决策、执行过程的多元化趋势，在现今日益复杂的社会环境中，颇为必要。

2）强调建立良好的社会关系

"治理"本质上是一种关系，是治理主体间相互合作、协调利益关系与冲突的过程，而"善治"是指治理主体间良好的合作关系。"广义的治理不仅涉及市民社会和国家之间的关系，还涉及执法者和守法者之间的关系。"[108]由此可见，治理涉及不同利益主体间协调、控制的关系，作为治理主体的政府如何与参与主体构建一种良性的合作互动机制，是善治社会必须考虑的问题。良好合作关系的构建不仅需要作为参与者的公民行使监督权等相应权利，政府应该明确其职能，广开言路，群策群力，创造高效、令群众满意的政府。

3）强调治理是一种发展过程

市场经济体制下，信息的严重不对称性、资金垄断等现象带来公共资源配置不合理，使市场机制的作用略显失效，而政府作为宏观调控的有力实施者，与之相比，其失误之处有过之而无不及。与传统政府管理的权力强制性不同，治理体现的是拥有共同目标的利益主体的活动过程。它的过程性力求在复杂的社会事务中寻求可持续性的互动机制，使原本对立或利益各异的行为主体在动态的合作过程中相互适应、相互作用、相得益彰，从而采取联合行动，解决出现的问题，促进城市的可持续发展。

4）强调民主化的思想

治理理论倡导企业、非营利性组织、公民等多方主体以民主、开放、透明的方式积极参与到对城市社会事务的管理过程中去，发挥其主观能动性，加强合作，并且在实践上构建公民参与型社会。治理理论不仅是当今世界民主、自由思潮的直接产物，而且也将以民主化的思想丰富其理论体系。当下我国所倡导的建设民主政治、法制民主社会，也为治理理论的进一步发展提供了理论来源。

随着治理理论的发展，其越来越多地应用于解决实践中利益冲突等问题。而随着城市经济的发展，城市问题凸显，用于处理城市利益矛盾等问题的城市治理理论应运而生。

2. 城市治理的定义

20世纪80年代，随着经济全球化浪潮的不断涌现，资本、劳动力等生产要素流动性的加强，日益激烈的市场竞争，城市社会的矛盾逐渐累积，市场失灵和政府失灵的存在，城市社会高度分化和碎片化，使人们不得不寻求更加合理的城市治理范式，城市治理理论在此背景下产生。

多中心治理理论为城市治理理论的产生奠定了理论基础，多中心治理理论以决策多元化、社会中行为主体行事多样化为分析重点,对于在城市实行多中心治理的紧迫性和可行性提供了有力的理论支撑。其观点为,"'多中心'治理结构意味着有许多在形式上相互独立的决策中心,意味着公共组织为了有效地进行公共事务管理和提供公共服务,实现持续发展的绩效目标,由社会中多元的独立行为主体要素(个人、商业组织、公民组织、政党组织、利益团体、政府组织)基于一定的集体行动规则,通过相互博弈、相互调适、共同参与合作等互动关系,形成多样化的公共事务管理制度或组织模式"。[109]

城市治理是人们对城市社会公共事务,包括科教文卫等事业的科学管理活动;是社会多元利益主体相互沟通、协作,以达到最大限度地调控、利用社会资源,应对日益复杂的社会公共事务的能动过程。它不再要求以传统的城市政府作为单一的管理主体管理公共事务,主张治理主体的多元化,政府、企业、非营利性组织通力协作,共同解决城市发展中所面临的难题。里盖斯(Le Gales)对城市治理的定义为:"一方面,城市治理是整合和协调地方利益、组织社会团体的能力;另一方面,城市治理是代表它们(地方利益、组织和社会团体)形成对市场、国家、其他城市和其他层次政府的相对一致的策略的能力。"[108]

城市治理实质上是城市各利益主体通过合作机制的建立及计划、组织、实施等手段的执行,共同管理社会公共事务方式的总和。其目的是在日渐城市化的世界体系中构建可持续发展的城市居民区,使"包容性城市"付诸实现。"包容性城市"指城市应当以包容的心态接纳城市各阶层的公民,具体而言,是指城市公民排除外部条件的差别,都享有参与城市所供给的生产性机会。因而,包容性既是目标,同时也是一个过程。公共治理作为一种新的城市治理范式,它强调的不仅仅是一种理念,也是建构于复杂的社会体系之上的动态治理过程。其实质是城市社会将资源分配及再分配给各行为主体的动态过程。在城市治理过程中,无论是政府、组织或公众都不可能拥有足够资源、知识、能力独自解决一切问题,这就要求他们以交换作为手段,共享资源与财富,从而达到目的,满足自身利益,形成多元体主体相互合作、协调,共建可持续发展的和谐城市。

3. 城市治理的特征

城市治理的特征是对城市治理概念的延伸,在经济全球化背景下,城市治理作为城市空间治理范式,是健全的城市管理所倡导的治理模式。

2000年5月,联合国人类住区中心发表了关于"健全的城市管理:规范框架"的宣言草案,提出了健全的城市管理的七项标准:"可持续性、权力下放、公平性、效率、透明度和责任分明、公民参与和公民作用、安全保障。"[110] 即城市的发展必须处理好经济、环境、生态之间的关系；必须适当下方政府行政机构的权利，给予其他治理主体充分的参与权；必须确保不同阶层的城市公民都平等地享有参与政府决策及利益分配与再分配的过程；必须利用现代化决策手段，积极搭建信息、网络等公共服务平台，提高城市治理效率；政府机构必须遵循政务公开的原则，对公民关注、较为敏感的话题进行公开的交流与沟通，并且明确划分与治理主体相关责任，做到权责一致，享有治理权利的同时，必然承担相应的风险与责任；必须充分发挥人民群众的作用，积极为人民谋福祉，尤其是社会底层的公民，他们的利益诉求最迫切，也是城市管理成效高低最直接的映现，确保其参与城市治理过程，是城市治理目标实现的关键环节；必须保障公民享有基本的生活、工作与学习环境，这是每个人不可或缺的生存与发展的外部条件，也是其应有的基本权利。城市管理的过程只有达到以上七项指标，才可成为"完善的城市管理"，才能符合城市健康、可持续发展的要求，即建设"包容性城市"。结合当今时代背景与联合国人类住区中心发表的关于"健全的城市管理；规范框架"的宣言草案，不难总结出城市治理的新特点：

1）研究以政府为主导的城市治理主体的合理定位。多中心治理结构要求城市治理既包括治理重要主体——政府，这一公共部门，也包括企业、非营利性组织、公民等利益主体。而城市政府如何合理定位，积极履行职能，承担社会责任，制定科学战略，在市场经济的发展及参与型社会的构建中掌握主动权，必须放在优先考虑的位置。

2）积极推进和深化政府和其他城市行为主体间合作。城市治理不是政府机构单独决策、直线管理的过程，而是各利益主体间相互协商合作的过程。我国正处于计划经济向市场经济、传统农业社会向现代工业社会的转型期，社会事务复杂多变，如何在多元化、分散化、网络化的城市治理中，界定各利益主体的权力、分析利益主体的地位及彼此间关系、鼓励其相互合作，以便其在城市发展中担任越来越重要的角色，城市政府责无旁贷。

3）治理结果不可预测性。城市政府与非政府组织在治理过程中相互合作、相互影响，是一个自然发展的过程，不以人的意志为转移，产生的结果具有不可预测性。城市治理中治理结构的复杂性也是影响治理结果的一个重要因素。例如，较城市发展目标而言，非营利性组织是不以营利为目的，并以公益性、自愿性、服务性为特质的社会组织，它在制定组织发展目标时，有可能会出现目标单一化现象，这与城市治理架构中城市发展目标的多元化出现背离，必然产生矛盾，进而治理结果也会多变而不可知。

2.1.4 城市生态安全治理的内涵

城市化率通常与生态足迹呈正比例增长关系，实现城市生态安全是营建健康城市生态体系的重要价值取向。一方面，耕地、森林、绿地、河流等绿色生态空间为城市发展提供资源与条件；另一方面，高消耗、高强度的人类生产活动给自然生态系统的可循环性结构功能带来前所未有的破坏，造成生态系统内诸要素日渐背离惯有的存在秩序。这表明城市生态意识、城市生态共同体功能、城市生态权利架构存在深层次问题。城市生态安全治理要求树立公正、平等的城市生态正义价值观，积极引导公众参与治理，构建多元、和谐的生态关系。概括来看，城市生态安全治理可以定义为：在城市生态系统可持续发展目标框架下，政府、企业、非政府组织、公民等主体通过有效合作，整合生态资源，应对包括水污染、空气污染、土壤污染等城市生态系统退化问题的过程。具体来看，城市生态安全治理的内容包括以下三个方面：

1. 治理主体

一个人或者是组织，对城市生态环境问题拥有明确的认知与实践能力，则可被视作城市生态安全治理的主体。目前，城市生态安全治理的主体主要包括政府、企业、非政府组织、公民等，治理主体的多元化是城市生态安全治理的基本发展态势。其中，政府在治理过程中扮演主导者角色，企业、非政府组织和公民则被视为广泛的治理参与主体，亦被称为"公众"。"公众"可以理解为有组织的团体或与利益相关者，他们在城市生态安全治理中发挥着积极作用。其中，以非政府组织为例，王华认为："政府与非政府组织在公共事物的治理中既存在竞争，又存在合作，两者只有在相互信任、相互支持、相互依赖，在开展多种契约性、制度性合作的基础上，建立良性、友好的伙伴关系才能实现对现代社会的有效治理。"[111] 由此可见，在城市生态安全治理的结构变迁中，非政府组织在多元主体治理格局中的地位日益突出。

2. 治理内容

城市生态安全治理的内容指城市生态环境所存在的实质性问题。目前而言，城市生态安全治理主要包含哪些内容学术界莫衷一是。饶会林认为："城市环境治理的基本主题，主要包括控制污染、整治市容市貌与改善公共交通。"[112] 但也有学者认为："城市环境治理的基本内容应该包括含义与原则、模式与制度、城市大气环境治理、城市水环境治理、城市废弃物治理等。"[113]

3. 治理方式

城市生态安全治理中，合作与参与是积极有效的治理路径，国内学者对此也进行了详细的阐述。杨妍认为："环境公民社会的完善和发展是环境善治实现的基础。环境公民社会中，公民环境参与和环境非政府组织的参与机制，对环境治理体制起到了不同的促进作用。"[114] 朱锡平对就政府、市场、公民社会在生态环境治理中的相互作用进行了论述。他认为："只有凭借社会力量，才能使环境保护真正发挥出社会自主力量，通过政府、市场与公民的共同努力，并辅以市场机制为基础的政策措施，才能确保环境保护制度真正趋于成熟，实现环境、经济与社会的持续发展的目标。"[115] 由此可见，参与式的治理模式是城市生态安全治理的基本趋势。

2.1.5 公众参与城市生态安全治理的定义与类别

公众参与城市生态安全治理弥补了传统政府主导的治理模式的不足，是一种多元主体共同参与的合作治理范式，其含义是指：在城市生态安全领域，公众有权通过一定的途径参与一切与城市生态系统相关的活动。换言之，实现城市生态权利是保障公众参与城市生态安全治理的基本内容。

1. 公众参与城市生态安全治理的内涵和外延

以参与主体和范围为界定标准，可以从以下三个方面加以认知，具体来看：

首先，广义而言，公众参与城市生态安全治理是指："在环境资源保护中，任何单位和个人都享有保护环境资源的权利，同时也负有保护环境资源的义务，都有平等地参与环境资源保护事业、参与环境决策的权利。"[116] 这体现了参与主体的多元化和参与范围的广泛化。

其次，普通层面而言，公众参与城市生态安全治理是指："公众及其代表根据环境法赋予的权利义务参与环境保护，这是对各级政府及有关部门的环境决策行为、环境经济行为以及环境管理部门的监管工作。"[117] 具体来看，生态环境决策、监督和经济行为都在公众参与的范围之内。

最后，狭义而言，公众参与城市生态安全治理是指："在环境保护领域里，公民有权通过一定的程序或途径参与一切与环境利益相关的决策活动，使得该项决策符合广大公民的切身利益。"[118] 公民自身利益同生态政策息息相关，在城市生态安全治理中，公民作为参与主体，其参与范围也被限定在城市生态政策领域。

2. 公众参与城市生态安全治理的类别

公众参与类别的划分是影响参与效果及治理成效的重要内容。"一方面我们希望国家在维护正常的宪政秩序和社会良性发展的情况下最大限度地容许公众参与，另一方面对参与制度的设计又要结合本国国情，注重它的可行性，否则无限制的参与只会导致行政权运作的失衡，使正常的社会秩序难以为继。"[119] 反观城市生态安全治理层面的公众参与，同样需要明确参与类别，细化参与内容，进而实现城市生态社会的可持续发展，从世界范围看，公众参与城市生态安全治理的类别主要包括以下六个方面：

一是参与国家环境管理的预测和决策。公民有权参与国家国民经济和社会发展计划以及各种环境规划的制定，参与环境管理机关的活动。如英国《城镇规划法》规定：各郡在制定发展规划时，应将此规划公布周知，对此有异议的公民可向环境大臣反映。

二是参与环境管理过程以及环境保护制度制定与实施过程。如英国《城镇规划法》规定：在颁发排污许可证之前，环境大臣要召开公开的地方调查会，有不同意见的人可以参加并发表意见。美国《清洁水法》规定：公民有权提出修改、实施环保局长或任何州根据本法制定的标准、计划与规划的建议，环保局长及该州应为其创造条件并予以鼓励。其中，公民参与的方式主要是各种听证会。

三是组成环保团体。组成环保团体是公民参与环境管理的重要形式，各国法律都给予了这些组织和团体一定的法律地位，积极鼓励他们广泛参与环境保护的各项行动。《俄罗斯联邦宪法》第30条第1款和《俄罗斯联邦社团法》第3条第1款规定：俄罗斯公民为保护公共利益和达到公共目的，有权在自愿的基础上成立社团。目前，俄罗斯联邦建立的社会生态组织达1000多个，如"俄罗斯绿党""俄罗斯社会生态同盟"等。《俄罗斯联邦生态鉴定法》《自然保护法》等一系列法律都赋予这些社会生态组织在自然环境保护方面以广泛的权利，并规定国家机关有义务竭尽一切可能协助社会生态组织实现自己的权利，依法追究妨碍社会生态组织行使其权利的公职人员和公民的责任。

四是参与环境纠纷的调解。在设有调解程序的国家中，一般都规定公众有权参加。如《韩国环境保护法》第54条规定：环境纠纷调解委员会的组成人员应包括以下几个方面：法律界人士、舆论界人士、环境专家、医务人士、工业界人士、商业界人士及有关官员等。美国1990年通过的《行政纠纷处理法》和《协商立法法》也有相关规定。

五是环境请求权。环境请求权是指公民的环境权益受到不法侵害以后向有关部门请求保护。如美国《清洁水法》规定：任何公民可代表自己对美国政府及其他机构或环保局提起诉讼，指控他们违反了本法规定的排放标准，或局长、州长有关这些标准的命令，或环保局长未能履行本法规定的职责。

六是参与环境科学技术的研究、示范和推广等。美国《国家环境政策法》第2条规定：公众有权最充分地利用公共或私人机构和组织以及个人提供的服务、设施和资料等。日本《日本公害对策法》规定：居民应努力以一切适当的方式协助国家和地方政府实行公害防治措施。[120]

就中国而言，实现生态环境的可持续发展被国家置于基本国策的高度予以重视。在维护生态环境的可持续发展层面，公众是必不可少的重要主体。这是公民享有的法律权利，同时也是其职责所在。《中华人民共和国环境保护法》规定：一切单位和个人都有保护环境的义务，并有权对污染和破坏环境的单位和个人进行检举和控告。[121]《国务院关于环境保护若干问题的决定》规定：建立公众参与机制，发挥社会团体的作用，鼓励公众参与环境保护工作，检举和揭发各种违反环境保护法律法规的行为。2006年2月22日，国家环保总局发布了《环境影响评价公众参与暂行办法》，作为中国在生态环境领域的第一部国家层面的规范性文件，明确了公众参与生态保护重要性，在中国生态保护法律史上具有里程碑意义。

2.2 城市生态安全治理中公众参与的理论基础

城市发展具有阶段性和复杂性，由此衍生的城市生态安全问题也呈现多样化特质，公众参与城市生态安全治理是应对生态安全问题的有力举措。以协商民主理论、政治参与理论、生态正义理论认知公众参与的概念、过程、结果、影响等内容，不仅能够明晰城市生态安全治理中存在问题的根源所在，更能够从理论视角优化公众参与治理的模型构建，使其更具有说服力及可信度。

2.2.1 协商民主理论：公众参与的核心与基础

无论是西方国家，还是发展中国家，一个具有合法性的政府应以促进社会的民主化发展为根本，即政府官吏权力的行使应以民主意识为导向、以民主的政治制度为依托。就中国而言，《中华人民共和国宪法》第一章第二款规定："中华人民共和国的一切权力属于人民。""人民依照法律规定，通过各种途径和形式，管理国家事务，管理经济和文化事业，管理社会事务。"[122]这为推动中国政治参与的民主化及公众参与城市生态安全治理的发展提供了宪法根据。

在城市生态安全治理的实践中，生态民主为公众参与生态安全治理提供了现实依据。这与协商民主理论与生态政治学的发展密不可分。20世纪90年代起，民主理论与实践逐渐呈现出协商民主的发展态势。协商民主（Deliberative Democracy）成为除代议民主与直接民主之外的第三种民主形式。艾克斯利（Robyn Eckersley）认为："绿色民主国家是更具合意性而且很可能具有更大合法性的，因为它力图将民主扩大与深化至那些至今仍被排斥在外的群体。"[123]其中，想要不断发展生态社会，就有必要将关注点放到生态民主建设领域，公民生态权利的实现，同样依赖于生态民主化的推行与发展，换言之，只有不断推进生态民主化建设，才能使公众参与城市生态安全治理权利的实现出现可能。

协商民主具有悠久的历史，可以追溯到古希腊时期。协商民主更青睐平等审议的新范式，对私利行为者的自由主义范式加以回避。从公共利益激发的正式审议中，我们可以学会对他者（和环境）的依赖，学习对身处境况存在差异性的他者（包括未来代际与非人类自然）的认可与尊重。正是在这一行为的协助之下，公众在对共同生活与未来的创造中才能更具有主体意识。总结来看，关于城市生态安全治理中协商民主模式的理想与诉求主要包括以下三个方面的内容：

第一，不受限制的对话。政策观点只有得到参与者的认可，才能够拥有对对话参与者的支配权。对话自由就意味着在公共政策或者是法规尚未出台之时，政策讨论的参与者就有权对政策提出建议或者是异议，以此来对政策的科学性与有效性予以检验，做出评估。尤尔根·哈贝马斯（Jürgen Habermas）认为：这种自由或不受限制的对话是公众行使民主话语权必须要面对的首要问题。不受限制的对话的潜在目标是在"就谈话目的自愿达成一致性见解"的基础上实现对话双方的相互理解与信任。如果参与者受利益而非理性观点驱动，即参与者被或明或暗的力量贿赂，或者参与者只有有限的时间来审议事实或建议的价值与意义，那么"不受限制的对话"将成为"受限制、被扭曲的对话"。从另一角度来看，对话自由则需要凸显"信息公开性"。如果不真实的信息大行其道、有效信息被控制，则对话自由同样无从实现。另外，如果在对话环节，对话参与者或者是利益相关者的参与权被剥夺，代表权只是有限行使，则这种对话也并不自由。

第二，包容性。公正性原则在协商性对话中作为根本性要求而存在。探究其原因，主要是协商旨在消除私利性或者是存在明显偏向性的观点，对公众普遍认可的观点予以支持。现阶段，公正性饱受诟病，唯有将包容性融入其中，方能使得参与者的需求得到最大程度的满足。此外，参与者不同，其价值观念也会存在较大的差异性。因而，在对这些观点进行梳理后，整合成为公众普遍认可的观点，如此一来，公众对公正性的质疑就会大大消弭。扩大化的思考——或汉娜·阿伦特（Hannah Arendt）声称的"代表性思考"（Representative Thinking），指的是一种想象的代表境况，他人的立场与情形体现在我们对建议规范的构建、辩护和比较过程中。[124]话语民主主义者的观点是：如果力求自己的观点同他者的观点有效接轨，那么就需要在阐释自己的观点时采用更为科学合理的易于为他者接受的方式。在这种情况之下，协商民主机制的政策或者是建议才能够有效规避极端自私性，凸显公平性，更易为公众认同。

第三，社会学习。社会学习的开展对于协商民主的参与者而言意义重大。在这一环节，参与者要体现思维的灵活性与开放性，对于自身的固有观念要用理性的思维进行修正与改进。参与者可以借助丰富多样的形式同其他主体之间开展交流与对话，对议题的背景、问题等做全面而客观的了解，进而对他人的观点形成科学认知，明确自己的立场。协商民主中最大的优势就是其具有社会学习潜能与巨大的教育功能。其中，开放的思维与灵活的头脑，使得参与者即使面对全新的环境和全新的观点，也都能够积极适应，同时勇于进行自我修正。不可否认，协商民主有别于传统的民意调查、投票的形式，是对传统民主模式的颠覆与变革，对于改善现有的公众参与城市生态安全治理模式具有较强的指导意义。

总之，协商民主的三个特征——不受限制的对话、包容性和社会学习——使其特别适合应对复杂多变的生态难题。该种民主挣脱了传统的私人利益至上的束缚，使得既存利益不再成为民主发展的牵绊。另一方面，公众利益的备受推崇也使得以自私自利为特征的参与者能够在一定程度上摒弃极端利己思想，对个人思想进行积极的反思修正，为制定更为科学合理的政策贡献自己的绵薄之力。在多布森（Andrew Dobson）看来："要创建一个可持续的和使人满足的生存方式，必须以我们与非人自然世界的关系和我们的社会与政治生活模式的深刻改变为前提。"[125]现今，城市生态危机日益严峻，因此，有必要关注包括公众参与体制在内的政治环境，并对其进行实质性变革，当然，这其中包括对公众参与体制的创新。协商民主所蕴含的民主、公平与责任意识，使得公众对城市生态安全治理更能秉持平等的心态，积极投入其中。因此，以协商民主为基础创新公众参与城市生态治理体制，更有助于城市生态系统的长久稳健发展。

2.2.2　政治参与理论：公众参与的理性支撑

就政治参与的定义而言，个体或团体旨在表达观点、对政治活动施加影响的过程就是政治参与。针对政治参与这一概念的界定，布斯等人的看法是：① 影响或试图影响公益分配的行为；② 旨在影响国家或地方政府的行动或有组织的平民的行动；③ 个人及个人组成的集体有意无意地反对、支持、改变或维护一个政府或团体的某些特征的一切行动（或不行动）；④ 在政治体制的各个层次中意图直接或间接影响政治抉择的个别公民的一切自愿活动。[126] 不难发现，作为一种常见的社会政治现象，政治参与对整个社会的政策形成与权利分配起到关键作用。一个社会政治体系质量的好坏，凭借政治参与的状况即可窥见一斑，而整个社会的政治发展水平也可以借此得到科学衡量。因而，城市生态安全治理作为社会治理的一部分，要研究其治理的过程，就不得不探讨其中政治参与的情况。具体来看，政治参与的内涵主要体现在以下几个方面：

第一，政治参与是民主的本质内容。通常意义上，可以从两个维度认知民主理论：一种倡导公众参与，而另一种则限制公众参与。英国学者海尔德也对民主的内容进行了划分，认为其范式应当包括两种：一种是参与的或者直接的民主，另一种是代议的或者自由的民主。卡尔·科恩也提出：民主是社会管理体制的一种表现形式，基于这种体制，大多数社会成员都可以或者能够直接或间接地参与对全社会成员产生影响的重大决策的制定。此外，达尔提出了政治多元主义理论，并认为：人民群众参与政治的广泛性才是民主的本质。由此可见，政治参与是民主的本质内容，也是一个社会民主化进程的必然要求，政治参与越广泛，对于深化民主价值、提升民主文化氛围越有益。

另一方面，政治参与是提升公众民主意识的外在要求。政治参与是公民应当承担的社会责任，而积极的政治参与者被视为理想的公民，鼓励公民积极参与政治也是培养并提升其权利义务意识的最有效方式。"参与型民主"理论认为："政治参与是实现公民自我发展，促进自由平等的基本方式。只有通过参与才能促进人类发展，强化政治效率感，弱化人们对权力中心的疏离感，培养对集体问题的关注，并有助于形成一种积极的、具有知识并能够对政府事务有更敏锐兴趣的公民。"[127] 派伊也提出：公民通过参与政治，不仅可以对公共决策产生影响，而且对培养公民的责任感有积极作用，可以促使公民更愿意遵纪守法，承担社会责任，进而使公民不仅关注自己的利益，更关心社会公共事务。这是因为政治参与会让人们更为深刻和明确地认知公共事务，可以从现实主义角度理解政治。不难发现，政治参与是民主实践的内在要求，是提升现代社会公众民主意识、民主文化发展的有力举措。民主文化的内容包括了民主意识、民主习惯和民主技能三个方面，只有通过社会公众的反复实践，才会日益趋于稳定，政治参与则为其提供了有效的实践形式。

第二，政治参与是公民权利的重要组成部分。目前，在世界公认的《公民权利和政治权利国际公约》中明确规定：每个公民应有直接或通过自由选择的代表参与公共事务的权利和机会。此外，《世界人权宣言》中载明的28项公民基本人权中，政治参与权利是重要的基本人权。本迪克斯将公民权利和法人权利称作"合法的存在状态"，主要包括参与等四类权利。美国学者艾伦·科恩近年来在对6个国家进行的关于民主的调查中，把政治参与作为公民权利的重要内容。[128]公众通过行使政治参与权利，逐渐形成制度化参与体系，进而保证政治参与的有序性、合法性和规范性，最终提升社会的民主制度建设水平。以亨廷顿为代表的众多西方学者都对政治参与制度化和政治稳定发展之间的关系进行了比较深刻的分析，认为：政治参与的制度化对促进政治的稳定和发展有积极作用，如果政治参与失去了制度规范，则可能对政治的稳定与发展造成严重的损害，导致民主建设的功能失去价值。

毋庸置疑，在巩固和发展民主制度、防止暴政和专制的过程中，公众政治参与起着关键性作用。政治参与是社会公众实现与政府间互动的有效途径，政治参与越广泛，这种互动越频繁。公众在政治参与的过程中，不仅可以充分表达自身的内在需求、利益诉求以及对政府的期望，而且还能对国家权力进行有效的制约和监督。亨廷顿提出："公民积极地参与社会和政治事务，为'制约国家权力，从而为实现社会对国家的控制以及作为这种控制最有效方式的民主制度提供了基础'。"[129]因此，作为公民权利的一部分，政治参与权的合理行使也是提升公众对政府影响力的有效方式。通过建立自由、公开、广泛而独立的信息流通渠道，可以让公众对政府事务进行及时、准确和全面的了解，积极参与公共事务管理。

第三，政治参与是实现民主化的最有效方式和手段。在美国政治科学学会1995年的一次会议上，S·维尔巴提出：公民参与政治不仅是一种代表机制，更是一种手段，是通过抗议、投票和捐助竞选等方式来实现民主的工具。法国学者图雷纳认为："把民主界定为对当政者的自由选择，意味着对公民的政治参与作为合法的、制度化的秩序的高度重视。"[128] 通过政治参与，组织或者个人可以更好地表达、实现以及维护其利益。根据工具主义的相关理论，参与是为了实现特定目的而使用的工具与手段。换言之，政治参与行为的扩大化是维护组织和个人利益的有力措施。工具理性主义认为：个人可以对自身的利益进行最为准确的判断。因此，最为合理和科学的管理，应当是有被管理者充分参与的管理。在任何一个国家，政府所制定的公共政策都会对公众利益产生重大影响，这必然要求政府政策制定过程中积极鼓励公众参与，营造参与主体多元化的氛围。

此外，公众参与会对政府形成持续的监督和压力，促进政府决策更能反映公众的要求和根本利益，更合民意、顺民心，实现决策过程的民主化。从公众的角度而言，任何公众参与公共决策的行为都以追求自身利益为出发点，其中，物质利益尤为重要。达温斯（A.Downs）通过实证分析指出：公众政治参与最为直接的目的就是通过最小化的付出实现自身利益最大化，他们根据投入与产出比来判断自己应当进行何种范围与形式的参与。[130] 这是由于达温斯在实证分析的过程中发现，周期性选举、长期性选举以及大型选举的投票率都相对较低，很多公众无法合理判断该种选举模式产生的最终结果对自身利益的影响，因此不愿进行政治参与。帕特曼（C.Pateman）也认为：最容易把握的，也是最有兴趣的，就是那些与自己生活和利益密切相关的公共事务。[131]

2.2.3 生态正义理论：公众参与的认识论基础

正义被视为一种来源于和谐、神圣命令、自然法或人造的伦理价值，也可被理解为公正、正当的道理。生态正义作为生态领域正义性的体现，是贯穿于城市生态安全治理中的一种平等、公正、合乎道理的价值理念。公众参与城市生态安全治理的行为不仅符合生态正义观，也印证了生态正义所倡导的生态参与权为公众普遍享有的价值观。

首先，生态正义的兴起有其历史必然性。20世纪，对于城市生态学的研究经历了诸多发展阶段。霍华德提出了"田园城市规划理论"，描绘了人类社会与自然生态系统和谐相处的社会图景；赫特以"扇形理论"为基础，叙述了以人类社会为根本、开放型未来城市的发展情境；卡逊则将知识、信息、文化等复杂要素纳入城市发展体系，倡导构建具有包容性的城市；生态意识多样性、物质与非物质存在的错综关系使城市生态体系的发展更注重整体性、正义性指向。无论何种城市形态，都与特定时空范围内生产力及生产关系发展水平密不可分，回归本源，公平意识、共享权利、多元参与、代际公正、代内公正等生态正义本性是城市生态系统发展的主流趋势。罗尔斯（John Rawls）认为：

"正义是社会制度的首要价值，正像真理是思想体系的首要价值一样……在一个正义的社会里，平等的公民自由是确定不移的，由正义所保障的权利绝不受制于政治的交易或社会利益的权衡。"[132]生态正义要求实现人与自然、人与社会等多重关系间平等的公民自由权，这不仅是某种观念或主义的转变，更是城市生态系统的全面改革运动，是人类社会与自然界关系的革新与再造，也是一种和谐、多元社会结构的重建。

其次，城市生态正义是生态正义性的具体体现。基于以上对于生态正义的研究，我们可以从抽象意义和具象意义两个层面理解城市生态正义。抽象意义上的城市生态正义指城市中符合公共利益或具有普遍必然性的生态价值观念；具象意义上的城市生态正义指城市社会主体平等分配或占有生态资源，公众平等地拥有使用生态资源的权利及公平地承担保护生态环境的责任。总之，城市生态正义是处理城市社会人与自然、人与社会关系的基本伦理准则，意指不同时间、空间、代际的城市主体对于山川、空气、绿地等生态资源的可持续期待，是一种为了所有城市主体，对生态进行整体维护的社会正义。[133]城市生态安全治理中公众参与的正义性可以定义为：按照宪法及相关环境法的规定，在城市生态安全治理政策的制定与执行过程中，参与主体间通过一定的程序、步骤及方式，实现公正行使生态安全治理权利、公平享有生态资源的过程。罗尔斯（John Rawls）认为："一个社会，当它不仅被设计的旨在推进它的成员的利益，而且也有效地受着一种公开的正义观管理时，它就是组织良好的社会。"[132]由此可见，平等、公正的生态正义观能够为优化城市生态资源配置和增进公共利益奠定思想基础。

最后，过程正义是公众参与正义性的内在要求。一方面，城市生态正义是应对城市社会中人与生态系统、人与社会关系的基本准则，其本质是权利的平等、分配的合理、机会的均等和司法的公正。另一方面，公众参与城市生态安全治理中的正义性是生态正义在城市生态系统中的微观体现。倘若以实质正义性衡量公众参与结果，那么公众参与的过程具有过程正义性。换言之，在公众参与城市生态安全治理的实践中，需要正确认知过程正义与实质正义的内涵及两者之间的关系，更多的应该关注公众参与过程的正义性。贝勒斯（Michael Bayles）从实质正义与过程正义关联性的角度探究程序正义的本质，认为："过程中的正义性可以转化为结果的正义性。如果过程的公正性不能被（至少部分地）用来论证结果的公正性，那么，过程就只能是完美的或者不完美的程序这两种之一了。"[134]因此，公众参与过程的公正性在很大程度上是衡量参与结果公正性的重要尺度，充分理解参与过程的公正性是合理划分参与主体间权利的认识论基础。

不难发现，生态正义自身蕴含着权利平等、机会均等的理念，这恰恰契合了公众参与城市生态安全治理中参与主体所要求的参与权、话语权等意向。换言之，我们能够从生态正义性的角度探究公众参与城市生态安全治理的过程，并将其作为公众参与城市生态安全治理的理论基石与行动指南。

2.2.4 合作主义理论：公众参与行为的理论框架

合作主义主张各行为主体间加强相互合作，避免社会结构的断裂，增强社会整合性，构建多维度、多层次相互作用的公众参与的城市治理体系。合作主义所倡导的增加社会整合性、促进各行为主体间协作是城市健康、可持续发展和城市治理体系不断完善的必然趋势。在该原则的指导下，公众参与城市生态安全治理体系的建构过程必然会降低社会矛盾冲突发生概率，进而充分调动各参与主体积极性，节省不必要的成本、缩短时耗，提升城市生态安全治理的综合效益。

1. 合作主义产生的背景

改革开放以来，我国由过去高度集中的连带性较强的社会转变为多种利益并存，以碎片化、分散化为特征的社会，社会矛盾突出，各利益主体诉求多样化，传统的计划经济体制下的城市管理模式已经无法应对市场经济体制下城市复杂体系衍生的诸多问题。城市间的竞争、各种社会力量的拉锯、利益主体间的博弈使城市政府疲于应付。此外，伴随着城市治理的趋势越来越多样化，参与城市治理过程的行为主体数量呈不断上升趋势，他们以自身利益和价值的追求为基点，日益成为城市政治过程中的重要力量，为构建以合作主义为基础的城市空间网络联盟，实现各行为主体的利益整合贡献力量。

继新自由主义之后，合作主义理论成为学术界探讨的焦点。新自由主义理论产生于20世纪八九十年代，强调在经济领域采取自由放任政策，视经济自由为最高原则，包括保护私人财产、择业自由、反对国家直接干预经济生活等。作为西方古典政治经济学的创始人，亚当·斯密提出"看不见的手"和市场经济制度可以应对一切经济问题的思想是在西方社会意识形态领域的直接映射。的确，在工业化社会，提倡经济自由、通过市场机制调节资源配置从而使生产者和消费者在市场交易中达到满意度最大化的这种自由放任的经济政策对西方社会经济发展产生过积极效应，各市场主体得以中充分发挥聪明才智，个人活力得以激发，在市场竞争中合理利用经济资源、促进资源优化配置，从而达到利润最大化、确保经济高效率，为资本主义社会创造了丰厚的物质财富；另一方面，新自由主义倡导的自由放任的经济政策，反对政府的直接干预，例如，禁止对劳动力市场的管制等主张对于城市治理理论的发展产生重要影响。然而，到20世纪末期，随着新自由主义的发展，这股强大的经济思潮促使大资本和政治强权之间相互结合产生垄断，进而排斥中小私营企业等利益主体，造成社会两极分化，对城市的发展带来负面影响。

新自由主义在客观上将竞争机制引入城市治理领域，在实践上促进公共服务高效、高质量发展，为城市政府管理城市事务提供了多种可借鉴方式，减少了城市政府开支，促进了城市的可持续发展。但是，该理念主张资本与政治强权的结合，排斥其他利益主体的正当诉求，带来社会不平等现象，在城市治理的某些公共服务领域造成垄断局面，进而对城市发展和社会稳定带来不利影响。此外，在生产要素不断全球化的趋势下，资本、劳动力流动的自发性使国家干预尤为必要，更需要政府合理协调各利益主体间关系，应对社会碎片化等问题，正是在此背景下，城市治理理念转向合作主义。

2. 合作主义的内涵

合作主义是对新自由主义理念的革新，是城市治道变革的突出体现。它主张政府进行适当的干预，建立政府与其他利益主体间互信、平等的合作体系，加大基层社区发展力度、普及社区教育，深化民主政治建设，主张市场竞争机制的合理运用和公共利益的最大化实现，主张将劳动福利政策的实施范围扩大化，而非缩减社会保障覆盖面、离退休人员养老金、失业金等基本社会福利。英国前任首相布莱尔曾说："合作主义作为一种价值理念，所体现的是联合、团结、公平、义务、责任等经典的传统，而过时的意识形态则是'专注于国家控制、高税收和维护生产者利益的左的思想支配的观念'和'主张狭隘的个人主义和自由市场经济是能够解决任何问题的新式的右翼自由放任主义的理论'。"[135] 由此可见，合作主义主张各行为主体间的相互合作，加强社会团结，避免社会结构的断裂，增强社会整合性，构建多维度、多层次相互作用的城市治理体系。合作主义作为一种利益协调与整合机制，它所关注的是如何在合作框架内，对社会各利益主体进行合理、有序的协调与组织，将其适度纳入公共事务决策过程中，以便使政府的决策更好地满足社会公众的需求，增加城市容纳度，从而降低社会矛盾冲突发生概率，整合社会资源，促进城市系统的可持续发展。

不同于新自由主义倡导的政府权力与垄断资本的有机结合，合作主义所追求的是公众参与的网络联盟的建构。在城市生态安全治理的实践中，诸多冲突迭起、矛盾复杂多变，如何正确处理该类问题，是城市政府不得不应对的难题，合作主义主张的构建公众参与的网络联盟的理念，即将矛盾冲突控制在一定范围内，符合我国城市生态安全治理发展的需求，是实现城市生态可持续发展的有效路径。另一方面，该理论承认分权化的合理性，主张以分权化、责任分担的策略，建立超越行政边界的公众参与的空间联盟体系，建立合理的分权体系，将事权、财权等城市政府拥有的权力交予地方城市政府，摒弃独立主义思想，建立良好的府际关系，使地方城市政府摆脱被动适应经济发展的形象，越来越主动地参与到城市生态安全治理当中。

在大数据及信息产业迅猛发展的时代背景下，城市生态安全治理呈现复杂性、多变性。各级政府力图在处理复杂的社会事务中寻求合理的公众参与治理方式，提升城市政府应对生态安全问题的能力，不断推动城市生态系统的可持续发展。合作主义所强调的对社会不同利益主体的协调与整合、建立公众参与的空间网络联盟等思想，是城市政府与社会公众实现双赢的有效理论架构，必将对城市生态系统的健康、可持续发展带来巨大的推动力量。

2.3 城市生态安全治理中公众参与的历史演进

在诸如教育、人类发展等公共服务领域，公众的参与在某种程度上会显著提高公共服务的质量和社会治理水平。从农业社会雅典城邦的直接公众参与到新英格兰市镇会议的基层民主参与、再到现今后工业社会信息化时代背景下的多元参与，公众参与经历了两千多年的发展历程。通过考察传统农业社会和现代工业化社会及后工业社会的社会治理模式，可以从中探寻公众参与在特定社会背景与行政模式下的角色与作用。

2.3.1 农业社会的社会管理

在农业社会中，社会制度尚未完备、社会管理机制有待完善、政治经济文化发展水平不高，社会形态混沌不清，政府管理主要体现为融合型的行政模式。政府行政效率和管理能力较低，公众参与生态社会的管理也多体现于对于土地、河流等自然资源的管理。因此，不得不让人深思公众参与的合理性及其效果问题，而明确农业社会社会治理中公众参与的基本走向与特征成为影响社会治理成效及公共政策科学性的重要因素。

作为城市兴起最初形态的传统农业城市，城市中的生产关系以奴隶制和封建制为主，生活上人们自给自足，无需物品的交换。因此，城市的存在多以防御功能为主，城的概念高于市的概念，作为商品交换的市只是附加功能。就传统农业社会的中国而言，其都城多彰显其政治功能，有内外城之分，并设有两至三层的城墙，城内为皇族及官宦所有，城外为百姓生活之所，并采用封闭的邻里制度，以皇权专制为组织形态，并依靠具有儒家思想特点的政治理性和文官制度来维护其统治，这种组织形式是与自给自足的自然经济相协调的，并成为该种生产关系不断发展的助推器。

这种封闭的城市格局的一个重要特征是城市依然为政府的所在地，致使传统农业社会的城市缺乏政治上独立自主的政治权利，这与同时代西方城市概念有所不同，或者说，中国的城市含义与西方古代及中世纪城市在形式而非实质上相同，即城市的作用等同于城堡。任何一个国家的城市发展史也是其城市文明发展史。与西方城市建立的根基——经济理性不同，由统治者建立起来的中国城市在很大程度上是封建皇权官僚制的产物，以政治理性为基点，因而，在以小农经济为主的经济基础和封建官僚制意识形态的共同作用下，我国传统农业城市的管理方式也必然体现为以政治统治为主的封建官僚管理方式。具体来看，该管理方式的特点如下。

1. 农业社会时期社会管理的主要特征

当人类的农业活动达到一定规模，便逐渐进入农业社会。农业社会是以生产农作物为经济基础的社会。其中，基本的生产单位是独立的家庭，生产方式以手工业为主。在农业社会中，耕种土地是获取财富的主要来源。因而，就人与生态系统的关系而言，人们较多的顺应自然且享有一个良性的生态环境及规范化的生存空间。在费雷德·里格斯看来，农业社会中，社会功能没有得到细致的划分，是"功能扩散型"社会。

首先，社会关系以血缘和地缘关系为主。其中，血缘关系是由婚姻或生育而产生的人际关系。地缘关系是指以地理位置为联结纽带，由于在一定的地理范围内共同生活、活动而交往产生的人际关系，包括同乡关系、邻里关系等。在社会生产力发展水平较低的农业社会，自给自足的小农经济的生产方式占统治地位，社会分工不细致，公众的日常生产与生活集中于较小的地缘范围。其中，官僚机构的设置、掌权者权力的划分、政府公共事务的决策与执行，都是以地缘关系和血缘关系为依据，且两类关系相互渗透。另一方面，农业社会具有较弱的流动性，各阶级、阶层之间具有严格的划分标准，并且壁垒森严，不同阶层的公众间交流较少。因此，国家制度及行政机制以世袭制为主，社会管理带有浓郁的家族和亲族主义色彩。

其次，简单而固化的职业区分是农业社会缺乏细致社会分工的直接映现。由于受地域空间及交通的限制，掌权者与公众间缺乏进行良性沟通的路径与现实渠道，单一命令式的政府管制模式导致社会分工和职业划分固定而单一。另一方面，公众对于社会管理和职业划分模式的意见与建议不能够很好地为掌权者所知。换言之，整个国家的行政体系为掌权者控制，并未以服务人民为旨归，专制色彩浓厚；政府管理社会事务的合法性与权威性来源是具有强制性的武力，并非公众的主观认同与支持。因此，公众对掌权者只能唯命是从，职业选择的自由程度受到极大的限制，更谈不上职业的专业化分工水平和职业技能的提升。

再者，农业社会主流的意识形态是对权力的至高尊崇和无限追求。在农业社会中，整个社会的思想文化价值取向能够在公众的思维方式及社会行为中得以体现。处于较高社会地位的人在受人尊重的同时，拥有权力、财富、名望，也享有受到良好教育的机会。因此，社会公众对于阶级地位的敏感度较高，对于财富、权力、土地等资源的追求也较为明显。过度的追名逐利是农业社会存在的一个弊端，也是造成执政行为与立法、司法、经济等社会行为混为一谈，行政机构非专业化、行政效率低下的原因之一。

最后，农业社会多采用封闭式的城市管理方式。农业社会中，街道上的贸易集市四周都设有围墙，市民出入都有官吏管理，街坊门市开闭时间有明确规定，夜间不得在街道上随意走动，城市同样不能拥有自己的武装力量，城市自由无处可谈。此外，城市内部等级制度划分严格，"官本位"观念深入人心，这种封建生活的分散性及建立在明确、严格的管理条文之上的早期封闭式的管理方式，便于城市官员对城市的监管，有利于封建社会的政治稳定、民族团结，在一定程度上也促进了经济的发展。

总之，传统农业社会的社会结构是混沌未分的，没有明确、细致的社会分工，公众生产生活方式以地缘和血缘关系为主，社会关系较为单一，具有较强的专制统治色彩，因而，公众参与社会治理管理也未成为主流的管理模式。然而，在农业社会的历史长河中，仍存在着肯定公众价值并鼓励公众参与行政决策的实践，具有代表性和可借鉴意义的是古希腊时期雅典城邦内施行的直接民主制公众参与形式。

2. 古希腊雅典城邦公众参与社会管理的状况

公元前508年，在古希腊，雅典城邦内的一切政事都需得到全体成年男子的批准，最早的公众参与就以该种直接民主制的形式得以彰显。公众参与是指公民直接或间接地以诸多方式影响与其利益相关的政策活动的行为，其目标是在政策活动中最大程度地实现公民的利益。在雅典，民主发展程度极高，高度发达的民主充分激发了雅典公民参与政治生活的热情，并逐渐使公众参与深入人心，成了公民的一种民主习惯。正如伯里克利（Pericles）所言："我可以断言，我们的每个公民，在许多生活方面，能够独立自主，并且在表现独立自主的时候，能够特别表现温文尔雅和多才多艺。"[136] 通过公众参与，雅典公民能够深入认知公共政策和自己的利益，做到尊重他人的正当需求。与此同时，升华公民道德，不断懂得在个人利益与公共利益之间形成一种平衡。这种平衡既有利于雅典公民自身利益的实现，也推动了雅典的辉煌发展。

其一，雅典社会中公众参与的主体是全体公民。古希腊的民主政治保证了所有公民在法律面前人人平等，在雅典，城邦的所有公民都有可能亲自参加选举和表决，进行政治参与。但是雅典居民中有相当大的一部分人是不具备公民资格的，包括奴隶、妇女以及外邦侨民。所谓外邦侨民是指从希腊其他城邦移居过来的劳动者，他们不具有政治权利，因此不可以参与公共事务的管理，对于这种区别对待，雅典人并不认为有不合理之处，雅典人认为奴隶是主人的附属品，受主人随意支配，只是奴隶主的私有财产；而侨民则是依靠两只手臂提供劳动力的人，没有更多的实际积极参与国家事务，他们只能算作私人，而不是积极的公民。亚里士多德（Aristotle）认为：公民是指积极参加集体事务的人。因此，妇女和侨民以及奴隶都不属于公民的范畴。由此可见，在雅典，只有较少的社会公众能够真正地进行公众参与的实践。

在古希腊雅典社会，对于公众参与主体的范围我们必须辩证的来看待。用现代的观点来看，否定了外邦侨民及其妇女作为公众参与主体是落后和愚昧的，但是，作为雅典城邦居民，只要符合了雅典公民的要求，无论财产多寡、社会地位的高低都平等地享有政治参与的权利。伯里克利（Pericles）曾经说过："一个公民只要有任何长处，他就会受到提拔，担任公职；这是作为对他优点的奖赏，跟特权是两码事。贫穷也不再是障碍物，任何人都可以有益于国家，不管他的境况有多黯淡。"[136] 响亮的话语，即使从当代看来无疑都具有相当巨大的价值。

其二，雅典社会公众参与的形式包括政治表达、政治选举、政治监督。公众参与的形式是公众参与研究关注的重点之一，具体而言，主要包括政治选举、政治投票、政治结社、政治表达、政治监督、全民公决等。在雅典城邦，其民主形式接近于直接民主，虽然这种直接民主相对现代的直接民主而言是比较粗糙的。尽管如此，这种粗糙的直接民主也使得雅典公民政治参与的形式多种多样。

首先，政治表达。政治表达是指公民通过宪法和法律规定的权利和手段来表达自己的政治观点和政治态度，从而影响政府决策。在雅典，每九天举行一次的公民大会，可谓是超大规模的政治表达。正常情况下，公民大会每九天举行一次，凡是年满18周岁的男性公民都有权利参加，以应对城邦的所有重大问题。例如粮食供给与分配、土地资源的划分、对外宣战与谈判等。

其次，政治选举。政治选举主要是指投票选举，除此还包括政治捐助、组织选民、政治宣传等。在雅典，选举权是每位年满18周岁的男性公民的最基本权利，他们所拥有的选举权包括：选举五百人会议的组成人员（年满30岁的男性公民具有被选举权）；选举十将军委员会；选举陪审法庭（年满30岁的男性公民具有被选举权）。这种政治选举对于雅典公民而言是一种生活的气氛，通过选举选出他们认为最具能力的人、最能代表他们利益的公职人员。

再者，政治监督。政治监督是公民对政治决策、政治执行等行为进行法律和道德方面的监控和督促的过程。在雅典，公民握有国家的最高监督权，在公民大会上每位公民都有权听取负责人的报告；在十将军委员会中各个将军要向公民大会汇报工作并接受其监督；公民大会还需审查陪审法庭的诉讼等。同时，独具特色的陶片放逐法，即公民有权在陶片上写上不受喜爱人的姓名，以投票表决的形式将对雅典民主制度存在潜在威胁的政治人物进行政治放逐。这一制度的伟大意义在于：公民不会因为惧怕而受制于强权，更不至于让僭主乃至专制统治者侵占公民的合法权益。

其三，雅典的公众参与权利具有多重意义。参与者对于政权或者政策的影响度是公众参与过程的重要考量因素。"影响度"的大小很大程度上取决于参与者被赋予权利的程度。参与者是如何将参与权利与参与目的相联系？换言之，参与者拥有的权利如何能够运用并转化为符合自身利益的公共政策？权利的享有和行使贯穿于雅典公民参与社会事务管理过程的始终。

首先，赋予公民合理化的公众参与权利是实现政治民主化的有效举措。公众参与是一种政治博弈的过程，在公众参与的过程中每个人都在诉求个人利益，最终的结果是协商妥协的产物。在这一过程中，公众被赋予参与权利、决策权利，是直接民主最具特色的部分，有力地推动了雅典城邦政治民主化进程。例如：公民拥有政治选举权，通过行使选举权选出他们认为最具能力的人，最能代表他们利益的政府官员。这种政治选举对于雅典公民而言是一种民主化的政治生活常态，只有选出能代表自己利益的有能力的人处理公共事务，才有可能实现理想化的社会秩序。同时，公民又享有政策监督权。具体而言，公众有权对社会政治运行过程中的公共政策、政治行为等进行监控与督促。该种监督权能够保障民选政府官员履行职能时的公正性和合法性，是一种简单有效的约束机制。

其次，权利的不恰当行使会使"公众参与"失去其本意。众所周知，雅典实行的是直接民主，是在强调和肯定公民参与的同时存在着极端色彩的绝对民主形式。雅典公民的直接公众参与是需要一定前提条件的。首先，城邦规模要小。在当代社会，除去少数极小的资本主义国家，倘若实行全体公民的直接公众参与，每个公民都有参与公共决策的权利，这所需要的政治成本是相当昂贵的，同时参与的后果也未必是合理的。例如：雅典历史上著名学者苏格拉底死时，他的罪名是创造新神和败坏青年，判决结果为281票对220票被判死刑，其中有一位投判他死刑的人解释原因，只是因为不喜欢看到他。由此可见，在雅典，公民的直接参与并不是万能和美好的，它也存在着相当大的弊端。公民在参与公共事务管理的过程中是不成熟的，公民会滥用自己参与政治的权利、追求个人权利，进而忽视整体利益，最终导致民主参与制反而比集权制要弱。

3. 中世纪欧洲公众参与社会管理的状况

中世纪时期的欧洲，城市自治成为城市复兴运动最主要的内容，城市自治权的出现逐渐使城市发展挣脱了封建领主特权的桎梏。因此，西欧城市在发展之初，城市的社会法律地位较之从前发生了翻天覆地的变化，政治文化发展也呈现出新的特质，在城市中逐步形成了超越封建人身依附关系的另一个阶层——市民，进而形成了另一种新的社会——市民社会。市民们反对封建特权的斗争，争取身份自由、城市自治是城市兴起与发展的基本和必要条件。"市民阶级最不可少的需要就是个人自由。没有自由，那就是说没有行动、营业与销售货物的权利，这是奴隶所不能享有的权利；没有自由，贸易就无法进行"。[137] 由此可见，实现个人的自由权利，是中世纪市民阶级为之而进行不断地艰苦卓绝的斗争目标，也是市民开展城市自治的基础条件，公众参与社会治理的自由权利更多地在法律层面得以体现，具体来看：

首先，城市法对封建的特权法和身份法予以排除，确立了自由平等的法律基本原则。封建法律制度规定：封建领主在其庄园领地范围内享有政治和司法方面的特权，此外，基于对土地的持有权，可以限制农奴的人身自由并迫使农奴完全依附于封建领主。城市法最大的改革之处是赋予了市民人身自由权，并承认市民在法律身份上的平等地位。同时还规定：逃亡农奴如果在某城市中居住超过101天，即可以彻底抛弃其农奴身份，获得人身自由权。中世纪时期，欧洲流行这样一句话："城市的空气使人自由"，并存在类似的规定："不管他是什么，也不管他来自何方，只要他不是强盗，就可以在公社里生活。一旦进入城市，任何人不得干涉他或粗暴地对待他。"[138]由此可见，城市法赋予了市民个人平等和自由的权利，也为市民参与城市社会的治理提供了可能。

其次，城市法对城市自治机构的组成进行了规定。城市自身的差异性导致城市自治程度存在不同，因而在管理机构的设置上也有所不同。一般情况下，根据城市法，城市要设立法院、市政会等基本机构。市政会掌握城市的最高管理权，是城市财政、行政、商业活动以及城市建设等活动的决策机构。此外，一些城市还设立了市民大会，负责城市官员的选举和城市法令的制定。例如：伦敦市民1231年获得了选举市长的权利；1081年卢卡和比萨设置了执政官后，意大利城市普遍设置了执政官，执政官由市民选举产生。执政官的设置象征着城市自治逐渐进入公众视野，也表明市民参与城市社会治理的实践得到了政府的认可与支持。

再者，城市法对市民的权利与义务进行了明确的规定。一方面，市民享有参与城市各种经济、政治、文化治理的基本权利。同时，城市法保护市民的个人私法权利与权益。譬如：继承权、委托代理权、夫妻财产权、不动产交易权以及借贷契约权等。另一方面，城市法还规定，城市市民有依法对城市环境以及安定社会秩序予以保障的义务。换言之，城市居民应当自觉主动地维护城市法的秩序；此外，城市有权设立军队等武装力量，有权对外宣战媾和、结盟缔约，市民则有抵抗入侵和维持城市安全稳定的义务，即市民要承担和平时修筑城防、维护治安的责任，而战时则要服兵役、保卫城市。由此可见，城市法中对市民私权利的规定表明中世纪欧洲市民意识逐渐觉醒、城市法令和秩序趋于完善，这为保障市民参与城市社会治理提供了法律依据，也为创造和谐稳定的城市环境构建了坚实基础。

最后，城市法还规定市民有参与城市建设的权利。中世纪时期的欧洲，城市法律体系的最显著特征是具备很强的推动社会发展的能力。这就是说，一方面，城市的自治，即城市在立法、行政、经济、司法、军事等方面享有独立自主的权利，意味着城市掌握自身发展的主导权，这有利于工商经济和贸易的自由扩张以及市场机制的孕育。[139]另一方面，在数百年的城市发展历程中，城市市民在政治制度建设方面曾进行过多种多样的尝试：参与建立单一元首和多数元首制、直接和间接选举制等制度体系；在经济活动方面，参与创建了银行、保险、信用体系，促进了商法、统计学和公用事业的发展等。这不仅彰显了市民在参与城市社会事务治理中的法治权威，同时也表明市民在推动城市发展和社会进步中发挥着重要作用。

总之，公民观念、自由与法治精神及民主、平等的理念在中世纪欧洲城市社会中逐渐兴起。而城市自治模式的逐渐形成及城市法律秩序的日益规范化，不仅有效地确保了城市自身的独立性和权威性，同时也使市民参与城市社会治理有了法治的保障，也标志着市民阶级作为一支独立的政治力量登上了历史舞台。

4. 农业社会时期中国公众参与社会管理的状况

在农业社会时期，中国的公众参与主要表现为政治参与。该种政治参与在封建专制主义中央集权的政体下进行，并与中国农业社会经济上的小农自然经济、政治上的专制主义、文化上的独尊儒术及封闭的社会结构存在着极大的关联。从参与者的视角进行分析，我们可以根据参与者的积极性、参与目的、参与手段的不同，将中国农业社会公众的政治参与分为主动合作式的政治参与、被动合作式的政治参与、被动对抗式的政治参与、对抗暴力式的政治参与四种类型。具体来看：

其一，主动合作式的政治参与。一般来说，在中国农业社会封建君主专制时期，若一个政权已经获得稳固的地位且未表现出任何可以动摇的可能性，那么大部分的社会精英会审时度势，选择该类政治参与方式。以中国古代的文人阶层为例：历史上著名的孔子、孟子、墨子等文人以及张仪、苏秦、李斯等政治家，都以自己的"学"或者"术"去参与政治，进而实现自身的政治抱负，这是中国春秋战国时期公众政治参与的主要途径。具体来看，该种"客卿制"的政治参与方式，可视为社会精英对当权者进行游说或者是当权者主动选拔而实现政治参与的过程，但是在君主专制体制的发展过程中，该种方式逐渐走向了极端化，慢慢退出了中国古代历史的舞台。而封建体制下的九品中正制、察举制以及科举制等官吏选拔制度，在漫长的封建历史时期，一直保持着活跃的态势。此外，中国还存在特有的谏议制政治参与方式，例如封建王朝的官吏向皇帝上书等。

其二，被动合作式的政治参与。一方面，在此类政治参与中，参与者主要表现为一种冷漠和疏离政治的态度，而且这种态度的存在范围非常广泛，不仅在知识分子以及上流社会人士中有所体现，例如思想家、隐士或者是宗教信仰者等；而且也存在于社会底层的劳动者、农民等群体中，其中以农民群体的表现最为明显。另一方面，就参与实践而言，在该种政治参与类型中，参与者的态度不是与当权者对抗，更不是通过暴力手段来实现自己的政治诉求，也不会对统治者的地位造成危害。换言之，此类群体的政治参与仍保持在和平合作的范围内，但是失去了合作的主动性或者是非暴力的长期性，在受到一定条件的刺激时,很有可能转变为对抗或者暴力参与的形式。此外,君主专制体制下的统治者并不愿意公众过多并深入地参与政治,因此,统治者对于该种疏离或者冷漠的参与态度更为支持,而且还会为此制定一系列维持公众基本生存现状的政策及制度,并且施行更顺应民意的吏治方式。

其三,被动对抗式的政治参与。此类政治参与,主要指工商业者或者农民等公众针对统治者的政治压迫和剥削予以反抗而实施的各种罢市、罢工、逃役、逃税、抗议或者流亡等行为。以上行为并非出于民众自愿,而是对于国家政策或执政者执政方式不赞成的一种自然反应,属于被动式的、采用非暴力手段的对抗。其中,一些特殊的、诸如比较激烈的暴力抗税等行为不在其中。此外,不难发现,在中国农业社会中,该种政治参与方式非常普遍,例如,历朝历代备受统治者关注的流民问题就属于此类参与方式。统治者对这些流民可能会进行拦截或者击杀,但是也可能对此进行国家政策的调整,历史上不乏调整成功的案例,但是失败者居多。在政策调整失败时,便会激发暴力对抗式的政治参与形式。如汉武帝时期关中流民有200万,有人建议将流民戍边,汉武帝认为这样会"摇荡百姓",不同意,而用"禁苛暴,止擅赋,力本农"的办法。从历史上看,政策调整有成功的,也有失败的。当政策调整失败时,该类政治参与就会转变为暴力对抗的形式。

其四,对抗暴力式的政治参与。在中国农业社会,该类政治参与形式多见于一些政治运动中,参与者多为政治领袖。通常情况下,政治领袖积极组织各类政治运动,并通过暴力手段实现其政治目标。例如,暴力抗税、农民起义、流民起义或者工人暴动等。究其根源,处于社会底层的民众权益受到严重侵害而无法获得补偿和救济,难以在当前的政治环境中继续生存,因而采用暴力手段进行反抗,通过这种绝处求生的方式,寻找一线可能的生存发展机会。当此类政治参与方式出现时,如果统治者的专制力量强大,便会对参与者进行无情地镇压,但如果统治者的地位发生了动摇或者根基不稳,那么这些暴力参与政治的行为也许会获得成功,进而当前政权被推翻,参与者建立新的政治体制的政治诉求便会实现。

总之,在君主专制的政体下,中国农业社会的政治参与显示出多样化、复杂化的态势,主动与被动、合作与对抗、和平与暴力等特质相互交融,这都是该时期公众参与的外在表现形式。政治参与类型的无序化和多样性使统治者与公众之间很难达成共识并建立互信,因而统治者和公众更倾向于采用暴力的手段应对社会危机,公众参与的正义性、有效性等问题更是无从谈及,社会治理效果不佳也是必然。

2.3.2　工业社会的生态治理

蒸汽机的发明,标志着人类社会开始进入工业化时代。工业社会具有较为专业化的社会分工、普适的社会规范、较强的社会流动性、平等的社会价值理念、良好的职业发展体系。与此同时,技术的革新需要创新社会管理体制,使两者协调发展。在此背景下,公众参与生态资源的治理,已从最初的直接民主制的公众参与发展成为带有参与合法性、正义性、有效性色彩的公众参与。具体来看:

1. 工业社会公众参与社会治理的实践

如果说农业社会中雅典城邦的直接民主制是最早的公众参与实践,那么兴起于17世纪中后期的新英格兰市镇会议则是工业社会时期最具有代表性的基层民主参与制政权组织之一,它的成立和发展与马尔克公社（March Community）的历史传统存在密切关系,亦受清教思想的影响,与北美特殊的历史环境背景有关。该种公众参与机制对于土地、河流、树木等生态治理方面影响深远,其中的民主性、平等性、独立性、合法性理念在公众参与生态资源治理的运作过程中不断得以体现并升华。这对于整个美国甚至全世界范围内公众参与生态资源治理的理论和实践都产生了巨大的推动作用。

在人类社会中,乡镇是人们通过生产活动而聚集形成的联合体,也是一种重要的管理社会生活的基层政权组织形式。在工业社会初期,最具有代表性的是英属北美殖民地中的新英格兰的乡镇组织。在该种民主参与制政权组织中,公众通过"市镇会议"的社会管理模式组织当地市民进行对包括生态事务在内的公共事务的讨论与管理。法国著名的政治思想家托克维尔（Alexis de Tocqueville）认为:"新英格兰的乡镇是'强大的和独立的',其乡镇组织是'一个完整而有秩序的整体',人民在这种组织中享受着真正的、积极的、完全民主和共和的政治生活。"[140] 其中,托克维尔用"强大、独立、完整、秩序、积极、民主、共和"几个词描绘了工业社会时期美国人民政治生活的图景,其中所蕴含的公众参与的民主价值是不可估量的。

2. 工业社会公众参与生态治理的表现

在西方农业社会末期,城市主要是政治、文化、宗教的聚合地,在社会生产力发展和分工专业化的推动下,城市社会结构逐渐开放化、组织形态日益复杂化。城市商业、手工业的发展处于萌芽状态,工业革命的兴起使城市的面貌发生了根本性的变化,商业、手工业开始从农业中剥离,第一次社会大分工形成,区别于传统意义上的城市得以出现。工厂和机器大生产的集中，很大程度上使城市成为先进生产力代表；城市社会经济形态发生变化，市政、交通、卫生、文化、金融地产不断发展，进一步提升了城市的经济地位，资产阶级在本国获得了政治上的独立，其权威地位有助于其资本积累及在全球范围内建立资本主义市场，城市与乡村的关系逐渐割裂，乡村日益处于从属地位。

新英格兰市镇会议作为工业社会时期最具有代表性的基层民主参与制政权组织之一，为公众提供了参与社会治理的渠道，也为公众与政府间、公众之间进行信息沟通与交流构建了有效平台。从市镇会议的运行轨迹及发展模式中不难发现，组织合法性、平等正义理念、组织管理效果是贯穿于市镇会议过程中的主线。具体来看：

首先，组织合法性（Legitimacy）。1620年11月11日，在登陆北美大陆前，五月花号乘客签订了《五月花号公约》。公约规定："我们——下面的签字人，根据本协议特在上帝面前，神圣地、共同地自相缔约并联合起来，组成一个世俗的政治团体，以便更好地维持秩序……（我们将）不断地制定公平合理的法律、法令、法案、法规以及设立各种官职，务使其能尽量满足和适应殖民地的公众利益，而我们均保证绝对遵守与服从。"[141]其中，"政治团体"可看作当代政府的雏形，它的管理理念彰显各主体平等、独立的色彩；"我们均保证绝对遵守与服从"一方面反映出政府与公众间的"契约精神"，另一方面，也表明作为清教徒的移民们对于政府政权和治理过程的认同和配合，即政府合法性的真实存在。这是早期西方社会在追求独立自主、平等联合的生活愿景的真实写照，同时也体现了宗教以其特殊地位在政权合法化过程中扮演着感化、教育公众的作用。

其次，平等正义（Justice）理念。就生态资源的管理而言，受马尔克公社传统的影响，在马克尔里，人民以抽签的方法获得耕地和草地，森林、河流、道路等为公有。以此为基础，在政治生活领域，马尔克公社的成员也拥有相应的平等权利，他们均以平等的身份参加立法、公共事务管理。同时，他们定期地或经常地举行露天集会，商定马尔克的事务，审判马尔克中的不法行为和纷争。[142]在新英格兰，市镇会议是英国移民对这种平等正义传统理念和行为继承和发扬的产物。在这里，市镇的建立需要遵循一定的程序：首先，多数移民需以集体为单位向殖民地地方议会（General Court）提出申请耕种权（Plantation Right），经过一至两年的考察期，如果结果表明该预期符合相应的规格，移民们便被获准"市镇权（Town Right）"。他们共同占有市镇的土地，并根据每个家庭人口的数量来合理划分土地。[143]不难发现，殖民地地方议会的管理章程中明确规定获得了"市镇权（Town Right）"流程的正规性和权利分配原则的公平性。另一方面，这一规定很大程度上彰显了公众获得土地资源和参与社会管理机会的均等性。但是，正如温斯罗普（John Winthrop）所言："有些人注定要富有，有些人注定要贫穷，有些人注定要高踞权位，有些人注定处于低贱和从属地位。"[144] 的确，市镇上有权势或者是上层社会的人通常会分得位于市镇中心位置的住宅和肥沃的耕地，这表明，市镇会议的管理模式仍存在不公正、不平等的问题，市民参与机制的不完善是导致该现象的主要原因之一。

最后，组织管理效果（Effectiveness）。对于生态资源管理的效果是考验一个组织管理水平的重要标准。实践中，看似没有相关教育背景、未掌握专业技能的普通公众却有可能凭借其独特的洞察力和思维方式提升组织管理的有效性。在殖民地初期的新英格兰区，随着商业资产阶级的兴起，等级观念盛行，阶级划分日益明显。但在市镇会议上，公众参与权、投票权等权利的行使未受门第之风的影响。"业主并不比别的居民有更大的发言权""每个扬基佬都可以自由地在会上发表他们的见解和主张，也可以发泄不满情绪"。例如，在谈到公众较为关注的土地资源管理的问题上，每个选民都很仔细和谨慎，都会在反复思量和核对土地使用相关条目和内容后，将选票投给他们认为具有较高可行性的政策方案。"他们用冷静而节俭的目光注视着公共开支，而且在会上，他们必定要发言反对向自己的土地征收任何赋税。"[145] 其中，"他们用冷静而节俭的目光注视着公共开支"表明公众在参与土地资源管理时，已经转变传统或专家式的思考或解决问题的固定思维，使其主观认知和思考方法更贴近自身的价值观和理念，从而真正制定符合公众实际需求的土地政策，进而提升市镇管理的有效性。

任何国家所形成的政治经济组织形态都基于自身历史与国情，就我国而言，在农业社会末期，随着生产力的发展，社会阶层开始分化，作为上层社会的富有商人和官僚团体为了维护自己的利益，形成了一个不直接参与农业生产、不同于农村生活方式、以交换或行政命令为营利手段的消费性商业团体，该阶层的出现标志着中国传统农业政治城市向近代商业城市的转变。中国城市的产生与发展是建立在城乡关系单向的物质流的基础之上的，因而其管理也必然体现为以国家强制性的行政手段为主集聚生产资料及财富产品的政治经济管理方式，公众较少参与社会公共事务的管理。

2.3.3 后工业社会的城市生态安全治理

在发达的后工业化时代，伴随着科学技术的发展和复杂社会生产系统的形成，城市生态安全成为城市风险社会关注的焦点问题。正如德国社会学家乌尔里希·贝克所言："城市风险是系统地处理现代化自身引致的违规和不安全感的方式。与传统危险相比，风险是与现代化的威胁力量，以及现代化引致的怀疑的全球化相关的一些后果。"[146]的确，承载着人类美好愿景的城市正沿着非线性道路发展，城市生态系统的风险性及不确定性使政府不得不扩大参与风险治理的主体范围，重新审视城市生态安全风险应对机制。

在世界范围内，受经济全球化趋势的影响，国与国之间的竞争日益激烈并且突破了地域的限制，使国家的地位与作用日趋下降，城市的地位逐日上升并且直接参与到全球化发展的进程中，国与国之间的竞争突出地表现为城市间的竞争，城市的活动舞台逐渐扩展到世界各国，城市经济、城市文化、城市理念成为人们生活的常态。此外，全球化将城市囊括为世界城市网络中的一个节点，尤其是现代化大都市的生产性服务业、金融产业、信息产业、跨国公司等产业的聚合日益成为发达国家经济增长的主要来源。以美国为例，被誉为世界之都的纽约，是美国第一大城市，也是全球最重要的商业和金融中心。位于纽约城内的华尔街是美国国际竞争力、财富的象征，其经济的影响力触及世界各国城市金融市场方方面面。

伴随着各城市行为主体积极参与城市治理浪潮的不断高涨，各主体以其"用脚投票"的方式迫使城市政府改进城市治理模式，以更好的公共服务满足城市大众的需求，促进城市经济、环境、文化的发展。而人才流失、技术匮乏、无法应对瞬息万变的市场需求是城市政府管理者所面临的难题，除了为各行为主体提供尽可能丰裕的物质生活外，城市软环境的建设成为城市社会建设及公共服务实施过程中至关重要的环节。传统城市管理仅从城市政府内部细枝末节处改革，并未从横向维度上建立多行为主体共同参与治理的良性互动合作机制，因而各主体积极参与城市治理的呼声不断高涨。

自古希腊雅典社会中的公众参与理论产生以来，公众参与的内在价值、公众参与的创新模式、公众参与面临的挑战等问题成为公众关注的焦点，许多具有创新性和革命性的参与方式不断涌现。在城市生态安全治理领域，公众参与的发展经历了一系列阶段：20世纪60年代，公众参与意识觉醒；20世纪70年代，公众参与的本土化发展逐渐兴起；20世纪80年代，地方性公众参与者的治理知识得到认可；20世纪90年代，公众参与作为可持续发展议题的重要组成部分。进入后工业社会，公众参与城市生态安全治理呈现出新态势。

如果说工业社会以机器生产为基础，那么后工业社会是以信息知识与技术为发展基石。进入后工业社会以来,全球城市经济社会体系发生了巨大变化。现有的产业结构、社会结构、阶级结构、权力中心、管理体制逐渐销蚀,时代变迁的间质性和过渡性为后工业社会描绘了一幅复杂的社会发展图景。在发达国家中,第一和第二产业的产值和就业人数远不及第三产业,与此相对应的蓝领工人数量也少于白领工人。进入20世纪70年代后,由于现代技术的发展和信息产业的兴盛,信息化成为社会发展的主要特征;21世纪以来,人工智能、互联网平台、大数据分析等新兴科技产业的兴起,为公众参与提供了诸多便利。在此背景下,公众参与城市生态安全治理也呈现出参与主体多元化、参与范围扩大、参与形式多样化及智能化的特质。具体来看:

第一,公众参与的影响范围及公众参与式预算呈"增长与扩张"态势。首先,"增长与扩张"的一个体现是:公众参与生态安全治理等社会事务的影响范围不断扩大。例如,2004年,加拿大不列颠哥伦比亚省公民大会首次规定普通公民可以参与宪法修正等相关问题。此后,普通公民可参与宪法、投票选举规则等条例修订等理念已在加拿大安大略省公民会议、加利福尼亚州以及冰岛参与式宪法起草会议中得以体现。此外,在国家、省市和地方不同层面,政策领域中公民论坛的数量和种类不断增加,论坛主题包括科教文卫发展、财政支出、城市和区域规划、城市生态安全治理、种族多样性发展等内容。其次,"增长与扩张"的另一个革新点是:公众参与式预算大幅增长。自1989年参与式预算的概念出现以来,其传播速度不断增长,应用范围十分广泛。2014年,佩肖托(Tiago Peixoto)统计了大约1500个公众参与式预算的案例,其地域范围包括拉丁美洲、欧洲、北美以及许多其他国家。2012年,曼苏尔(Ghazala Mansuri)和拉奥(Vijayendra Rao)在其文章中写道:"过去十年,仅世界银行就已投资850亿美元用于发展公众参与项目。"[147]该种参与式治理模式的发展是传统的强调自上而下的发展观念的质变,也是一种分散化、多元化的发展形式。

第二,公众参与的形式不断多样化。目前,虽然许多公众参与项目仍由公共机构、公民、第三部门组织发起,但政府相关部门创立的"minipublics"会议逐渐走进公众视野。以公众参与城市生态安全治理领域的"minipublics"为例,它是一个将公民、代表人口较多的人口聚集在一起的会议形式,旨在使参会人员就诸如生态危机、环境改善、水污染治理等特定议题进行交流、学习和审议,以便为公众舆论和公共决策提供信息和支持。"minipublics"的会议原则是:受到特定议题影响的人都有平等参会的概率。因而,能够大大提高会议过程的合法性。例如,俄勒冈州立法机关设立了一个公民评审委员会,以审查全州范围内的投票行为的合法性。在芝加哥和纽约,市参议员和参赞通过其职权创建"参与式预算流程"方案。随着"minipublics"数量的不断增长及形式的日益多样化，致力于培养专业知识并提供专业服务的协会和组织不断涌现。这表明公众参与理念的不断深入及参与形式的日渐丰富。在美国，具有代表性的"minipublics"组织包括国际公众参与协会、凯特灵基金会和斯坦福大学协商民主中心等。再比如，较新的参与者包括全国对话和审议联合会，参与式预算项目和协商民主联盟。在非营利性和营利性咨询机构方面，有德荷咨询公司（IFOK），他们同样积极致力于设计和创建"minipublics"。

第三，信息科技的发展丰富了参与者的角色。近年来，科技的发展使地理信息系统等技术对公众参与的影响日益广泛。[148]现有的和新型传感器技术以及其他ICT（如移动应用程序，Web 2.0服务和Web应用程序）的组合与创新为公众参与城市生态安全治理提供了多元化的渠道。其中，参与主体不仅仅局限于具有专业技能的专家或科研工作者，更涵盖了普通公民，他们共同构成了公共决策的参与整体。更多的时候，公众扮演"社会治理观察员"的角色，观察的范围可以根据其所关注的领域加以区分。一方面，公众可以对自身所处的物理环境：天气、天文现象等进行观察与反馈，也可以监测政府失范行为；另一方面，公众可以收集客观或主观的测量数据，监督公共政策施行的每一阶段，通过使用单向数据库使公民和数据"处理者"之间形成交互通信模式。[149]作为在通信技术作用下的公众参与社会治理的新兴方式之一，该种"公众观察员"的参与形式广受西方社会的欢迎，尤其在生态安全问题的发现、上报、处理过程中发挥着重要作用，但仍尚未成为主流的参与模式。毋庸置疑，这一新兴现象在未来城市社会的治理中存在巨大的发展潜能。

在全球化背景下，无论是传统以政府为主导、效率至上原则为主导的城市生态安全治理模式，还是经营模式提倡的以企业化运作方式管理城市生态安全事务，在科技与经济全球化迅猛发展、城市间竞争日益激烈、城市社会事务复杂多变的今天，都显得微不足道。这迫使城市政府不断反思公共管理方式，进而稀释职能，转变行为方式，引入公众参与机制，寻求更加合理的城市治理模式。

公众参与城市生态安全治理的实质是各治理主体间在理性指导下相互博弈的过程。在此过程中，政府力求更好地协调各主体间关系，发挥其功效，降低政府制订的政策、法规的成本，提高运行效率，构建一个合理、高效的公众参与治理体系。城市化进程中，工业生产、市场经济、科学技术的迅猛发展使现代城市除了具备城市固有特质之外，其人口高度密集化、城市发展高度工业化带来的能源资源严重短缺、生态环境污染等现象迫使人们特别是相关政府机构对如何更有效、科学地进行城市治理这一问题进行反思。

综上观之，如果说政府实现城市生态安全治理目标是因变量的话，参与者的选择、参与者间交流和决策的方法、公众被赋权程度被视为实现该目标的自变量。自变量的不断变化直接影响因变量值的大小。该种自变量与因变量的对等关系通常外化为不同的公众参与形态，即参与方式的设计与选择，包括公共直接参与、公众间接参与等。

2.3.4 构建"P-E-C"空间参与模式的历史必然性

农业社会以传统主义为轴心，意图同自然界竞争，土地是资源，地主和军人拥有统治权；工业社会以经济增长为轴心，机器是资源，企业主是社会的统治人物；后工业社会以理论知识为中轴，主张人与人之间知识的竞争，科技精英成为社会的统治人物。纵观农业社会时期雅典社会公众参与、工业社会新英格兰市镇会议公众参与、后工业社会公众参与的发展历程，不难发现，公众参与生态管理的活动基本涵盖参与主体（Participants）、赋权程度（The Degree of Empowerment）、参与形式（Mode of Communication and Decision）三个方面的内容，即"参与主体-赋权程度-参与形式（P-E-C）"成为公众参与过程中不得不考量的三要素。与此同时，参与过程中都不可避免地蕴含着参与过程的合法性、正义性、有效性问题，该类问题与公众参与的保障形式或机制密切相关，倘若政府旨在提升公众参与城市生态安全治理过程的合法性、正义性、有效性，那么首要任务就是要探寻适合现代社会政治民主化和生态系统发展的公众参与机制。

首先，现代社会需要合理理解公众参与城市生态安全治理的程度并规范参与形式。毋庸置疑，现代民主需要公众参与。然而，现代民主中的城市生态安全治理应该有何种程度和形式的公众参与？客观而言，现代城市生态安全治理的多样性需要公众参与的一套规范化理论和机制。主要原因有以下几点：第一，与新英格兰和雅典城邦不同，现代民主治理对于直接参与无权威保障，因而现代公众参与应是多样化和规范化的。第二，现有公众参与的价值体系的可行性不高。公众参与丰富了现代治理中的目的与价值，公众在参与过程中通常会遇到的问题可以归纳为：不合法性、不公正、无效率三个方面，然而，一些诸如集体决策的平等和尊重个人自治权等原则对于指导公民参与目标的实现过于抽象。因此，丰富能够解决公民参与问题的价值理念意义重大。第三，直接参与机制对于代议政治（Political Representation）或精英政治（Expertise）而言并不是一个完美的选择，而只是一个补充选项。即便公众参与在代表性和执行力方面能够发挥好的协同效果，但仍需要规范化的理论和参与机制加以保障。

其次，传统的公众参与生态治理在某种程度上缺乏合法性、正义性和有效性。一些关于生态安全治理的研究表明，许多公众参与机制缺乏有效说服力。比如，阿恩斯坦的参与阶梯是比较有代表性的参与理论。该理论中，"参与阶梯"反映出参与形式可从操控（非参与阶段中的最低级别）逐渐演变到公民控制（最高级别，也是公民赋权的最高级别）。这表明，公众参与只是结果，而非手段。公众参与要求管理的组织架构上进行创进，与以"权力结构"为中心的自上而下的决策管理模式不同，必须向广泛公民的决策和灵活的管理方式转变。[150]诚然，赋权于众十分重要，但是"咨询者"的角色在某种情况下比"掌权者"更适合某些公众。将影响公众个人利益的参与阶梯的实证主义范畴与集体决策的规范性准则相混淆是不恰当的。美国学者Archon Fung认为："一方面，该理论混淆了实证研究与规范性研究，并未考虑可能激发公众参与行为的现实土壤及参与行为所处的时代背景。另一方面，并未涉及参与目标、实际参与者和参与的方式三者之间的内在关联。"[151]由此可见，在城市生态安全治理领域，构建合理化的公众参与机制，不仅能够明确参与目标、参与者、参与方式三者间关系，也是解决公众参与过程合法性、正义性和有效性问题的一剂良药。

最后，公众参与机制在生态事务决策中发挥重要作用，甚至被视为优化生态政策的主要手段。一方面，倘若公众参与框架存在缺失，生态安全治理中公众参与的程度和种类的合理性会受到质疑。另一方面，生态安全治理机构和决策流程是将公众视为消费者、委托人、公民，很大程度上取决于设置了何种参与机制。通常情况下，生态事务决策机制包括许多阶段。例如，传统生态政策执行准则的制定包括两个阶段：第一，利益相关者和感兴趣的个人在公众听证会上发表言论；第二，生态环境专家仅凭自己的观点作出决定。毋庸置疑，在复杂城市生态项目中的公共决策涉及多方主体的互动与交流。例如：规划局、商会、居委会等。但以上公共决策机制模糊了参与者的地位、缺乏充分的公众参与空间，政府官员极易在没有直接公众参与的封闭区域内行事。虽然这种机制设计成为现今生态政策选择的工具，但公众参与的低效使出台的生态政策的科学性受到质疑。因此，在生态政策制定的过程中创新公众参与机制是时代使然。

由此可见，在城市生态安全治理中，构建有效的公众参与机制是十分必要的。该种机制应涉及三方面的问题：谁参与、参与者如何交流并做决定、讨论的内容如何与公共政策或行为相联系，这是任何参与机制的构成基础。具体来看：第一，参与者。有些参与过程对所有有意愿的参与人士开放，有些则只允许利益相关者或利益集团代表参与。第二，参与者如何交换信息和做决定。在许多公众会议中，参与者仅仅从宣读和解释公共政策的官员口中得到相关信息，仅有一小部分的会议能够实现公民表达立场、交流想法的协商民主形式。第三，参与范围、交流与决策形式、威权程度共同为公众决策创造了空间及可能性。此外，不同的机制设置会在一定程度上致力于解决民主参与过程中合法性、正义性、有效性问题，这为探寻实现公众参与有效性的框架或机制指明了方向。

基于以上认知，美国学者Archon Fung从三个维度提出了优化公众参与公共决策的方法，即参与主体（Participants）、沟通与决策方式（Mode of Communication and Decision）和政府赋权程度（Authority and Power）。（图2-1）[151] 其中，参与主体范围可从政府官员扩展到公众；沟通与决策方式指参与者互动模式及角色扮演；政府赋权程度指参与者从以获得个人利益为目的的参与到直接掌握参与自主权；三种维度构成的"民主立方体"成为理解公众参与价值性与局限性的有力工具。最终，通过对"立方体"中内含的"子立方体"，即不同参与机制间进行比较，能够更深入地理解其在解决具体治理问题时的适用性，从而选择更适用于某一特定问题的参与机制，提高政府治理绩效。反观城市生态安全治理中的公众参与问题，作为社会治理中公众参与问题的一个分支，兼具公众参与的普遍性和特殊性。因此，构建适用于城市生态安全治理、涵盖参与主体（Participants）、赋权程度（The Degree of Empowerment）、沟通与决策方式（Mode of Communication and Decision）的公众参与"民主立方体"，重要而迫切。换言之，在城市生态安全治理中，构建"参与主体-赋权程度-参与形式（P-E-C）"空间参与模式对于提升治理合法性、正义性和有效性具有深刻的理论价值和现实意义。

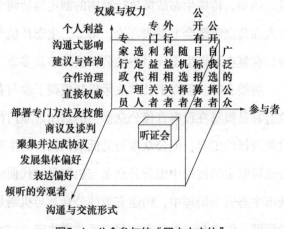

图2-1 公众参与的"民主立方体"

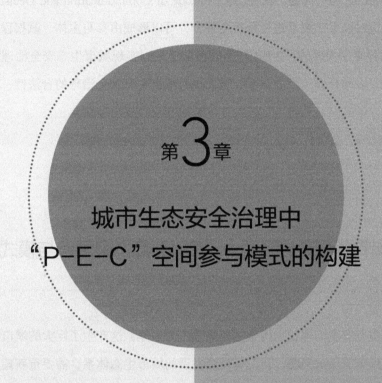

第 3 章

城市生态安全治理中
"P-E-C" 空间参与模式的构建

从农业社会雅典的直接公众参与和工业社会新英格兰市镇会议的公众参与及后工业社会的多元公众参与实践中不难发现,参与者、公众被赋权程度、沟通与决策方式是影响社会治理合法性、正义性和有效性的主要因素。公众参与城市生态安全治理是一个复杂的系统化参与过程,各要素间具有内在的层次性和关联性,同样需要从以上三个角度加以认知。概括而言,参与治理过程主要涉及参与主体(Participants)、赋权程度(The Degree of Empowerment)、沟通与决策方式(Mode of Communication and Decision)三方面的内容。通过对以上三要素进行分析与整合,可以形成由参与主体、赋权程度、沟通与决策方式三种维度构成的"P-E-C"空间参与模式,实现城市生态安全治理中公众参与的去中心化、多元合作、权力共享,进而提升城市生态安全治理的合法性、正义性和有效性。

3.1 城市生态安全治理中"P-E-C"空间参与模式分析

当下,城市生态安全治理权力构架主要以政府为主体,这产生了巨大的城市发展效应,但也衍生出许多深层次问题。建设可持续发展的城市生态体系,需要重新理解和调整城市社会的权力构架、引入公众参与机制、创新公众参与模式。

3.1.1 "P-E-C"空间参与模式的提出背景

目前,世界上大多数国家城市生态安全治理模式主要是一种自上而下的管制模式,政府作为生态政策的制定与执行者,扮演主导性角色。其中,治理主体单一、公众参与程度较低、参与治理路径匮乏是制约治理成效的瓶颈。进入后工业社会以来,一方面,层出不穷的智能技术与知识信息为确定人类理性的行动提供了科学标准;另一方面,科学技术的迅猛发展为公众认知、参与城市生态安全治理提供了多元化路径,网络化、空间化、多维度参与模式成为新时代公众参与城市生态安全治理的主要特征,在此社会背景下,建立"P-E-C"城市生态安全治理空间参与模式必要而迫切,具体来看:

首先,后工业社会的发展为创新公众参与城市生态安全治理模式提供了技术支持。不同于工业社会,后工业社会是工业社会进一步发展的产物,人们更依赖于知识与信息,并致力于发展服务业。1973 年,美国未来学家丹尼尔·贝尔总结了后工业社会的五大特征:第一,在经济方面,从产品生产经济转变为服务性经济;第二,在职业上,专业与科技人员居于社会的主导地位;第三,在中轴原理上,理论知识居于中心,是社会革新和制定政策的源泉;第四,在未来方向上,控制技术发展,重视技术鉴定;第五,在制定决策上,创造新的"智能技术"。[152] 由此可见,在认知领域,理论知识与新技术知识的积累为革新社会治理模式提供了有力支撑;实践领域,人们通过构建模型、模拟仿真以及系统分析和决策理论等手段,能够制定更为有效和合理的应对生态安全问题的方案。不难发现,以上因素为建立具有多维性、整体性、动态性、同步性、指向性、层次性特质的"P-E-C"城市生态安全治理空间参与模式提供了现实土壤。

其次,政府主导型城市生态安全治理模式面临治理危机。从经济学角度而言,城市生态资源作为一种自然形成的物质存在,具有非排他性和非竞争性特质,该种自然属性使其成为城市"公共物品"的组成部分;另一方面,生态系统无法在市场机制的作用下合理配置资源。因此,在缺乏强制力和适当制度安排的情境下,社会主体会通过"搭便车"的行为对生态资源进行过度消费,进而破坏生态系统的平衡与发展。基于以上原因,政府作为公共事务的直接管理者,需承担生态安全治理的职责,其公权力的行使也能够有效控制和解决城市生态安全问题。然而,在生态环境形势日趋严峻的城市社会,"单中心"的治理模式使政府在财力和专业人才队伍有限的情况下难以独自应付城市生态问题。多元化的治理主体和多层次的治理结构成为城市政府治道变革的基本走向。正如里盖斯所言,"一方面,城市治理是整合和协调地方利益、组织社会团体的能力;另一方面,城市治理是代表它们(地方利益、组织和社会团体)形成对市场、国家、其他城市和其他层次政府的相对一致的策略的能力。"[108] 因此,作为城市生态安全治理的一个主体,政府需要积极引导其他主体按照既定博弈规则和协调机制进行资源配置、交换以及互动,形成多元中心的城市生态安全治理网络体系。

再者,政府环境财政支出不足,环保部门治理资金匮乏。以中国为例,中国是一个幅员辽阔、人口众多的国家。在中国,1980年,只有19%的人口生活在城镇,而到2015年,约56%的人口生活在城镇。[4] 随着城市化进程的加快,城市生态安全问题增多、生态污染形势严峻、污染情况复杂、生态安全治理难度增加,政府单独承担城市生态安全治理的成本也急剧增高,主要表现在污染投资支出总量不足。众所周知,自1994年分税制改革以后，地方政府财政收入数额不断下降，财政收入用于生态安全治理的数额在GDP中所占的比重也随之降低。尽管政府用于生态安全治理的财政支出一直处于上涨态势，但相对于严峻的城市生态环境形势和巨大的资金缺口仍力不从心。根据国际经验，当治理环境污染的投资占GDP的比例达到1%～1.5%时，可以控制环境恶化的趋势；当该比例达到2%～3%时，环境质量可有所改善。[153] 发达国家在20世纪70年代环境保护投资已经占GDP的1%～2%，其中美国为2%，日本为2%～3%，德国为2.1%。[154] 在中国，尽管政府的财政环保投资呈逐年上涨态势，但"十一五"期间环保投资仅占国内生产总值的1.35%，与发达国家或地区20世纪70年代的水平基本持平，这大大增加了政府生态安全治理的难度。因此，积极引导公众参与城市生态安全治理必要而迫切。

最后，生态科技投入不足导致城市生态安全治理成本过高。在中国，自2013年起，《大气污染防治行动计划》《水污染防治行动计划》《土壤污染防治行动计划》相继发布与实施，这表明，环保部正在从制度与立法层面加强特定领域的生态科技研发工作。生态科技的发展主要涉及大气、水、土壤等领域，通过增加技术研发资金的投入，提高生态安全治理专业性水平。目前来看，中国在某些生态环保技术的研发与推广方面仍存在短板。举例来看，在生态环境情况分析、污染检测、生态危机语境等方面，仍较多地依赖进口设备，大部分环保仪器的核心零部件仍无法自主生产。大量依靠进口，无疑增加了生态安全治理的各项成本。因此，鼓励相关企业及技术部门研发并推广燃煤电厂超低排放技术、行业的废水近零排放技术、电力行业和轨道交通噪声与振动控制技术，并积极引导国内相关技术同国外先进技术开展良性竞争，推动物联网、人工智能、大数据、云计算等高新技术与生态环保产业有机结合，进而推动生态安全治理中人工智能技术的发展，是政府增加生态科技投入的必要之举。研发并创新环保技术需要集合多方合力，群策群力，因而引入公众参与机制是时代使然。

3.1.2 "P-E-C"空间参与模式的内涵概述

城市生态安全治理中公众参与的实质是以政府为主导的非政府组织、私营部门、公民等复合主体在合作机制框架内通过计划、组织、实施等环节，共同提升城市生态安全治理合法性、正义性、有效性的过程。参与主体是治理过程的重要基础、赋权程度是公众参与效果的直接反映、沟通与决策方式是实现治理效果的路径。因此，构建包含参与主体、赋权程度、沟通与决策方式的民主立方体，即"P-E-C"空间参与模式，丰富公众参与机制，对于解决城市生态安全问题具有较强的适用性。具体来看：

1. "P-E-C"空间参与模式的价值取向

"P-E-C"空间参与模式是一个反映城市生态安全治理中公众参与现状与演进方式的立体、多维模式，模式从参与主体（Participants）、赋权程度（The Degree of Empowerment）、沟通与决策方式（Mode of Communication and Decision）三个维度分析公众参与规模、范围与成效，旨在提升城市生态决策的合法性、正义性及有效性。这意味着，公众参与系统中的参与主体、赋权程度、沟通与决策方式三要素间存在着彼此的关联性及层次性，它们之间的关系会以不同的方式加以定义和被感知。换言之，作为一个三维立体空间参与模式，无论从横向、纵向或水平维度理解其内涵，都不可避免地要从个人到社会、非参与到实质性参与、集权到授权等不同层面探析公众参与的价值性，如图3-1所示。

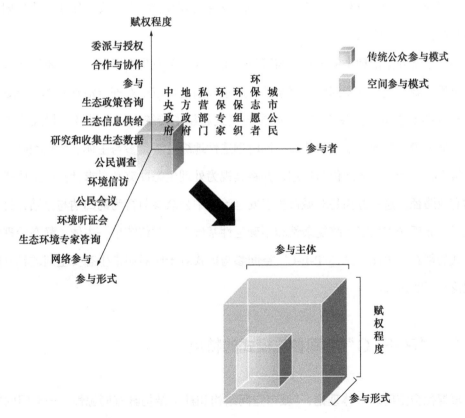

图3-1 城市生态安全治理中的"P-E-C"空间参与模式

2. "P-E-C"空间参与模式的构成

在图3-1中，数轴从原点向右移动时，参与主体由单一中央政府向私营部门、环保专家、环保志愿者、城市公民等社会多元主体扩展；数轴从原点向上移动时，赋权程度由"收集和研究生态数据"向"委派与授权"逐渐加深；数轴从原点向下移动时，参与形式逐渐增多，涵盖公民调查、环境信访、生态环境听证制度、网络参与等内容。三条数轴的不断变化构成了公众参与的三维立方体，意味着参与主体、赋权程度、参与形式从简单的、可预测性的、受控制的层面向复杂、多元、有深度的空间参与治理模式转变。

可持续性的公众参与需要从"内立方体"移动到"外立方体"。"内立方体"是现有或者是不完善的公众参与体系，它是有限的、不均衡的、单一维度的参与模式，注重从单一维度或单一层面构建公众参与模式，缺乏多维度、同时性、指向性的发展形态，因而最终形成的"内立方体"存在发展弱小、各要素间发展不平衡等问题。众所周知，公众参与过程包括多维数据集的元素，需要以多角度、全方位、立体性思维设计参与模式。因此，从参与主体、赋权程度、参与形式三个方面同时改变、深化、重构内立方体结构，形成空间性、立体性、多维度性的"多主体-深层次-广形式"外立方体是创新公众参与模式的有益尝试。

城市生态安全治理中的公众参与可以被定义为一个发生在不同元素和不同层次间的参与过程。城市生态安全问题的复杂性、严重性迫使城市生态安全治理主体寻求更加合理和有效的治理范式。"P-E-C"空间参与模式超越了传统政府主导及集权式的参与范围，革新了参与理念和治理价值观，同时创造性地综合考量参与主体、赋权程度、沟通与决策方式三个要素的地位与作用，并将其视为处理生态冲突和寻求社会各主体联合行动的有效路径。这一方面是对城市生态安全治理中公众参与行为的归纳与总结，另一方面也是在分析城市生态系统复杂性和不确定性基础上，对传统单一主体、静态治理理念及方式的创新。由此可见，"P-E-C"空间参与模式对于应对城市生态安全问题具有较强的理论与现实意义。

3.1.3 "P-E-C"空间参与模式的特点

根据社会空间统一体理论，"城市空间结构和社会结构具有同源性……空间的转变必须被作为社会结构转变的说明。空间资源的分配过程直接反映城市政治过程。"[155] 作为城市空间结构的有机组成部分，城市生态空间资源的分配也直接反映城市生态安全治理中治理主体权力分配的过程，其中涉及参与主体、赋权程度、沟通与决策方式等内容。高效的公众参与需要构建合理的城市生态安全治理空间参与模式，具体来看，

"P-E-C"空间参与模式主要具备以下特点：

第一，多维性。与传统公众参与模式相比，"P-E-C"空间参与模式超越了传统公众参与一维或二维模式，是具有创新性和适用性的公众参与城市生态安全治理模式。具体来看：以往的公众参与或是从参与主体单一平面构建参与体系，或是注重赋权程度的单向线性发展，或是参与主体及参与形式像两条平行的单行线，在同一平面内独立发展。因此，参与要素缺乏融合、协调、共同发展的框架，单一维度、平面或是线性形态导致了公众参与人数少、参与公平性缺失、参与效率低下等问题。然而，"P-E-C"空间参与模式的多维性可以理解为立体性、空间性，是指模型构建者跳出点、线、面的思维定式限制，从上下、左右、内外，四面八方去创新公众参与模式，通俗来讲，就是要"立起来改造"。在此三维空间中，作为参与主体、赋权程度、参与形式的基本构成要素都是跃出平面、伸向空间的结果，三个要素分别产生三面不同的平面，其中任意两个不同平面间或平行或交于一条直线，最终形成多维立体的"参与主体-赋权程度-参与形式"空间参与模式。其中，面和线的重合是模型中各要素存在并产生彼此相对关系的客观形式。

第二，整体性。从宏观角度而言，"P-E-C"空间参与模式是一个由"参与主体-赋权程度-参与形式"构成的"闭合立方体"，参与主体、赋权程度、参与形式都是"立方体上或内在关系场中的边线"，三者是一个系统整体，不存在严格意义上的主客体、主次之分，整个模式作为一个整体都是由他们的关系所组成的；三类要素之间关系的本质就是一种"关系居间者"，或者用哈贝马斯（Jürgen Habermas）的话说，就是一种"主体间性"。空间模式的构建需要坚持第三方立场的中间道路，通过伦理、文化、机制、科技等方面的改造与提升，追求参与主体、赋权程度、参与形式三者间的平衡与统一，最终建立公众有效参与、城市生态安全治理成果显著的参与范式，形成和谐的城市生态关系。换言之，三类要素间存在一种促使其相互连接、相互影响的关系传播流，使该空间参与模式在城市生态安全治理中实现动态的平衡与统一。

第三，动态性。关系传播流是指传播在组织-公众-环境关系发展中的一个永不间断的过程，它在组织内外不断产生、流通和利用，就像一种有源头的"流"。任何一个组织中的关系传播都不是一维流动的，而是多维流通的。[156]借鉴人际传播和关系传播流的相关理论，"P-E-C"空间参与模式中也存在三维关系传播流：参与主体、赋权程度、参与形式。参与主体维度包括由府际关系和公私关系构成的连续统一体，一个从环保部门主导、排斥其他社会主体参与的日常性传播到参与主体多元化的柔性传播的变化连续体；赋权程度维度包括由环保部门与参与公众的弱关系到强关系的连续统一体；参与形式维度包括从单向流到双向流，从双向流到多向流的连续统一体。这其中包括信息流、文化流和情感流等内容，即由"政府层面"的关系、"参与文化层面"的关系和"人际层面"的关系所构成的一个传播连续统一体；其中，政府层面的关系体现为一种以提供生态信息为主的角色关系；文化层面的关系体现了一种以参与文化为主的价值观关系，人际层面的关系体现了一种不同参与主体间的情感关系。

第四，同步性。同步性指通过协调一个系统中所发生的诸多事件，在时间和空间上产生一致性与统一化的现象。公众在参与城市生态安全治理的实践中，参与空间中的各要素虽然在性质和内容上存在差异性，但参与主体、赋权程度、参与形式三者在演化和发展时间上存在一致性和统一化的现象，即参与主体的多元化、赋权程度的深化和参与形式的多样化现象在同一地域空间内同时发生，三者之间存在相互促进、相互影响的共生关系。换言之，"P-E-C"空间参与模式的存在与优化需要参与主体、赋权程度、参与形式三要素相互依存的共生关系的存在与发展，彼此间的同步性是构建该模型的必然条件。

第五，指向性。"P-E-C"空间参与模式的根本目标是通过优化公众参与过程提升城市生态安全决策的科学性与有效性。其中，每个数轴所包含的元素具有各自的目标性。参与主体由行政权力主导向专家、非政府组织、企业、公民等多元主体协同参与方向发展；赋权程度由政府单方收集生态数据和信息向公众授权让渡；参与形式由具有单向性的公民调查向具有双向性的网络参与阶段发展。由此可见，参与主体多元、参与主体被赋权程度深化、参与形式多样是实现城市生态安全决策科学性与有效性的基本目标。

第六，层次性。层次性指的是事物发展所表现出的次序状态，它能够反映和表现客观事物的发展阶段和矛盾的各个侧面。同时，也是事物自身发展过程的具体体现。城市生态安全治理中的参与主体、赋权程度、参与形式的存在与发展也具有层次性和阶段性。以参与主体的层次性为例，主体的多元化发展趋势符合渐进性的层次变化规律，参与主体由城市政府向社会公众转移。这种变化通过公众参与人数、参与者职业、参与者年龄层等多方因素反映出来，并以城市生态权利拥有情况的变化为表征。

总之，"P-E-C"空间参与模式是一个各要素间存在紧密联系的有机整体，是具有共同价值目标和由复合性关系构成的城市生态安全治理机制。简单地说，模型中各要素间的关系是一种政府与参与公众间的沟通对话关系，一种组织与所处城市生态环境的研究监测关系。在这种复合性的关系中，追求公众利益和公共利益的和谐与统一是实现良好的城市生态安全治理的内在要求。

3.1.4 "P-E-C"空间参与模式的设计目的

公众参与包含了三种重要的民主价值观：公共行为的合法性、正义性和有效性。通常情况下，不存在任何一种公众参与形式能够同时提升合法性、正义性和有效性。某种参与机制的设计是为实现某个特定民主价值观而设置的。在城市生态安全治理中，"P-E-C"空间参与模式所构成的民主立方体，就是为了从参与主体、赋权程度、沟通与决策方式三个维度尽可能同时提升公众参与的民主价值观和治理效果，最大化地实现公众参与过程及生态环境政策的合法性、正义性和有效性。具体来看：

第一，提升合法性。城市生态安全治理中，政府治理出现合法性危机的主要原因是政府行政人员与参与者之间存在沟通障碍。毋庸置疑，生态环境政策或治理行为具有合法性是指公众有理由认同或者支持该政策。在西方国家的选举制度中，政府最常见的是人们对于类似"政府会代表大多数公众的利益吗？"的质疑，这从侧面反映出公众对于政府治理合法性的质疑。在城市生态安全治理中，如果政府真的是为了大多数人谋求福利而进行的治理，那么公民没有理由不表示支持，而合法性危机的出现源于政府行政人员和公众间治理意向存在着日益加大的差距。很多情况下，政府行政人员有可能不能够很好地识别公众对于城市生态系统的需求与意向。该种潜在的沟通障碍使生态环境决策者与普通公众间的距离越来越远，并造成治理效果低下的恶性循环。

现今，政府在城市生态安全治理中的合法性危机也为寻求公众参与机制的创新提供了契机。在"P-E-C"空间参与模式中，通过对参与主体、赋权程度、沟通与决策方式三个方面的研究而改变、扩大并重构公众参与内立方体结构，力图实现公众参与机制的优化与升级。该种参与机制缩短了公众与政府官员及公共政策间的距离，同样也在很大程度上抵消了传统生态环境政策制定过程中的非民主化现象。[157] 参与机制创新所形成的"P-E-C"空间参与模式的最强驱动力始终是提升治理合法性，而实现这一目标的最直接有效的方式就是在行政决策过程中引入公民直接参与机制。

第二，促进正义性。非正义性的来源通常是公众参与过程及结果的不公平或不平等。当一些参与团体或个人被排斥、过于弱小或无组织化、不能够影响生态环境决策或评估政策的制定时，非正义性便产生了。影响公众参与城市生态安全治理中非正义性的因素包括：金钱、政绩、私人利益、社会利益团体间的特殊关系、治理权力的持有者等。通常情况下，提升参与机制正义性的举措包括以下三方面的内容：

首先，在参与主体的界定方面，通过将城市生态环境部分决策权转交给普通公民，以实现治理过程的公平性。大多数情况下，参与机制可以通过确定决策者的范围提升正义性。"P-E-C"空间参与模式就是一个很好的例证。在该模式中，参与主体从中央政府、地方政府向涵盖范围更广的专家、环保组织、环保志愿者、公民扩展，他们都将代表更广泛的社会阶层的利益，代表范围的扩大化在某种程度上对于生态环境政策的制定、执行、反馈和评估都会产生积极影响。

其次，在赋权程度方面，参与机制只有将制定相关决策的权利直接赋予参与者，参与过程的正义性才能得以提升。在"P-E-C"空间参与模式中，从最初被动性参与的"研究数据、信息供给"阶段，到各主体间伙伴关系的建立，这种逐渐授权于众的过程能够很好地解决为精英团体或利益集团牟利而产生的腐败或排斥公众参与的问题。倘若普通参与主体没有影响生态环境政策制定的真实权利，那么其提出的建议或意见很可能会被忽视。

再者，在沟通与决策方式方面，推动参与主体的交流与决策方式的多样化，使更多的权力关系、生态问题、治理信息暴露于大众面前，进而营造公众或舆论压力，也会提升参与机制的正义性。

第三，增强有效性。在城市生态安全治理中，即使城市生态环境决策具有公正性和合法性，但是政府部门的政策执行力仍然备受怀疑。政府行政人员可能缺少相关知识、才能、方法或是必要的资源去有效地解决生态问题。看似未掌握专业技能的公民却有可能凭借其独特的才能提升治理行为的有效性。在诸如生态、教育、卫生等社会治理领域，公众的参与及协作治理可能会显著提高公共服务的质量和治理效果。

现实中，合理化的公众参与秉承着这样一种观念：普通公众的才能会很大程度上弥补政府官员治理的缺失。例如，在公共安全和生态治理领域，公众通过身处问题所在的环境，切实掌握有关该议题的相关知识。在类似的或其他领域，公众参与者可以突破传统或专家式思考及解决问题的思维定式，使其主观认知或思考方法更贴近自身的价值观、需求和喜好。与此相类似，非专业人士也能够为提出创新性的意见与建议，进而贡献一份力量，因为他们比专家们更具有发散性和开拓性的思维方式和理念。以上因素都将在城市生态环境决策过程中影响政策的基本走向。

总之，公众可以成为城市生态安全治理的主力军。他们具有的智慧、责任感、威信、知识能够解决传统政府治理低效或官僚体制中的合法性、正义性、有效性缺失的问题。如今，公众能够通过协商、谈判、网络等民主参与形式为现代城市生态安全治理做出贡献。这种现代社会中的"P-E-C"空间参与模式的优势或者是吸引人之处是将传统政府官员手中的固有权力转化为与普通公众可协商的共享权利。此外，与盲目地、单一地迫使公众参与城市生态安全治理不同，新型的空间参与模式主张参与机制通过教育、培养、交换有价值信息等方式鼓励公众参与城市生态安全治理。

3.2 城市生态安全治理中"P-E-C"空间参与模式的基本单元：主体构成

参与主体的选择对于提升政府治理成效至关重要。在城市生态安全治理中，鼓励公众参与的原因之一是生态环境政策制定者的过度权威化且民选代表和行政官员在某种程度上缺乏良好工作能力。他们可能会缺乏知识、能力、公共资源，或是刻板地尊崇命令、妥协及被迫合作。直接的公众参与是否能修复这些缺点很大程度上取决于参与者是谁：他们能够很好地代表大众利益吗？他们所具备的专业知识能够帮助其做出正确的判断和决策吗？他们能够及时回应参与者的需求并对他们负责吗？因此，任何生态环境决策过程需考虑的最主要的一点是：参与主体范围的界定。即谁有能力参与、个人如何成为参与者。统观城市生态安全治理中公众参与的主体范畴，存在七类最主要的参与主体。

3.2.1 中央政府：公众参与的主导者

就个体而言，政府有保障每一位社会成员参与城市生态安全治理权利的责任。因此，建立良性运转的政府，是城市社会成员所追求的愿景。其中，中央政府在城市生态安全治理中的指导作用是不容忽视的。

就城市生态社会整体而言，中央政府既是生态安全治理的主导者，又是涉及城市社会成员利益的生态安全政策的制定者；制定全局性的生态安全政策，提高政策科学性及有效性，是中央政府的主要职能之一。就城市生态安全事务而言，生态安全治理的过程也就是生态安全政策制定与实施的过程。克嫩（Coenen）认为："所有对环境有严重影响并通过环境法促进实施的决策，或被公民认为主要围绕环境问题的决策，都是环境决策。"不难发现，生态环境决策是中央行政机关根据一定时期社会生态系统可持续发展的要求，通过确定生态目标，搜集相关资料，经过分析与论证，选择可行性方案并不断优化方案的过程。与地方政府环保部门不同，中央层级的环保部门通过制定全国性的生态安全法令政策，指导地方政府应对或规范破坏生态环境的行为。这其中包含了生态环境管理决策、生态环境技术决策、生态环境经济决策等内容。这一方面反映出生态安全治理中存在复杂的科学与技术问题，另一方面也表明中央政府在生态环境决策中具有强有力的领导力并处于主导地位。

3.2.2 地方政府：生态政策的执行者

政府是国家的权威性表现形式，代表着社会公共权力。从广义上而言，政府指国家的立法机关、行政机关和司法机关等公共机关的总和。从狭义上理解，政府指国家政权机构中的行政机关，完全从广义与狭义的视角划分中央政府与地方政府仍有待商榷，但地方政府是较多地履行行政决策执行权的组织体系，更倾向于狭义范围内的政府概念。总体来看，地方政府是由中央政府授权，同时对于本辖区内的一部分公共事务有自治权限的政府组织。在城市生态安全治理中，地方政府的主要职责在于完善生态环境法规、执行生态环境政策。

在城市生态安全治理领域，地方政府环保部门应以本地生态资源的平等分配及生态系统的健康可持续发展为职能目标。洛克（John Locke）曾言："在参加政治社会时，人们主动放弃了他们在自然状态中所享有的平等、自由和执行权，把它们交给政治社会，由立法机关按政治社会的利益所要求的程度加以处理。这一切，都只是出于个人为了更好地保护自身及自己的自由和财产的动机……因此，谁握有国家的立法权或最高权力，谁就应该依照既定的、稳定的、人所共知的法律，而不是依照临时的命令来实行统治。"[158]换言之，在城市生态安全治理的过程中，地方政府应以实现公共利益最大化和生态环境可持续发展为旨归。其中，城市河流、树木、土壤、空气等公共资源为城市公众共有，公平分配该类公共资源要求政府保障公众相应的生态权利，即确保城市生态权利的真实存在。这一方面要求地方政府生态安全治理责任与职能的细化，另一方面也体现出地方政府作为治理网络结构中心节点的重要作用。

3.2.3　私营部门：公众参与的潜在主体

私营部门是城市社会的主要代表之一，是商品交易的必然产物。作为市场经济的重要主体，私营部门具有大量的人力资源、信息资源、物资和财富，不仅能够增强公众参与城市生态安全治理的有效性，更能够弥补政府技术、人力资源的不足，具有重要的社会服务价值。

从广义上而言，私营部门包括中小型公司、国内公司以及国际和跨国企业在内的商业企业、慈善和企业基金会、金融机构等各类组织。实践中，私营部门通过生产经营活动而创造物质财富，同时与政府或环保组织构建伙伴合作关系，在城市生态安全治理中扮演重要角色。不容忽视的是，城市经济的高速发展加剧了工业化污染程度。据统计，目前，中国工业污染已占污染总量的70%以上，成为我国环境污染的主要根源。[159]全球大城市的环境污染状况排名中，中国排名第一，是全世界大城市污染最严重的国家，并拥有一半以上全球污染最严重的城市。与此同时，中国也面临着土地荒漠化、水土流失等严峻的生态安全问题。根据环保部最新公布的数据显示，在京津冀及周边地区，超过17万家企业属于散乱污企业。

由此可见，城市正面临着严峻的生态危机。而私营部门拥有丰富的物资、专业技术人才、严格的制度规范，从某种程度上而言，它们在城市生态安全治理中比政府拥有更充足的资源与经验，这恰恰为其参与城市生态安全治理提供了现实可能。1971年，美国经济发展委员会发表通告，提出"企业的职责是要得到公众的认可，企业的基本目的就是积极地服务于社会的需要——达到社会的满意。"[160]因此，私营部门在以营利为基本目标的同时，应合理利用并整合生态资源，为改善利益相关者的生活质量、促进生态可持续发展贡献一份力量，成为参与城市生态安全治理的主力军。

3.2.4　环保专家：公众参与的智力支持

城市生态安全治理中，环保专家具备专业的环境知识与技能，不仅能够向政府反映城市社会公众关心的生态问题，更能为生态决策提供政策建议与支持，是治理主体中不可或缺的组成部分。具体来看：

第一，立足观念创新，提高政府对"生态环境专家系统"重要性的认知度、扶持度。首先，政府行政官员，尤其是决策层官员应该摒弃传统经验主义观念，将科学、民主决策贯彻到实际行动中去，避免凭经验决策，适当地将政府中可以由咨询机构承担的任务剥离出去，鼓励专家、学者自由表达观点，吸纳其参与到决策问题的研讨、论证环节中去，营造民主、和谐、自由的讨论氛围，形成咨询机构与中枢系统的协调互动。其次，政府要加强对专家咨询系统的支持力度。对于工作面临的经费不足、激励机制不到位等问题，为使咨询系统得到有效的物质保障、激发其参与决策的积极性，可通过吸纳社会资金，如企业家赞助、设立基金会等措施，解决此类问题。比如，政府相关部门可拨付专项资金，建立"公共决策专家"基金会，对资历深、为政府公共政策制定与实施积极献言献策、做出杰出贡献的专家、学者给予物质奖励和精神奖励；也可以通过知名企业的赞助，提高对政策制定专家咨询系统的扶持力度，通过专家的对外交流与访问，借鉴国外优秀的政策制定经验，促进本国公共决策的有效性。政府只有转变观念，加大对咨询工作的扶持度，才能提高生态政策的科学性，促进城市生态系统的健康发展。

第二，充分发挥"生态环境专家系统"的科学性。专家系统（Expert System，Es）是一种以知识为基础、能对某一专门领域的问题提供"专家级"解决办法的程序。[161]在生态环境科学领域，专家系统具有大量专业环境知识，能够将电子计算机领域的人工智能技术融入生态环境科学领域。实践中，通过借鉴环境专家的专业知识与治理经验来解决生态环境污染等社会发展中的现实问题，进而形成"环境专家系统"。具体来看，该系统能够通过研发环境管理信息子系统和环境决策支持子系统，解决生态环境规划与管理、生态环境影响评价和预测、生态环境设备及装置故障诊断等问题。众所周知，生态环境问题复杂多变，涉及学科门类众多，需要依靠环境、物理、化学、地理、经济等诸多领域的专家共同商讨研究，并将多学科专家的知识汇总于一个专家系统中，群策群力，形成最优方案。"环境专家系统"的使用与推广，一方面能够有效提高生态环境问题的处理效率，降低人力和物力的不必要浪费，更好地保证问题处理的质量；另一方面，通过计算机程序的处理，实现工具理性，能够减少主观因素对于解决城市生态环境问题的消极影响，提高治理过程的科学性。

第三，强化生态环境专家的决策咨询作用。长期以来，中国城市社会存在着环保信息不对称、环保成本较高等诸多生态治理问题。一方面，治污企业拥有先进技术却不能很好地在市场上加以宣传与推广；另一方面，急切需要治污技术和设备的企业却缺少相应的技能和设施。为此，2013年初，天津建立"环保技术超市"，这是第三方参与污染综合治理的服务平台，它面向企业、直接为治理污染服务，是中国第一家集环保技术、产品、咨询、设计、监测为一体的综合服务平台。如同日常超市的商品，在超市内，纷繁复杂的环保技术产品依次整齐地陈列在"货架"上，大件的技术产品不仅有缩小版的模型供消费者查看，旁边还配有说明书，说明书的内容用简单直白的文字加以表述，使高科技的环保产品也能为常人所认知和理解。值得注意的是，"环保技术超市"产品研发者是由中国环科院、中国环保产业协会、高校知名专家学者等20多人组成的技术团队，均为废气治理、废水治理等方面的专业工程师。[162]作为生态安全治理领域的专家，他们不仅了解生态环境领域的各项技术与专门知识，而且具备丰富的治理经验，能够为企业提供"一对一"的整体技术方案。高水准的科研院所专家、资深的节能环保企业、新研发的环保技术在"环保技术超市"的"中介"作用下，实现了生态安全治理资源的优化配置，不仅革新了中国治理生态环境污染的模式，也以其专业性得到企业等城市社会主体的高度认可。

3.2.5 环保组织：公众参与的技术支撑

环保组织通常指以保护、分析或监测生态环境以防止其恶化为行动目标的非政府组织。环保组织不仅能够弥补政府城市生态安全治理资源与能力的不足，更以其特殊的中立地位及专业技能在参与生态安全治理过程中发挥着重要作用。具体来看：

首先，环保组织能够弥补政府治理资源的不足。自1994年第一个全国性民间环保组织"自然之友"成立以来，中国环保组织发展迅速，已成为当下社会最为活跃的非政府组织之一。环保组织与政府在承担生态环境治理责任方面有许多共通之处，这为建立良好的合作伙伴关系提供了现实土壤。政府需要环保组织来承担一些环境公共服务，而环保组织则从政府获得一定的资源与合法性，并能在一定程度上影响政府，两者形成"不对等的合作关系"。[163]政府对于生态安全治理的需求是双方构建合作关系的基础，环保组织的专业优势是合作关系的前提。换言之，环保组织是为了弥补"政府失灵"和"市场失灵"而生成的一种制度设计。

另一方面，自发形成的环保组织是城市生态安全治理中的重要参与主体。在市场经济的发展中，这类自发形成的环保组织，具有较强的针对性，针对社会发展中所面临的某些突出生态安全问题协调各方利益关系，以求具体解决方案，如海洋污染治理协会、水环境保护组织、森林资源保护组织等。由此可见，环保组织运作模式受多方合力影响，是社会化大生产的产物。它一方面借助政府资源，享有部分公共职能。此外，受市场经济的影响，受制于客观经济规律，是兼有政府、企业性质的行为主体。具体来看，在城市生态安全治理的过程中，政府、企业、非营利性组织存在着复杂多变的合作关系，这其中既有资源的交换分配，互利合作，也有竞争与冲突。在这一过程中，各行为主体间相互配合，各取所长，协同完成城市生态安全治理的任务，逐渐形成良性互动机制。

其次，环保组织作为生态安全事件的非直接利益者，扮演调停者的角色。生态安全事件的出现是矛盾累积的结果，各方利益相关者在面对矛盾冲突时，通常由于缺乏值得信任的协调者与化解机制而导致矛盾的激化。环保组织作为具有公益性质的第三方，能够相对轻松地获取利益主体的理解与信任，在问题无法通过制度化渠道解决时，通过协调各主体间的利益得失，尽可能降低不必要的生命财产损失。众所周知，环境保护是政府的重要目标，并且环保组织采取合作与"非冲突"策略。[164]这表明，环保组织的目标是促进生态环境的健康发展。在面临工业污染等情况时，环保组织通常采用的是"合作化"的柔性策略，与企业等经济主体并没有直接的利益纠葛，企业更能够接受其建议；环保组织也处于较为中立的位置，是服务于公众利益的第三方组织，在化解生态矛盾冲突时具有不可替代的作用。

3.2.6 环保志愿者：公众参与的助推器

环保志愿者在公共决策和讨论中扮演重要角色。环保志愿者指无报酬却热衷于公共事务，并自愿花费大量的时间和精力说服那些有潜在参与可能性的人参与到城市生态安全治理中的一类人。许多居委会、社区自治环保组织中都存在大量的环保志愿者，一些生态安全自治过程中的环保志愿者也会成为常规协商、草根环保治理、合作治理的专业人士。

环保志愿者是主动承担城市生态安全治理社会责任的人士。他们主要从以下几个方面发挥保护环境的作用：首先，热心于环保宣传。比如：宣传节约水资源、少开一小时电灯、垃圾分类、废物回收再利用、少开一天车等。其次，积极参与环保活动。比如：组织志愿者种树、撒草籽、捡垃圾、回收废旧电池、放生动物、保护野生动植物等。再者，遇到不法行为时，举报污染源。比如：对污染环境的企业依法进行举报，以保护我们身边的环境。最后，必要时进行环保观测调查。比如：对某一区域环境或者鸟类等动物进行调查、观测数据等。

一方面，环保志愿者能够提供部分公共服务，弥补政府环保部门的缺失。政府环保部门受自身人力、物力及财力等条件限制，不能完全独立贯彻环境保护政策、确保政策执行效果，因而需要具有专业环保知识的志愿者承担部分工作。另一方面，环保志愿者在参与城市生态安全治理的实践中具有较高的执行力。他们拥有与生态环境相关的专业知识及参与热情，对于生态环保项目的应用与推广更加有益。因此，鼓励环保志愿者积极参与城市生态安全治理，是提高治理成效的有力举措。

3.2.7 城市公民：公众参与的主力军

公民是参与城市公共事务治理的重要主体。随着公民参与制度及城市社会环境的不断变化，城市生态安全治理中的公民参与主体类型也在变化。根据公民参与的目标，公民参与的主体可划分为"理想型公民参与主体"和"利益型公民参与主体"。

首先，理想型参与主体。从广义上而言，公民参与作为一种民主实践，是指除选举活动以外的公民对于公共事务有序参与、影响公共政策的各种行为。[165]在城市生态安全治理领域，公民参与是公民通过告知、纳谏、咨询等方式对政府生态安全治理决策产生一定影响的过程。理想型公民参与的主体是指出于环保自愿性主动投身于生态环境保护实践中的社会主体，主要包括具有较高环保意识的大学生、网民、环保志愿者等。该类主体因城市公众利益或公共话题而达到影响政府城市生态安全治理权力行使效果的目的，并逐渐成为城市生态安全治理的基础参与者。通常情况下，"理想型公民参与主体"以促进城市生态系统可持续发展及改善城市生态环境为参与目标，通过新闻媒体、社交网络、环保公益项目等参与平台宣传环保理念、开展环保行为，力求形成良好的公众参与城市生态安全治理氛围，并积极塑造城市公众参与环保行动的普世价值观。

其次，利益型参与主体。无论是制度性或非制度性的公民参与，都会牵涉到参与主体的利益划分问题。城市生态安全治理中的利益型参与主体指具有公民属性的弱势群体，包括农民工、蓝领产业工人与雇员、个体工商户、城乡贫困人口和失业半失业人员等。[166]他们与政府公共权力机构不同，是因特定的利益汇聚而成的一种潜在的、非组织化的利益群体。在面临侵害自身利益的城市生态问题时，他们既是社会弱势群体，更是政治弱势群体，在参与治理权利、参与意愿表达上处于被动状态，边缘化的生存状态使其陷入无法获得生态资源、生态环境法律有效支持的困境。换言之，该类群体在城市生态安全治理领域几乎不享有话语权；在生态政策执行过程中，其参与权利又被排斥；当环境污染威胁到自身生存与发展、自身利益受到侵害时，出于应对成本过高等因素的限制，一般较少采取集体行动。提高该类群体参与意识及参与主动性是政府提高城市生态安全治理成效的关键。

总之，在城市治理中，参与主体具有多样态性。概括而言，主要包括三个类型：发起者、参与者、中立的第三方。应用于城市生态安全治理中的公众参与领域，主要涉及三个主体：鼓励公众参与的政府部门（发起者）；包含企业、环保组织、公民在内的社会公众（参与者）；监督政府机构与社会公众的互动情况并给予反馈的参与者（中立的第三方）。对于发起者而言，需要将工作的重心放在公众参与的形式上，这更有利于促成生态政策目标的实现；对于参与者而言，需要专注如何使自身的参与作用与影响最大化；对于中立的第三方而言，需要关注的是发起者与参与者之间的互动是否有效地促进公共利益的实现。

不难发现，简单地将参与主体概括为三个方面较为笼统，参与主体类型的千差万别所表现出的参与形态也不尽相同。甚至同一类型的参与主体在参与过程中会呈现出不同的参与形式。举例来看，首先，就参与主体类型而言，环保组织在城市生态安全治理中，既是为生态决策提供专业知识与建议的重要参与者，也是作为观察政府与其他参与者互动并作出相关评价的中立的第三方。多重角色的扮演一方面丰富了环保组织参与城市生态安全治理的内容，另一方面也强化了其促进城市生态可持续发展的责任意识。其次，就参与形式而言，环保组织可以通过互联网等信息平台向政府部门推送生态安全治理的相关视频、文本等信息，为环保部门供给生态信息；也可以通过与环保部门建立合作伙伴关系，通过生态安全治理项目的推广，共同致力于治理实践。

当下的城市生态系统复杂多变，生态问题的应对需要多元主体间的沟通、协调与合作，这是实现参与模式逐渐向扁平化发展的必然要求，也是城市生态安全治理的题中之意。政府积极引导私营部门、环保专家、环保组织、环保志愿者、城市公民参与城市生态安全治理，构建各主体间的合作参与关系，是形成"P-E-C"空间参与模式的前提条件。此外，从参与主体的范围来看，以上七类城市生态安全治理中参与主体的选择机制可从最具包容性、最具排斥性这一横向维度理解，如图3-2所示。

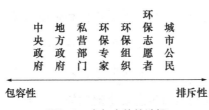

图3-2 参与主体的选择

3.3 城市生态安全治理中"P-E-C"空间参与模式的关键控点：赋权程度

认知公众参与机制的另一个角度是理解政府赋予公众城市生态安全治理参与权的程度。参与者是如何与公共权威及参与者自身行为相联系的？新英格兰市镇会议似乎诠释了其中的内在关联。该种关联的两极化表现是：参与者的决定最终成了公共政策、参与者对于公共行为毫无影响。以此类比，可将参与者对于城市生态环境政策的影响度，即政府赋予公众城市生态安全治理参与权的程度划分为研究和收集生态数据、生态信息供给、生态政策咨询、参与、合作和协作、委派与授权六个层级，参与层级呈现出参与阶梯化发展的基本态势，参与程度由浅入深，逐层递增。这一方面反映出公众参与权的广度与深度不断增加，另一方面也是参与形式走向实体化发展的体现。具体来看，城市生态安全治理中公众参与权的实现过程，主要包括以下六个阶段。

3.3.1 研究和收集生态数据：了解公众的政策认知度

"研究和收集生态数据"阶段是政府对于特定生态信息或政策建议的选择性关注阶段。众所周知，报纸、电视等传统信息传播媒介具有连续性和指向性，是一种单向的线性传播渠道。依托此媒介，公众在生态信息获取及反馈中处于被动接收状态。现今，借助全新的数据收集和分析工具，政府机构能够分析并整合公众参与城市生态安全治理行为的大数据。与此同时，公众也可以通过互联网平台获得生态信息，在非主动情况下参与到生态信息共享与信息内容的重塑和传播之中。2017年5月，"国家生态大数据研究院"成立。研究院整合政府机构、科研教学机构和企业市场三方面资源,充分利用大数据等新一代信息技术,以政产学研相结合的模式着力构建国内一流的创新平台和智慧联盟。[167] 这是政府相关部门主动收集公众生态政策与建议的体现,也是提高生态决策质量的基本环节,也是公众参与城市生态安全治理的第一步。

以往的中国城市生态安全治理较少关注公众参与问题,主要由政府掌控生态安全治理资源。随着城市社会的发展和城市生态安全问题的日益严峻,政府逐渐意识到公众参与的积极作用,转向从公众一方研究和收集生态数据。正如托马斯有关决策模型的论断:"如果管理者认为自己可以获得必要的决策信息并据此作出高质量的决策,那么管理者就倾向于排斥公众参与,因为公众参与对决策质量没有多少帮助。对于公众而言,这种参与是被动的,他们只有在管理者进行调查的时候才能表达意见,而且他们还不确定自己的意见能否被重视和采纳。"[168] 然而,与漠视、排斥、甚至提供虚假信息相比,倘若公众能够主动、真实地回应政府调查,这仍是一种真实有效的参与形式,因为公众可以感受到该种调查行为是对其参与主体地位的认可和尊重、自己提供的信息或建议会在某种程度上影响政府决策行为。总之,尽管"研究和收集生态数据"阶段在现今政府生态安全治理中仍扮演重要角色,但它仍被公众视为公众参与与非参与的模糊地带。

3.3.2 生态信息供给:增进公众参与意识与知识

"生态信息供给"具有较强的自觉性和主动性,公众能够主动向政府相关机构提供生态信息和治理建议。比较而言,"研究和收集生态数据"阶段更多的是从政府角度探讨公众参与的行为,是公众在查询和阅读生态信息之后,在对生态信息进行理性分析后所采取的主动参与行为,涵盖对于生态治理政策类别或科学性的判断与建议。该阶段融入了公众有意识的思考与参与,是公众在城市生态安全治理中迈向主动参与的第一步。对政府管理部门而言,公众的生态信息供给可以帮助其及时发现城市生态问题,为生态决策提供方向与建议。比如:倘若较多的公众反映城市生活垃圾处理不当或者某条河流污染严重等现象,相关部门便可以有针对性地开展生态治理工作。另一方面,公众生态信息供给所具备的监督及反馈功能有助于政府管理人员发现生态政策执行过程中存在的不足,进而及时采取补救措施,提高生态政策的科学性及有效性。

此外,政府研究和收集生态数据的途径主要是发放问卷、进行访谈等,通过模式化形式所获取的信息并不一定能够真实反映社会公众的真实想法和生态问题的根源所在，而真正将公众建议运用于政府决策领域更是限制重重。换言之，在"研究和数据收集"阶段，公众参与具有最低层次性，公众的观点很难得以体现在政府生态决策之中。因此，在"生态信息供给"中，公众能够更为主动地为政府相关部门提供及时有效的生态信息与数据，具有及时性、高效性的特征。某种程度上而言，这是公众参与城市生态安全治理的初体验。

3.3.3 生态政策咨询：完善城市生态政策建议

公众有权要求政府部门提供生态政策相关信息，并向政府传递相关意见与建议。一方面，公众通过政府官方网站或开放信息平台等社会化传播工具关注自身感兴趣的生态问题或生态政策，方便、快捷地获取相关资讯，并向政策制定与施行者提供政策建议，这是公众有意识地接受相应生态信息的具体体现。另一方面，政府相关部门通过听证会、网站投票平台等载体公开获取公众政策建议，丰富政策内容，提高政策科学性。

公众参与对于生态政策的影响度是衡量公众被赋权程度大小的有力工具。公众参与权利的递增标志着现代公众参与行为开始关注现实问题及公民参与的具体方法，体现了从理论塑造到具体模型建构的演进过程。"生态政策咨询"是公众真正参与城市生态安全治理的初级阶段，但并不涵盖影响最终政策结果的公民权利。它是生态信息从政府部门到公众间的单向流动，公众并无就某项具体生态政策与政府进行谈判或协商的权利。譬如，当公众在政策制定后续阶段提供生态信息时，通常存在较大的不被采纳的概率。因此，"生态政策咨询"也只是象征性公众参与阶段。

3.3.4 参与：提高生态决策包容性和可持续性

在"参与"阶段，公众可以决定讨论什么、谁应参与、如何做决策等，可以对决策产生实际影响，但实际的决策权还是由行政机关控制。具体到城市生态安全决策领域，首先，公众可以决定某项生态政策听证会的讨论内容。譬如，对公众关心的生态问题的界定、分类、特点、应对方法等进行探讨。其中，公众可以对听证会的具体内容或与会者的特定看法进行补充、修订，或者强调、反驳。

其次，公众可以决定参与主体的范围及人数。可以将城市环保部门、城市管理部门、化工企业、环保组织、城市公民按照影响生态政策制定程度的大小进行权重划分，并按照相应比例确定参会人数，提高决策民主性。此外，公众可以决定决策程序。决策程序是指决策活动所要经过的步骤或阶段。公众在"参与"阶段中，可以通过发现城市生态问题，找出原因，明确生态决策目标，进而参与拟订并选择可行方案，最终促成决策的施行。总之，在此阶段，公众真正参与到生态决策过程中，但仍是象征性参与，生态政策决策权仍由政府机关掌握。

3.3.5 合作和协作：实现整体利益的创造性协同

在此阶段，城市生态安全治理中的各参与主体间建立了积极的伙伴关系，"合作、授权"是该阶段公众参与的主要特点。政府部门与企业、环保组织、公民为实现城市生态可持续发展及整体利益进行创造性的协同与合作。换言之，参与者在知情权得到保障的前提下，全程参与城市生态政策的制定、实施、监督、评估，是政府与其他城市主体共同决策、共同治理的过程。公众参与对于生态政策的影响度由低向高发展的过程受政府政策、生态环境、参与意愿、参与者知识水平等诸多因素的影响。

不可否认，公众是否应该参与以及参与程度如何取决于管理者对政策质量和政策可接受性的认知，而非取决于公众的态度。[168]在一些情况下，参与者间会构建一种合作治理的伙伴关系，这种伙伴关系使参与者与政府官员能够共同制定公共政策及相关计划或为完善公共行为出谋划策。合作伙伴关系的建立不仅为不同专业研究领域和身份地位的参与者实现公开对话提供了可能，更有助于为城市生态安全治理提供更为详实的信息和更有价值意见。由此可见，该阶段是政府向其他城市社会主体逐渐授权的过程，也是公众参与权不断深化的体现。

3.3.6 委派与授权：保障公众参与治理权利

在"委派与授权"阶段，权力决定性地转移到公众手中。这是公众参与阶梯的高级阶段，公众参与程度和参与范围都有显著提升。参与主体以全新的思路和方式对城市生态安全治理中参与主体间关系及生态问题进行思考、处理与应对。在此背景下，政府更多地将治理及参与权下放给公众，公众不再完全认同或执行政府的生态政策内容，而是通过质疑甚至"对抗性解读"自身所接触到的生态或参与信息,并以独立思考的方式认知公众参与角色、地位、作用。同时,公众运用相应的生态安全治理权利改善城市生态安全问题与现状。比如:在互联网科技不断提升的今天,公众能够依靠图片、网站、信息传播技术等方式,根据自身对生态系统的认知度查询、选择已有的生态信息,并进行整合与传播。这种信息资源的接受、再制作与传递过程,不仅是公众参与自觉性提升的具体体现,也是政府授权于社会公众的直接反映。

公众参与是实现自我赋权的过程,该过程具有不同的层级和水平。城市生态安全治理中,公众参与程度各不相同,其中涉及参与权利的整合与转移。公众被赋权的程度直接反映了公众参与程度的差异,它们的排序则体现出公众参与生态决策影响力的强弱。反观"P-E-C"空间参与模式,它的设计以解决城市生态安全问题为目标。随着参与程度的逐渐增加,公众不再扮演传统被"操纵"的接受者角色,转为信息提供方和传递者,享有的参与权利也逐渐深化。在该模式的顶层设计中,政府授治理权于公众,公众享有充分的参与权,切实分享治理权利与生态资源。具体来看:从初级的"研究和收集生态数据"到政府"委派或授权"于众,从不自知的自发状态到自觉行动,公众的被赋权程度由浅入深、逐步递增,参与过程中的主动性及所享有的权利也逐渐增加,同时,所掌握的生态安全治理技能也逐渐增多。

总之,在以上六个参与层级中,"研究和收集生态数据、生态信息供给"是被动性公众参与阶段,政府主导生态安全治理方式,公众只是"在场"而非真正参与,也无参与权;"生态政策咨询、参与"是象征性参与,公众对政府生态决策会产生一定的影响,掌握部分参与权;在"合作和协作、委派与授权"中,公众有权利改变或影响政府生态决策,是最高程度的参与阶段。

虽然公众参与权利大小不一,参与行为层次各不相同,参与行为影响力也存在区别,但这只能反映出参与阶段和程度的差异性,并不意味着公众参与行为具有优劣之分。不同层次的公众参与反映出不同程度的赋权方式。而在高一层次的公众被赋权形式中,参与主体偶尔会对生态环境决策或生态资源直接行使相应的权利。新英格兰市镇会议就存在一种直接行使参与权利的例子。在城市生态安全治理的背景下,中国城市中的公众很少能够直接掌握治理权利,较多的是为决策者提供相关信息和咨询建议,参与程度也呈现出复合层次化特征。总体来看,这种赋权于众及公众对于权威的影响程度可从图3-3中看出。

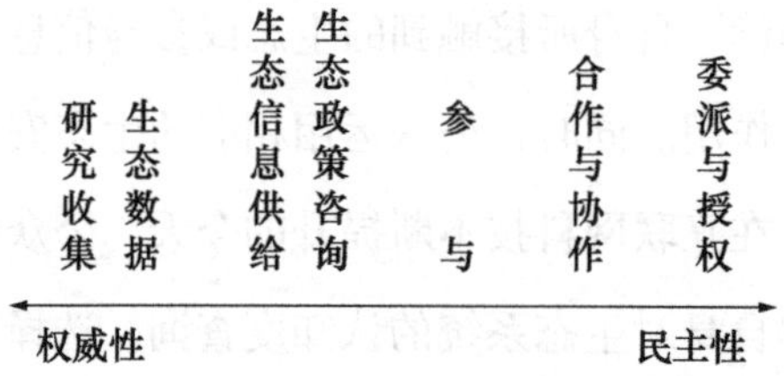

```
研究收集  生态数据  生态信息供给  生态政策咨询  参与  合作与协作  委派与授权
权威性 ─────────────────────────────────────────────────→ 民主性
```

图3-3 公众被赋权程度

3.4 城市生态安全治理中"P-E-C"空间参与模式的内生变量：参与形式

从古希腊雅典论坛和新英格兰市镇会议中的政治图景可以看出，许多公众参与行为都蕴含着这样一种假设——它应该接近于一些中和或可协商的观点：参与者应以一种平等的身份探讨公共问题，但在大部分机构化的公众讨论形式中，并非如此。城市生态安全治理中，公众沟通与决策方式的设计和选择直接关系到城市生态安全治理的效果，良好的沟通与决策方式能够提升公众参与积极性及政府公信力。现实中，参与主体间沟通与决策方式主要包括公民调查、环境信访、公民会议、环境听证会、生态环境专家咨询、网络参与等。无论何种参与形式，都是对提升城市生态环境政策及生态环境质量的有益探索。

3.4.1 公民调查：制定生态政策的象征性参与

公民调查是政府部门为直接了解公民对某项社会问题的看法而采取的调查方法。在城市生态安全治理中，通过公民调查，环境决策机关能够从公众处便捷有效地收集生态信息，是较为普遍并被公众熟知的公众参与形式。公民调查的方法有现场发放纸质调查问卷、电话调查，通过报纸、网络等刊登调查问卷等。公民调查的客体通常是具有自主行为能力的自然人，包括社会中不同职业、不同年龄层次的参与者。比如，常见的针对生态问题的公民调查有："公民生态环境意识的调查""家乡生态环境污染情况调查""城市水污染治理情况满意度调查"等。公民调查有其优缺点，它一方面能够广泛获取公民对于某一生态问题的普遍看法，但同时，调查结果的信度也存在偏差。总体而言，公民调查是公众参与度较低、对政府决策影响力较弱的象征性参与形式，是一种传统的、应用较为广泛的参与方式，具有以下特点：

第一，覆盖面广，向公众了解生态信息和征求相关意见的范围更加广泛。在信息科技日益发达和智能手机不断普及的时代，扩大公民调查的范围已不再是难事。第二，随机抽样，使调查结果更具有典型性与代表性。一个规模较小的随机抽样样本所提供的调查结果要比一个规模较大的非随机性样本得出的调查结果更具有普遍代表性。[169]当然，公民调查也有着自身的不足。首先，参与者的匿名回答及问卷数量、质量的不稳定性增加了政府生态安全治理部门分析、筛查、汇总相关信息的难度，很有可能降低工作效率、减少调查结果的准确度。其次，在公民调查中，参与者的建议具有即时性和不确定性。它"不能充分代替思想的动态交流与发展，后者只能在面对面的讨论中产生"。[169]作为一种阶段性的静态调查方法，它所反映的是特定时间段、特定地域环境内的公众就某一社会问题的主观认知。因此，调查参与者给出的答复会存在持久性、科学性较低的问题。

3.4.2 环境信访：维护生态权利的利益性参与

信访制度是中国特定政治环境下的产物，是公众参与社会治理的重要的民主机制。根据《信访条例》的规定，"信访是指公民、法人或者其他组织采用书信、电子邮件、传真、电话、走访等形式，向各级人民政府、县级以上人民政府工作部门反映情况，提出建议、意见或者投诉请求，依法由有关行政机关处理的活动"。[170]现今，信访制度已成为公众向行政机关传递政策意见与建议的重要途径。在城市生态安全治理领域，公众有权就影响自身生态环境的政策及行为向政府有关部门提出建议、意见或者投诉请求，即"环境信访"。所谓环境信访，根据《环境信访办法》第2条的规定，"是指公民、法人或者其他组织采用书信、电子邮件、传真、电话、走访等形式，向各级环境保护行政主管部门反映环境保护情况，提出建议、意见或者投诉请求，依法由环境保护行政主管部门处理的活动"。[171]譬如，在广州番禺垃圾焚烧发电厂事件、厦门PX事件等著名的由行政决策引发的事件中，公众都曾经主动地向当地环保部门信访，进而促成生态安全问题的解决。

环境信访是实现公众参与生态治理权利的重要路径。政治制度对城市社会和经济行为影响深远，公民在特定制度框架内寻求生存权和生态权利，这也是公民的基本需求。[172] 生态安全事件中的各主体通常处于地位不平等的状态，不平衡或是矛盾关系使双方当事人之间生态权利存在强弱之差。比如：生态安全事件多发生在企业与居民之间，强势方往往是具备相当经济实力和社会地位的市场主体，在生态资源和生态权利的占有方面具备很大的优势；而生态权益受损方则是普通的居民，他们在生态信息、社会地位、生态知识、生态技术手段占有等方面均处于明显的弱势地位。因此，在这种情形下，处于弱势地位的社会主体希望通过第三方权力机构来抗衡对方的强势，信访是一种契合弱势群体需求的利益表达方式。环境信访制度的主要目的是倾听公众心声、诉求与建议，实现良好的政治监督，但同时也反映出公众参与生态治理意识的觉醒及维护生态权利观念的提升。它不仅仅是社会公众实现权利救济的重要手段，也是丰富公众参与途径、维护公众生态权利的直接反映。

3.4.3 公民会议：传播生态知识的过程性参与

公民会议是一种类似于座谈会的公众参与形式，具体指公共管理者或公民组织通过召开社区开放性的会议，邀请公民参与政策制定过程，让一般公民能够在具备充分信息的情况下对议题进行广泛与理性的辩论，以实现沟通政策信息、宣传动员、反馈意见、增强理解、提出政策建议等目标的参与方法。[173] 公民会议不同于公民调查，它具有较强的开放性，向所有公民开放，并具有以下特点：首先，会议由决策机关组织并现场进行，政府机关人员与公民就特定议题进行面对面的沟通与交流。其次，会议的重点是交流。在城市生态安全治理的范畴内，公众在会议上可以畅所欲言，表达对于生态政策或环保部门的看法并提出建议，也可以表达不满的情绪。而相关部门会对政策内容、目标及可预见的实施效果进行综合考量，并对公众建议及看法做出及时回应。双方交流的过程不仅是信息传递与互换的过程，也有利于公共政策在制定与执行前得到公众的认可与支持，提高政策的可接受度，推动政策顺利执行。

在城市生态安全治理领域，公民会议同样成为公众与决策机关沟通与交流的平台。在2009年广州番禺垃圾焚烧发电厂事件中，番禺区委书记在参加某小区的公民会议时，当即宣布垃圾焚烧发电厂项目"正式停建"。由此可见，"公民会议"不仅起到了公众与环保部门交流沟通与互换信息的作用，与此同时，政府、公民及其他社会团体通过利益博弈与制衡对生态政策的制定与执行产生了切实的影响。但是，公民会议的组织流程仍遵循一些原则：一是合理安排会议规模与时间。合理的会议时间会使公众意愿得到充分的表达，与政府人员对话的内容也会更有深度。二是确定适当的参会人数。参会人数的多少会直接影响会议目标和效果。很多公民会议中会存在代表性缺失的风险，包括会议成员构成的代表性缺失或会议成员意见的代表性缺失，[174]这会削弱政策实质性的影响力。因此，合理组织公民会议不仅能够促进公众与政府间的交流与沟通，对于生态环境政策的顺利制定与执行也具有一定的积极作用。

3.4.4　环境听证会：运用环境法律的主动性参与

"听证"概念最早起源于西方国家"自由公证"理念，最初应用于司法领域，后日渐在行政领域得以推广。听证制度是一种把司法审判的模式引入行政和立法程序的制度。其主要功能是在政府作出有可能对公民不利的决定时，为公民提供一个听证的机会（the opportunity to be heard）。[175]从听证制度的缘起和功能上来看，其主要目的是构建公众和政府行政机关之间平等对话和协商的平台，为双方就某项社会问题进行有效沟通而创造机会。换言之，听证制度使公众在有可能受到行政行为的不利影响之前，通过合法有效的方式向政府机关表达自身利益诉求，从而影响某项公共政策的制定与执行。举例来看：环境听证会是以特定生态安全事件或生态环境政策为议题，公众和政府环保部门间以此展开平等对话与协商的制度安排。环境听证会通常以论证会、座谈会的形式进行，本质上是典型的实体性公众参与形式，也是公众参与生态环境治理的程度不断深化的表现。

在中国，虽然目前环境听证会存在着诸多问题：需要听证的环境决策领域狭窄、对听证范围的界定过于模糊、听证代表选任机制不健全、听证程序随意、未能体现听证的核心精神、听证笔录的效力和地位低等。[175]但环境听证会仍是公众能够对环境决策的结果产生实质性影响的重要参与方式，这也是实体性公众参与同象征性公众参与的根本区别所在。公众参与的民主性一方面体现在是否存在参与的客观事实，另一方面表现于参与过程中是否有知晓及表达政策建议的权利，并且意见与建议是否对环境决策产生实质性的影响。换言之，公众不仅要为政府环保部门提供生态信息或者专业知识，使之成为公共决策的依据，而且要营造主流公共价值理念使生态环境决策更具有指向性，其精髓在于以协商和论辩的理念重塑环境决策流程。因此，环境听证会所展现的实体性公众参与形式是实现生态安全决策民主性与科学性的重要手段。

3.4.5 生态环境专家咨询：增进生态认知的实体性参与

生态环境专家泛指具有生态环境专业知识、技能或者生态环境治理专长的人，专家参与是城市生态安全治理中普遍存在的参与形式。此处的专家参与是一种独立的、以专家咨询为主要路径的公众参与方式。生态环境专家对于城市生态问题、生态安全治理技术手段等进行过较为全面和深入的研究并积累了相当丰富的治理经验。因此，相对于政府环保部门工作人员和公民等其他参与主体更具有专业优势。现实中，生态环境专家的"理性强化"功能有力地体现在公共事务的应对过程中。例如，美国早期设立的咨询委员会，只是为了以较低的成本获取商业、工业或其他专业领域的技术和经验资源，以促进行政决策的优化。[176]当下，生态政策领域所涉及的事务和需处理的问题日益繁杂，其中许多难题需要具备专业技术性知识的专家进行指导与帮助。因此，适时寻求专家的技术支持日益成为行政人员处理公共事务的必要手段之一，一些规范性法律法规也明确将专家咨询纳入科学化决策的必要流程。

在中国，政府已出台针对专家咨询与论证的规范性文件。2013年，《国务院工作规则》规定："国务院及各部门要完善行政决策程序规则，把公众参与、专家论证、风险评估、合法性审查和集体讨论决定作为重大决策的必经程序，增强公共政策制定透明度和公众参与度。"[177]虽然生态环境专家咨询在现实中存在着专家意见有失客观、专家咨询存在形式主义、专家无法保证价值中立的态度、专家越位、专家知识有限等问题，甚至在很多情况下，专家意见不能够被行政人员接受、采纳或推广，但生态环境专家咨询作为实体性公众参与的形式之一，仍是政府进行生态决策的重要智力支持。专家咨询以生态科学和知识为基础，其作用是帮助政府应对城市生态安全治理中的诸多现实问题，提高生态决策质量和科学性。因此，生态专家咨询作为一种重要的实体性公众参与形式，其重要性日益凸显。

3.4.6 网络参与：完善生态系统的互动性参与

随着网络技术的不断发展，微博、微信、QQ等软件逐渐成为公众与政府间互通信息、沟通与交流的平台，行政决策中的公众参与方式越来越多的以网络参与的形式出现，互联网成为具有利益相关性的社会公众参与社会治理活动的重要载体。此处的网络参与是指公民的网络政治参与,即公民借助互联网络表达自己的政治意愿、参与政治活动,对政治系统的决策施加影响的行为与过程。[178]在城市生态安全治理的实践中,公众网络参与同样扮演着重要角色。从广州番禺垃圾焚烧发电厂事件中不难发现:公众一开始并未认识到垃圾焚烧的不利影响,也未认识到建立垃圾焚烧发电厂会对自身利益带来何种损害,后经"樱桃白"等热心网友通过网络、论坛等信息平台的呼吁与宣扬,事件渐渐进入普通大众视野,其关注度与日俱增,尤其是大量周边居民也通过网络参与的形式向政府环保部门表达了对该事件的态度与看法,最终促使环保部门不得不对此做出回应。由此可见,公众网络参与和政府决策有着必然的密切关联,公众参与是网络时代政治社会生活中不可或缺的组成要素,是监督和提升政府和公共事务管理者治理效果的惯常途径。

城市生态安全治理中的网络参与是较为直接、快捷、有效的公众参与方式。一方面,它借助网络媒体的传播力量给环保部门施加压力,促使政府部门明确环境政策的公共性价值取向,提升政策科学性与政府公信力。长期以来,受传统环境决策模式影响,中国环境政策的制定多由环保部门主导,该种精英主义引领下的生态安全治理模式相对排斥公众参与。依据公共选择理论,任何社会主体都存在"经济人"的逐利本性,环境政策制定者也会因自利性有选择性地制定并施行环境政策,进而偏离环境政策自身的价值设定。而网络参与中的无缝隙监督及沟通机制会对政策权力主体进行制衡,一定程度上防止权力滥用或违背公共利益的事情发生。另一方面,网络参与能避免生态决策参与主体单一性的弊端。目前,中国城市生态安全治理中一个普遍存在的现象是参与主体的参与不足。公民、非政府组织、企业等社会参与主体的参与行为很大程度上影响着生态政策质量与科学性。网络参与的兴起与发展为公众广泛参与提供了平台,广泛的参与者拥有多元化的利益诉求及价值主张,参与过程则是参与主体与环保部门间利益博弈的过程。因此,公众网络参与既能防止强势利益团体把公共利益私人化,又能维护环境政策的公共价值性,是一种值得推广、收益良多的互动性公众参与形式。就公众参与形式的多样化程度而言,可从图3-4中看出。

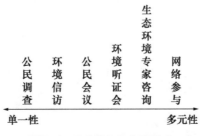

图3-4 公众参与与交流形式

总体来看，在公众参与城市生态安全治理的实践中，许多参与公众听证会和接受公民调查的公众根本不发表自己的观点。相反，他们以被动的观察者的身份听取有关政策或项目信息，他们作为旁观者在政府官员、利益团体间审时度势。其他一些诸如公民会议、生态环境专家咨询、网络参与等形式却允许参与者探索、拓展、甚至改变他们的喜好和认知。它们鼓励参与者深入了解会议议题，在条件允许的情况下为其提供教育或宣传材料，以帮助参与者更好地认识生态环境政策价值性和实施的可能性。在此情况下，参与者可以就讨论议题相互交流而不是单一地听取专家、政客或者政策支持者的意见。因此，丰富公众参与形式是提升城市生态安全治理成效的题中之意。

第4章

中国城市生态安全治理中公众参与面临的困境

伴随着公众参与相关法律、法规的颁布与实施，中国城市生态安全治理中的公众参与逐步走向细致化、规范化发展态势。公众对生态资源、生态利益的合理占有与分配是公众参与生态安全治理的初衷，同时也是生态系统得以正常运转的外在动力。然而，面临层出不穷的城市生态安全问题，公众参与治理的广度与深度仍待扩展与加深。具体来看，公众参与城市生态安全治理的实践中，主要存在着公众对于政府治理支持率较低、参与主体间权利与地位的界限模糊、治理效果不佳的问题。

4.1 公众参与主动性和意愿总体不足

合法性是指公众对于政权的认同和政府治理过程的配合程度，合法性的高低直接影响政府治理绩效。在城市生态安全治理中，生态环境政策或治理行为的合法性是指公众有理由认同或者支持该政策，公众对于政府治理过程的认同是实现公众自愿参与的前提条件。实践中，如果政府真的是为了大多数人谋求福利而进行的治理，那么公众没有理由不表示支持，而合法性危机的出现源于政府行政人员和公众间治理意向存在差距并不断加大。通过对X市公众参与城市生态安全治理的案例分析，可以发现政府在城市生态安全治理中仍面临着合法性问题。

4.1.1 案例分析：X市"市民城管通"项目

为激励、引导市民主动参与到城市治理，按照"为百姓服务，请百姓参与，让百姓满意，打造百姓城管"工作要求，X市城管局组织研发了"市民城管通"网络电子系统。市民能够通过该系统上报城市管理问题，既便于市民主动参与城市管理工作，又利于城管部门集中高效的处理市民关注的城市管理问题，进而形成城管部门与市民的良性互动机制，使市民成为发现并举报城市管理问题的"城市啄木鸟"。

以公众参与为主要内容的"市民城管通"具备以下功能。首先，监督功能。市民发现积存垃圾、占道经营、道路破损及非机动车乱停乱放等城市管理问题，可用手机实名注册并登录系统后，拍照并编辑问题相关信息后提交至数字城管系统，由系统派遣至各责任单位进行处置，并将问题处置情况纳入城市长效管理考核机制。系统对问题的处置情况通过手机短信形式向市民反馈，对符合奖励条件的兑现奖励。其次，服务功能。市民可通过该系统查询公共自行车、公厕、停车站、公交站点位等信息。最后，留言互动功能。市民可参与城市管理问卷调查，对城市管理工作或城管行政执法工作提出相关建议意见，并进行网上留言。

X市城管局于2016年3月17日召开新闻发布会，宣布"市民城管通"APP上线运行，通过试运行搜集的问题，重新制定奖励标准，规范工作流程，并于2016年11月15日正式运行。通过精心建设，制定工作标准和考核办法，落实责任制，激励引导市民主动参与到城市管理当中，"全民城管"的初步目标得以实现，从项目运行至2017年8月底，注册人数4万多人，市民共通过"市民城管通"APP上报案件56万余件，经认定审核通过的有效案件17.6万余件，结案17.5万余件，结案率99.26%，每月向市民发放奖金约90万元左右，累计发放832万余元。获得国家住房和城乡建设部、省及其他城市的高度评价，产生多重社会效益。

X市运用互联网技术不断探索与创新公众参与城市生态安全治理的实践，取得了一定的成果。长远来看，为提升创建文明城市氛围，巩固环卫、信息采集市场化长效管理成果，市城管局将加大宣传和推广力度，深入开展"走千家，进万户"活动，帮助百姓掌握应用"市民城管通系统"。另一方面，通过加强"城管-公安"联动机制建设，发挥研判成效，打击造假现象，能够尽可能营造一个公正的城市环境。

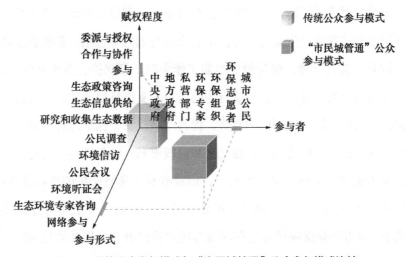

图4-1 传统公众参与模式与"市民城管通"公众参与模式比较

如图4-1所示，与传统公众参与模式相比较，"市民城管通"公众参与模式将参与主体的范围由以往的政府扩展至城市公民,只要有参与意愿,普通公民也可以积极有效的投身于城市生态安全治理中;赋权程度处于鼓励公众"参与"的中级阶段,较生态信息供给、生态政策咨询而言,公众参与程度较深且掌握更多的参与权利;参与形式则采用更易为公众所接纳的"网络参与",借助互联网科技平台的优势,丰富参与形式,这比传统的公民调查、环境信访而言更具便捷性和有效性。总体来看,"市民城管通"公众参与模式是对传统单维度、平面性的公众参与模式的超越与提升,具有诸多值得借鉴之处。但与此同时,该种参与模式在实践中仍存在一些问题值得人们思考。

4.1.2 参与主体间沟通渠道少且项目知晓率低

长期以来,中国政府在城市生态安全治理中作为唯一的组织者、管理者,扮演"全能型"政府角色。政府致力于对城市生态资源的分配、监管人员的安排等环节,力图通过组织、协调、控制等手段提高城市生态系统发展水平。该种"集中式"管理模式忽视了公众在城市生态安全治理中的作用,减少了公众与政府交流沟通的机会,降低了公众对政府治理效果的满意度,对公众参与城市生态安全治理产生了许多负面影响。

毋庸置疑,沟通与交流是公众与政府人员之间增进认知与了解的有效路径,也是增进政府治理合法性的举措之一。公众参与城市生态安全治理的过程是公民与政府人员就某些生态环境政策或问题进行交流与沟通的过程。该种双向交往过程有利于增进公众对政府生态安全治理过程的了解,从而提升公众对政府治理效果和治理能力的认可度和满意度。根据国家有关规定,生态环境保护中公众参与的内容包括:积极参加环境建设,努力净化、绿化、美化环境;坚持做好本职工作中的环境保护,为环境保护尽职尽责;参与对污染环境的行为和破坏生态环境行为的监督,支持环境执法,促进污染防治和生态环境保护;参与对环境执法部门的监督,促其严格执法,保证环境保护法律、法规、政策的贯彻落实,杜绝以权代法、以言代法和以权谋私;参与环境文化建设,普及环境科学知识,努力提高社会的环境道德水平,形成有利于环境保护的良好社会风气。[44]以上参与内容的实现需要高效、多样化的参与途径。从前,公众参与方式及交流形式少,效率低下。X市公众反映城市生态问题多通过拨打电台、报社的12345、12319"市民热线",或通过"114"电话查询平台转接政府相关部门热线,上报问题时不仅程序繁琐,而且有关信息通过层层传递,往往存在失真的现象,造成案件处理效率低下。一方面，市民怨声载道，另一方面，也考验了政府的公信力。

与此同时，虽然X市城管部门采取多种方式向城市公众介绍"市民城管通"APP的基本使用情况和奖励机制，但市民对此知晓率仍旧较低。2017年，为培养"城市啄木鸟"、提升创建文明城市氛围，巩固环卫、信息采集市场化长效管理成果，城管局加大宣传和推广力度，深入开展"走千家，进万户"活动，帮助百姓掌握应用"市民城管通系统"。目前，市城管局向市民发放25万份宣传画册、5万副宣传扑克，省、市级媒体报道10余次，通过广泛宣传，推动城市管理问题社会监督公众参与机制的实施，现已初步实现了"人民城市人民管"的良好氛围，目前系统活跃用户两万余，培养了大批"城市啄木鸟"。虽然城管部门为该项目的推广做出了诸多努力，但截至2017年底，市民对于该项目的知晓率仍不足50%，公众参与力度存在很大的提升空间。因此，鼓励公众了解参与城市生态安全治理的路径并使其真正参与到治理的实践中，并切实理解城管部门对于城市治理所做出的努力，是政府部门获得公众认可与支持的前提条件。

现今，互联网科技平台的升级创新了公众参与形式，但新兴产品的推广与应用仍面临受众接受能力、宣传力度低等诸多困境。诚然，互联网+手机的快速发展使信息的传递更为便捷高效，也使公众参与城市生态安全治理的形式更加多样化。"市民城管通"APP的研发与推广就是创新公众参与形式的典型代表。市民通过"市民城管通网站"最上排"手机端软件下载"栏下载安装APP客户端或扫描二维码登录市民城管通手机平台，登录平台后可以进行相关信息查询。点击"案件办理"模块后，需使用真实的手机号码注册，经验证后登录，认真阅读"案件上报说明"，严格按照《市民城管通案件上报使用说明》中案件上报说明进行问题上报。据调查，市民从发现城市管理问题，到登陆APP，再到成功上报案件，平均耗时约4至5分钟。案件一旦上报，便会同步传输至市数字化城市管理监督指挥中心数字城管系统，由相关部门进行下一步的处理。由此可见，互联网科技平台不仅丰富了公众参与途径，也大大提高了政府治理效率，增进了公众对于政府治理效果的满意度。但是，新兴互联网技术在生态安全治理中的应用与推广仍需时间，这种全新的公众参与方式在得到公众的普遍认可之前仍需社会大众，尤其是政府的广泛宣传。"市民城管通"APP的推广同样面临此种困境。

4.1.3 项目参与的总人数较少

公众参与城市生态安全治理的人数是衡量参与度高低的重要指标。参与人数的变化与公众参与意愿、公众对政府治理的认同程度、政府的宣传引导力等因素密切相关。现实中，参与主体的数量低是公众参与发展迟缓的表征之一。

"市民城管通"项目实施前期参与人数显著增加，但较城市总人口而言，参与人数仍处于较低水平。项目自2016年11月正式运行以来，"城市啄木鸟"热情高涨，项目运行半个月以来，市民城管通已经被下载了1000余次，共有6000余名市民登录了"市民城管通"APP，收到市民投诉的城市管理类问题700余起，按时处置率96%。至2017年8月底，注册人数达4万多人，市民共通过"市民城管通"APP上报案件56万余件，经认定审核通过的有效案件17.6万余件，结案17.5万余件，结案率99.26%。另一方面，就奖励金额而言，APP正式运行三个月以来，共发放奖金约200万元。其中，2016年12月5日，市城管部门首次发放奖金78万余元，领取人次800余人；2017年1月5日，第二次发放奖金76万余元，领取人次达1400余人；虽然前两次发放奖金虽然数字上差异不大，但相比之下，第二次发放奖金涉及1400余人，比第一次800余人多了近一倍。这表明，公众较为积极地投身于城市治理中，参与人数与上报案件增多，参与人数覆盖范围更广，已从主城区范围扩展至其他区域。但不难发现，项目运行2个月以来，发放奖励金人数共计2200余人；项目运行一年以来，注册总人数为4万余人，相对于主城区338万人口而言，参与人数仅占总人口的1.2%，公众参与度仍处于较低水平。[179]总体参与人数增长缓慢从侧面反映出公众参与意愿及对于政府城市治理认知度和支持度相对较低。

4.1.4 项目参与主体类别相对单一

高度化的公众参与需要将不同年龄层次、职业、受教育程度的公民纳入参与体系中，实现参与主体种类的多样化和数目的定量化。现实中，参与主体的类别单一仍是制约公众参与发展的瓶颈之一。

"市民城管通"项目参与目标群体虽面向所有公众，但现实中，由于时间、空间、认知水平等主客观因素的制约，参与主体类别较为单一。该项目的实施是公众参与城市生态安全治理的直接体现，也凸显政府积极引导公众参与治理的决心，而多元参与已成为各国城市治理的趋势。这源于政治学科对于民主理论和实践的总结，其中的"元"并不代表个体，而是以特定尺度划分的小群体组织。其内在逻辑是组织多元和社会制衡，[180]换言之，与城市生态安全治理的利益相关者，均可参与治理过程，对利益相关者最经典的定义是"对组织目标影响或者被组织目标实现所影响的个人或群体"。[181]

实践中，X市参与生态安全治理的主体除了城管人员、市场化环卫保洁公司之外，更多的是城市普通公众。他们发现身边的垃圾暴露、环境污染、店外经营、占道经营、道路破损等城市管理问题后，通过登录"市民城管通"APP，将所遇到的城市管理问题进行拍照并简单编辑问题内容等相关信息，最终通过点击"提交"按钮，及时上报至市数字化城市管理监督指挥中心数字城管系统，并由相关部门及时解决问题。通过手机APP上报生态安全事件，看似简单，却也需要参与者付出时间与精力，并掌握一定程度的熟练使用手机能力。然而，城市中的青年人忙于工作，大多无暇参与；退休的市民有参与热情却不能熟练掌握上报流程，最终参与热情渐渐消退。这种两难困境无形中给为公众参与设置了种种门槛，诸多限制条件使参与主体多局限于既有参与积极性、时间，又能熟练操作手机的单一人群，进而参与人数增加缓慢也是意料之中。

4.2 参与主体间权利与地位的界限模糊

长期以来，中国城市生态安全治理深受"城市经营"理念及《雅典宪章》所倡导的"城市区隔化管理"思想的影响，城市生态安全治理系统是一个封闭性的孤立体系。其中，政府主导型治理模式及思维定式成为优化城市生态安全治理模式的制度困境。面对着城市迅猛发展而引发的生态环境危机，公众参与、公众利益、政府治理权力成为社会备受瞩目的议题。然而，公众作为城市生态社会的基本构成单元，在参与生态安全治理中，却存在着参与过程受排斥、意见建议不被采纳、利益受损等问题。

4.2.1 案例分析：六里屯垃圾焚烧发电厂项目

六里屯垃圾焚烧发电厂项目位于北京市海淀区西北旺镇境内，建立在原先的垃圾填埋场的基础之上，由北京市发改委审批。这一项目规模浩大，建成后可以日处理生活垃圾1200吨。2005年，北京市环保局批复有关该项目的环境影响报告书，这一批复其实在1995年就已然成型，当时，北京市环保局明文指出，在这个地方建设垃圾填埋场并不具有可行性，同时，从环保的角度而言，在垃圾填埋场方圆500米之内的现有设施都应当予以搬离，永久性居住设施也不应该施工兴建。但在2005年后，该地区周边陆陆续续新建了不少小区，如百旺茉莉园等。

从最近几年来看，垃圾填埋场臭气熏天，周边社区的居民深受臭味之害，生活质量堪忧。从2005年开始，居民为了解决这一问题，持续不断地到政府部门表达诉求。同时，这一问题让当地人大代表颇为忧心，政协委员也纷纷聚焦于此，在进行实地考察之余，人大代表及政协委员于当年年底就此事进行提案。当地政府对此高度重视，并于次年年底就进行了答复：政府对垃圾填埋场进行重新规划与设计，依托于原址建造修建垃圾焚烧厂，以期居民诉求得以解决。此外，同时连带解决垃圾数量居高不下、填埋不力的问题。

2006年年底，新建垃圾焚烧厂的消息传到附近小区业主耳中，业主委员会迅速召开会议，小区业主们达成一致意见：要求当地环保局进行项目环保评估。2007年初，环保局出具环保评估报告，但是业主对此存有异议。随后，业主代表李惠兰等人将这一问题提请至国家环保总局，提出行政复议的申请，申请将北京市环保局的《复议》报告予以撤销。业主们的行为依据是《关于加强生物质发电项目环境影响评价管理工作的通知》的有关规定，即无论是在城市规划区还是建成区或是居民生活聚居区，生活垃圾焚烧发电项目不得位于主导风向的上风向。而困扰居民的垃圾焚烧厂正是此类情况。在业主的积极奔走之余，媒体也参与其中，为民众发声，传达民意诉求，最大程度保护民众的合法权益免受侵害。此外，业主还创建"反对建垃圾焚烧厂协调中心"，在小区散发宣传材料，力求小区居民对这一情况能够有全面的了解，搜集扰民证据，以期后期诉讼材料足够丰富，为胜诉做好充足的准备。

最终，在公众与媒体的不断努力之后，环保部给出最终的答复，即垃圾焚烧厂在核准后方能施工。在征求公众意见之后，这个项目的建设单位应该将进一步论证的过程和征求公众意见的结果，报送北京市环保局核准，北京市环保局核准后应该公告，如果未经公告，项目不能开工建设。[182]

在六里屯垃圾填埋厂及六里屯垃圾焚烧发电厂项目中，公众参与过程涵盖公众参与的主体、公众被赋权程度、公众参与形式三个方面的内容，符合"P-E-C"空间参与模式中对于公众参与的分类与解读。通过将两个项目进行比较，不难发现，在六里屯垃圾焚烧发电厂项目中，公众参与的主体、参与的广度与深度都有不同程度的增加，如图4-2所示。

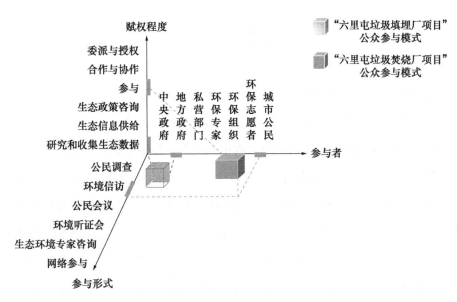

图4-2 "六里屯垃圾填埋厂项目"与"六里屯垃圾焚烧厂项目"公众参与模式比较

首先,就参与主体而言,填埋厂项目在规划与运行阶段,相关部门并未积极征求公众的意见与建议,参与主体以地方政府及相关部门为主,发电厂项目运行以后,周边居民意识到参与的必要性,主动投身于维权活动中,参与主体范围扩展到普通公众。其次,就公众赋权程度而言,填埋场项目中,公众并未充分享有项目知情权、决策参与权和运行参与权。因此,该维度中,向公众提供生态信息供给、生态政策咨询的服务并未完全实现。此外,发电厂项目中,利益相关群众向北京市环保局提出提供环评报告的要求,这是公众行使参与权的直接体现。最后,就公众参与形式而言,由于填埋厂项目的推行较少的征求了当地居民的意见,因而并未存在实质性的公众参与形式。而发电厂项目中,利益相关的居民通过环境信访的形式向国家环保总局等主管部门提出申请,要求撤销建立该厂的相关决定,这是公众参与形式维度中"环境信访"环节的直接体现。

总体来看,虽然两个项目的内容都有很多相似之处,但项目最终实施的结果却大相径庭。填埋厂项目在完成后,给附近居民的生活带来了巨大的负面影响;发电厂项目最终被搁置,附近居民的正常生活暂时不会受到严重的威胁。发电厂项目的失败是公众合法行使生态安全治理参与权的结果,也是公众参与生态安全治理的有益尝试,不仅保障了公众的基本生存权利,同时也为政府推行生态政策提供和经验和教训。与此同时,通过对两个项目进行比较的总结,仍然发现其中存在一些不足。

4.2.2 公众参与主体性地位低且政府主导现象突出

公众参与城市公共政策的制定是实现公众参与权利的有效路径，然而，现实中，许多生态政策却在未充分征求公众意见的前提下出台并施行。这一方面不利于公众行使参与权，另一方面也反映出城市生态安全治理中正义性、公平性缺失的现象。此案例中，早在1995年，北京市环保局明文指出：在这个地方建设垃圾填埋场并不具有可行性。同时，其从环保的角度还指出，在垃圾填埋场的方圆500米之内现有设施都应当予以搬离，永久性居住设施也不应该施工兴建。但2005年后，该地区周边陆陆续续新建了不少小区，如百旺茉莉园等。这不仅对该地区的空气与地下水源造成严重的污染，更使周边居民患病率明显增高。尽管环评审批对于垃圾填埋场的建设持反对态度，但最终仍正常建设并运行，最终产生的结果是居民怨声载道，只能无奈地等待填埋场被填满的那一天。

毋庸置疑，生态系统作为与公众自身生存发展密切相关的客观环境，对于公众身心健康发展至关重要。公众有权参与与生态系统运行相关联的公共事务治理活动，这不仅是对公众基本政治权利的保障，也是社会政治民主化发展的必然要求。在中国，政府的主导性成为城市生态安全治理中的突出特点。在各级政府的运行模式中，上级政府对于生态资源拥有支配权，在城市生态安全治理中扮演主导性角色，公众参与公共事务意愿受到一定程度的影响，参与范围缩小、参与效能弱化。最终，导致政府与公众间多种关系的不协调和严重失衡，公众参与权利的缺失和不受保障。此案例中，公众作为垃圾填埋场的直接利益相关者，却较少有机会参与整个项目的运行。由此可见，如何正确处理政府治理权力与公众参与权利的关系成为该项目中不可避免的难题。

4.2.3 公众参与相关生态决策的范围和程度有限

政府对于公众参与的重要性的认识有待提升，公众政策建议较少被采纳。2006年年底，新建垃圾焚烧厂的消息传到附近小区业主耳中，业主委员会迅速召开会议，小区业主们达成一致意见，要求当地环保局进行项目环保评估。2007年初，环保局出具环保评估报告，但是业主对此存有异议。存有异议的内容主要有以下几点：没有客观描述环境现状、未进行建设项目依托设施的可行性分析、地下水检测未反映本地区主要水质情况、环境影响评价工作级别选择不当、公众参与部分实施不当、内容缺失、结论错误、环评报告审批程序不当等。

在"六里屯垃圾焚烧发电厂"项目提出之前,当地政府部门并未充分意识到公众参与的重要性与可行性,对于项目实施可行性、垃圾焚烧的负面影响、附近居民的态度调研不充分,进而项目开展并未得到公众的积极支持。随后,即便公众行使了项目参与权、向北京市环保局提出提供环评报告的要求,报告的内容也未完全满足公众实际要求。换言之,项目直接利益相关方对于项目制定与实施存在严重分歧,项目出台后,公众对于该项目的意见建议并未完全被相关部门采纳。业主代表李惠兰等人将这一问题提请至国家环保总局,提出行政复议的申请,申请将《北京市环保局关于海淀区垃圾焚烧发电和综合处理项目环境影响报告书的复议》予以撤销。至此,公众对于"垃圾焚烧发电厂"项目的反对之声才逐渐进入大众的视野,引起相关部门和媒体的广泛关注。

由此可见,一方面,"垃圾焚烧发电厂"项目所引发的利益纷争是众多生态安全项目所具有的普遍特征,也是政府部门未全面采纳公众政策建议的具体体现。另一方面,就项目出台过程而言,由于项目自身的复杂性和多变性,政府部门并未将项目可能出现的问题及时告知公众,也缺乏对公众可能持有的反对意见做出充分的预期,最终造成公众维权方式及路径选择的复杂化。

4.2.4 公众基本的生态利益严重受损

现今,新型城镇化进程在加快,城市治理中面临的矛盾冲突日益增多,公众对于公共利益的关注度日益增高。在"六里屯垃圾焚烧发电厂"项目中,通过环评报告的具体分析可知,项目一旦执行,对于周边居民身心健康带来的损害是不可估量的。事实证明,现有的六里屯垃圾填埋场已经威胁到了公众利益。六里屯垃圾填埋场的建立对于空气与地下水源造成了严重的污染,导致附近居民患病率明显增高。"从目前中国兴建的垃圾场(厂)来看,垃圾车常年不停地运输,路面有垃圾的痕迹比比皆是,空气中飘着浓郁的垃圾臭气。看不到的地下水污染的风险、致癌等致病气体超标现象比较严重。甚至有的垃圾场渗滤液外溢,激怒周围居民的事情也时有发生。"[183]因此,在可预见的范围内,该项目的出台不仅会对居民身心健康产生负面影响,也是对公众公正享有生态资源权益的侵害,这从侧面反映出在城市生态安全治理中参与主体参与权利正义性的缺失现象。

与国家、政府利益不同，公众利益是指民众的利益，或称为群众利益，它是一切公共政策的出发点与归宿点，也是公民享有的基本利益。公众利益与社会、经济环境相协调，在城市社会经济发展过程中，公众利益时常受到不同程度的损害。有学者认为："现代城市本质上是个经济运行体系，同转轨经济中的企业需要革新传统的治理结构一样，城市治理范式改革的首要任务是鼎新城市治理结构，把一座城市视为一个企业，将企业经理制度引入城市治理，按企业治理的模式治理城市，已被历史证明是城市制度改革的方向。"[184]该种以"收益至上"为指向、并将城市政府视为研究对象、注重分析其作为社会事务管理主体的"城市经营"范式符合中国自由、平等、开放的社会主义市场经济发展目标，但"重经济建设、轻社会管理"的行为方式在给城市发展带来规模效应的同时，也衍生出诸多问题。实施"垃圾焚烧发电厂"项目，实质上在一定程度内损害了对公众利益和公众参与权利。

4.3 城市生态安全治理整体效果不佳

城市生态安全治理结果是城市生态安全治理有效性的直接体现。治理有效性的高低可以从城市生态环境质量、地方财政生态环境治理支出效率、公众对政府的生态安全治理能力的信任度等方面加以考量。实践中，城市空气质量、水环境质量、固体废物管理水平有待提升、环境治理财政支出与收益比较低、公众对政府信任度及满意度不高，以上问题成为制约城市生态安全治理有效性的重要因素。

4.3.1 城市生态安全形势面临严峻考验

城市生态环境质量是衡量城市生态安全治理效果的重要标准。通常情况下，城市生态环境质量主要包括空气质量、水环境质量、固体废弃物及化学品环境管理水平三个方面。通过分析2006～2015年中国生态环境部发布的《全国环境统计公报》中的相关数据，我们可以看出：十年来，中国在废气排放、废水排放、工业固体废弃物的管理方面取得了一些成果，各类别污染物排放总量总体呈现下降趋势；但同时，不得不承认：污染物排放总量基数较大，个别污染物排放量下降缓慢或出现增长势头。这表明，城市生态环境形势依然严峻，城市生态风险突出，城市生态安全治理任务仍然艰巨。

首先，全国废气排放量基数大，治理成效较低。环境空气是人类生态系统中最重要的构成部分，空气质量的好坏对于公众的身心健康存在较为直接的影响。有观点认为：空气比食物和水更重要。因此，降低空气污染物排放量、提升空气质量成为城市生态安全治理的重要内容。举例来看，目前，全国废气排放物主要包括：二氧化硫、氮氧化物、烟（粉）尘。以二氧化硫排放为例，它是人类最早关注的空气污染物，也是造成空气污染的主要污染物。仅2015年，全国二氧化硫排放量1859.1万吨，其中，工业二氧化硫排放量为1556.7万吨、城镇生活二氧化硫排放量为296.9万吨。[185]如图4-3显示，2006~2015年，除2011年全国二氧化硫排放量较上一年度增长2%以外，总体呈下降趋势，平均年降幅达4%。其中，二氧化硫排放主要来源于工业二氧化硫及城镇生活二氧化硫的排放。现今，虽然中国政府采取诸多措施实时监控全国城市空气质量并发布相关指数，但仍存在全国废气排放量降幅迟缓、民众对于政府空气治理满意度较低等问题。

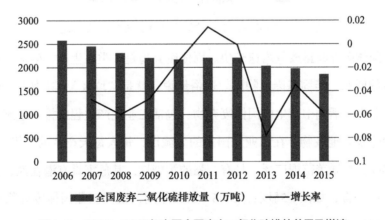

图4-3　2006~2015年中国全国废弃二氧化硫排放总量及增速

其次，全国废水排放总量持续增长。水环境是城市生态系统的重要组成部分，也是政府进行城市生态安全治理的重中之重。水环境是自然界中水的形成、分布和转化所处空间的环境，是围绕人群空间及可直接或间接影响人类生活和发展的水体。相比较空气环境质量，水环境质量具有有形性及易观测性，其质量的高低直接决定公众的日常生活水平。2017年，按照全国集中式生活饮用水水源水质监测信息公开方案，中国政府组织地级及以上城市按月公开集中式的对生活饮用水水源水质进行监测。如图4-4显示，2006~2015年间，全国废水排放总量总体呈上升趋势，平均年增幅达4%。其中，全国废水排放主要来源于工业废水及城镇生活污水排放。仅2015年，全国废水排放总量735.3亿吨。其中，工业废水排放量199.5亿吨、城镇生活污水排放量535.2亿吨。现今，中国政府已印发《城市地表水环境质量排名技术规定（试行）》，规范城市地表水环境质量排名和信息发布工作。并且，在环境保护部政府网站、中国环境监测总站网站实时发布全国主要水系131个重点断面水质自动监测站pH值、溶解氧、高锰酸盐指数和氨氮4项指标监测数据。但全国废水排放量仍存在缓慢上升、城市污水处理水平较低、污染河流及水域不断增大等水污染治理问题。

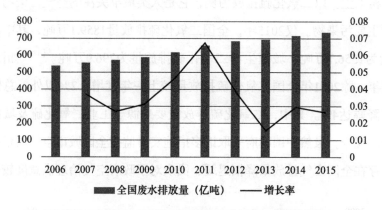

图4-4　2006～2015年中国全国废水排放总量及增速

再者，固体废弃物排放量增速较快。固体废弃物是人类在生产、生活、消费和其他活动中产生的固态、半固态废弃物质。通俗地说，就是"垃圾"。其中，工业固体废弃物是指在工业生产活动中产生的固体废弃物，包括工业生产过程中排入生态环境中的各种废渣、粉尘及其他废物。在工业化国家的大城市，每人每天产生的垃圾通常是1千克左右。固体废弃物涵盖范围广泛，具有较强的污染性，其危害具有潜在性、长期性和灾难性。就中国而言，如图4-5显示，2006～2015年间，全国工业固体废弃物总量总体呈上升趋势。其中，2006～2010年度增幅较大，数值为12%，2011～2015年度增幅较小，数值为7%，总体年平均增长率达9%。由此可见，较全国废气排放量-4%、废水排放总量4%的增速而言，工业固体废弃物排放总量增速较快，已成为城市生态安全治理中的难题。仅2015年，全国一般工业固体废物产生量32.7亿吨，综合利用量19.9亿吨，贮存量5.8亿吨，处置量7.3亿吨，倾倒丢弃量55.8万吨，全国一般工业固体废物综合利用率为60.3%。[185]现今，虽然中国政府已及时调整进口废物管理目录，印发《进口废物管理目录》《进口废纸环境保护管理规定》，修订《限制进口类可用作原料的固体废物环境保护管理规定》。同时，在环境保护部政府网站发布《关于汞的水俣公约生效公告》

《关于调整〈新化学物质申报登记指南〉数据要求的公告》《新化学物质环境管理登记生态毒理测试数据现场核查指南》等文件。但仍存在工业固体废弃物总量上升、工业固体废弃物分类不明确、废弃物回收利用率较低、废弃物污染范围不断扩大、固体废弃物处理技术落后等生态安全治理难题。

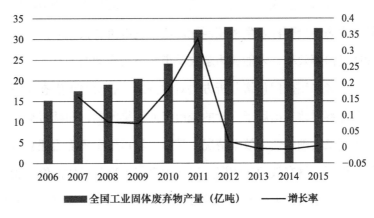

图4-5　2006~2015年中国全国工业固体废弃物排放总量及增速

4.3.2　地方财政中生态安全治理支出效率较低

长期以来，追求经济效益是中国城市发展的重心。然而，粗放式经济增长模式造成能源消耗过高、污染排放力度较大等生态安全问题。分税制改革后，地方政府财政收入总额持续下降，因而地方政府用于城市生态安全治理的财政资金总额也相对较低。这对于城市生态安全问题的解决十分不利，也成为制约城市经济与社会良性发展的重要因素。

城市生态安全治理具有公共性。这种公共性指生态资源作为公共物品的有机组成部分，具有公共物品的特性，即生态资源自身具有非排他性和有限的非竞争性。在对生态环境的保护中，政府的财政支出扮演重要角色且承担重要责任，这也符合公共财政基本理论对于政府职能的定义。环保投入作为一种政策性、战略性、公益性投资，是国民经济长期稳定增长和社会健康发展的需要，也是市场经济体制下公共财政的一项重要支出职责。政府的生态安全治理责任，应当遵循"一级政府、一级事权、一级财权、一级权益"的原则。[186] 中国政府对于生态安全治理的管辖权应与生态安全问题的影响范围相一致，属于地方性生态安全问题的，应该由地方政府负责。中国《环境保护法》第十六条明确规定："地方各级人民政府，应当对本辖区的环境质量负责，采取措施改善环境质量。"因此,城市生态安全问题通常情况下应由地方城市政府负责。

城市生态安全问题的应对离不开必要的财政投入。有关城市生态安全治理财政投入的高低对城市生态环境质量起关键性作用。目前,中国城市生态安全治理的资金投入主要来自政府的财政拨款。城市作为工业聚集地,是环境受污染程度最大的区域,这对中国社会的生态环境承载力造成了巨大的挑战。政府每年环保投入资金的增长率仍无法与日益增高的城市生态安全事件发生率相匹配。既然现有资金投入数额一定,那么唯有提高治理有效性或是治理效率,才能成为解决城市生态安全问题的有力举措。

2008年,有学者采用数据包络分析方法对中国29个省份城市生态环境治理支出效率进行评估。主要考察财政支出用于一般的城市工业污染问题,即城市空气污染、工业废水以及城市烟尘污染治理的使用效率情况。其中,城市生态环境治理支出效率是指在给定财政投入的条件下,最有效地运用资金以实现良好治理效果的评价方式。调查结果显示:从财政政策看,全国绝大多数省份的城市环境治理的规模报酬(规模报酬是指在其他条件不变的情况下,企业内部各种生产要素按相同比例变化时所带来的产量变化)处于递减状态,西部地区的城市治理支出效率比东部地区和中部地区更高。此外,通过分析影响各省份城市环境治理支出效率的因素表明:人均GDP对财政支出效率值有较为微弱的正效应,而财政分权程度的影响是负的,即财政分权程度与城市环境治理的财政支出效率是负相关关系。城市中工业企业数如果超过10000家,则对财政支出效率的影响为负。[186]

不难发现,地方政府城市生态安全治理的支出效率较低。换言之,政府治理城市生态安全问题的有效性有待提升。现实中,城市中工业企业数量较多、政府财政支出结构与治理方式不佳,用于生态安全治理的预算资金被挤占或浪费、缺乏财政预算约束机制和有效的监督机制等都是治理效率低下的表征。

4.3.3 政府在城市生态安全治理中存在信任危机

政府信任是政治信任中的重要组成部分。通常意义而言,政治信任有两个重要维度:一是对现任政府以及在任政治权威的信任,一般称为政府信任;二是对政府体制和政治制度的信任,一般称为政体信任或政制信任。[187]城市生态安全治理中,主要从公众对于现任政府的信任维度理解公众参与过程。

有学者就社区参与、社会组织参与分别对政府信任度的影响做了调研,得出以下结论：就公众参与行为与政府信任两者间的相互作用而言，参与社区活动者的政府信任程度更高，参与社会组织活动者的政府信任程度则与不参与者没有显著差别。[188]这表明，一方面，无论是社区参与，还是社会组织参与，这两种形式都会对政府信任产生影响；另一方面，相较而言，公众参与社区活动的途径相对便捷，社区活动更能够贴近公民生活，因而更能促进公众对于政府的信任度。因此，公众参与对于塑造公众对于政府及政治权威的信任感存在一定的影响。虽然以上情境主要以社区参与的形式探讨公众对于政府信任的影响，并且肯定了公众参与对于政府信任存在一定的效应，但总体而言，公民因素只是增进公众对于政府信任的一个方面，其主要驱动力仍然来自政府动员。那些主动参与到社区活动中的公众一般都是对政府抱有信任态度的人，他们之所以愿意参与社区活动，大多是因为对政府和相关政策持有肯定和积极地态度和看法。由此可见，政府信任与社区参与间很大程度上呈现较强正相关关系。

科层制的政府架构是影响政府信任度的重要因素。科层制组织是一种以特定行政任务为导向、具备一定行为规则与程序的官僚制组织，该组织的机构设置、人员配备、运行体系都必须与外界行政生态环境相适应，即政府行政机构的行事方式必须与其外在环境的客观因素相协调，机构的目标、部门设置、运行规则需适应行政环境的变化。正如法约尔跳板中所描述的："在科层组织中，为提高办事效率，若两个所属不同组织的机构遇到问题时，可变通应对管理条例，先自行协商并尽力解决，协商不成再报直属上级部门解决。"[189]城市政府环保机构中等级划分明确、组织规定严格、分工细致，分属不同部门的人员在处理行政问题时，通常只按照既定的规章制度行事，在遇到紧急事件时，则陷入感性与理性的两难选择境地，是按章办事、生搬硬套，还是随机应变、灵活运用，这是对行政人员自身工作能力的考验，也是对政府组织规则的挑战。在此组织架构之下，倘若政府组织运行体系出现问题，政府工作人员行为出现偏差，极易导致"踢皮球"、行事效率低下等现象的产生，造成政府的信任危机。

反观城市生态安全治理，公众参与程度同样受制于公众对于政府的信任度。在"市民城管通"APP推出之前，全国城管执法城管人员面临着严重的信任危机。执法工作中职责边界不清、管理方式简单、服务意识不强等问题凸显，导致"下跪式执法""碰瓷式执法""眼神执法"等奇葩的执法方式层出不穷。[190]执法部门和公众对改善城市管理、提升执法水平都有迫切的需求。但城管人员执法简单粗暴，不仅损害了政府部门和城市形象、降低政府公信度，还加深了社会矛盾。城管部门信任危机出现的主要原因在于城管人员缺乏服务意识。城市生态安全治理中，城管人员执法手段过于强硬、对于破坏生态环境的不法商贩缺乏耐心指导和教育，都极易导致政府信任的缺失。因此，提升公众的政府信任感是政府部门获得公众理解、认可与支持的有力手段，信任感的缺失则是公众不愿意、不主动参与城市生态安全治理中的主观因素。

第5章

中国城市生态安全治理中公众参与面临困境的成因

良好的城市生态关系、城市生态秩序，是城市生态社会发展的愿景。但在历史与现实中，城市生态安全治理中的生态问题具有复杂性和现代性。公众参与治理是时代趋势，但也面临诸多困境，这其中有着深刻的历史与现实原因，可从影响公众参与主动性的主观条件、限制公众参与权利的制度因素、影响公众参与形式的客观因素等维度加以分析。

5.1 合法性危机：影响公众参与主动性的主观条件

在韦伯那里，合法型统治是一种以理性法律而组织起来的高效率政权，因而值得信仰。合法性是一种关于服从的信仰，服从统治是因为其产生和行使权力的过程是都合乎法律程序的。[191] 城市生态安全治理中，良性的公众参与秩序需要兼具"高效率政权"和"关于服从的信仰"两种要素。然而，由于历史与现实的原因，公众参与意愿及主动性一直较低。溯其根源，群体本位思想的影响、参与主体价值观及利益诉求多元化、理性及法治思维的缺失都是造成以上现象的主要原因，这也可以理解为城市生态安全治理中出现了政权合法性危机。

5.1.1 群体本位传统政治思想的长期影响

目前，中国虽然进入了社会主义更高类型的民主发展阶段，但受古代传统文化的影响，公众参与政治生活的意愿和主动性仍有待提升。公众的社会政治生活需要在特定的文化规范中进行，中国传统政治思想自其产生之日起，便深刻地影响着中国古代社会的政治生活，并且在一定程度上反映在现代社会人们的政治参与习惯中。与由古希腊的人文主义到基督教神学统治，再到文艺复兴、宗教改革、启蒙运动、近代人文主义等波澜壮阔的西方思想史文化变迁不同，在中国古代社会，传统政治思想的发展是以儒学为主体的思想学说自身不断完善的过程，该过程以尊天重民的人文主义传统为主导，是一个循序渐进、不断深化对社会政治生活认知的历程。其中有值得尊重与赞扬的人文主义品质、经世致用精神、重民观念,但也存在着政治生活缺乏公共性、不重视个人权利的局限性。这对于当下公众参与社会政治生活的影响是极其深远的。

第一,中国传统社会政治生活缺乏公共性。中国早期的发展深受家长制家庭模式的影响。换言之,在家长制家庭没有瓦解时,中国早期的国家便产生了。最初,家长制家族内部的家长权力直接转变为君主的绝对权力,国家各级行政机构的长官也由各级家族长演变而来。中国古代思想家,特别是作为中国传统政治思想主体的儒家,是通过家庭认识社会的,他们正确地认识到家庭是国家得以构成的基本要素,"天下之本在国,国之本在家"(《孟子·离娄上》)。[192]同时,社会政治生活与家庭之间的区别并未被熟知。在中国传统文化中,"国"与"家"的关系密不可分。"家"的扩大就是"国",两者有着极大的通约性,从本质上而言,公众在社会政治生活方面的行事准则与家庭中的伦理原则是统一的。基于此认知,社会中的公共财富属于国家所有,实际上是君主个人财富,"国者,君之车也"(《韩非子·外储说右下》),另一方面,在社会生活中起到重要作用的法律也只是君主维护其政治统治的工具。该种国家与家庭、个人间的复杂关系,或是社会财富的君主所有制传统对于政治生活的影响是极为深远的。在现今社会的政治生活,对于公民个体利益和公共利益的忽视是该种传统文化的一个侧写。

在城市生态安全治理中,不重视参与主体利益诉求的差异性是导致生态资源分配不合理的主要原因。在城市生态安全治理中,参与主体来自不同的社会阶层,具有不同的文化背景和利益诉求,如何更好地调和不同参与主体间的利益与矛盾是生态环境政策制定的关键。罗尔斯(John Rawls)认为:"所有社会价值——自由和机会、收入和财富、自尊的基础——都要平等地分配,除非对其中的一种价值或所有价值的一种不平等分配合乎每一个人的利益。"[193]城市生态安全治理的过程作为生态伦理在城市社会的具体体现,也要求生态资源的平等分配,即实现城市生态正义。譬如,代内正义原则主张不同地区、种族、性别、阶层的群体都享有平等的生态资源利用权、发展权并承担相应责任,生存权、参与权、环境权的协调发展是城市生态正义的基本价值取向。现实中,政府、企业、公民等主体共同作用于城市生态系统,经济价值、政治价值、社会价值构成的多元生态安全价值体系必然引发各主体间价值观念的碰撞与冲突,这也是产生代内非正义的根源所在。

第二,不重视公众个人权利。在中国传统政治文化中,较多关注群体概念,忽视个人权利的重要性,这也是导致公众参与权利意识淡薄的主要原因。群体本位思想在中国传统政治思想中起到价值导向的作用,中国古代时期,群体生活的重要意义广为思想家所认知。"人生不能无群"(《荀子·王制》),这一价值指向的积极意义自不待言。[192]正因为如此,过度重视群体生活重要性而抹杀个人价值成为中国古代政治思想的主要特征。诸如"民""庶民""众民""百姓""群众"等代指公众的词汇在传统儒家经典著作中屡见不鲜,但仔细推敲后不难发现,此类概念都不是指公民个体,而是群体。公民个体仅仅是构成群众整体的基本单元,并不作为独立的单位而存在,换言之,在中国传统政治思想中,作为社会政治生活中的人本质上是一个整体性概念,是被视为多数个人构成的群体性存在。两汉以后,历代儒家学派都非常看重公众利益,但是,该种利益仍被视为具有整体性特征的公众利益,这在实现以整体为单位的公众利益的同时,也极大地消减了个人利益和个人价值。

另一方面,中国传统政治思想没有关于个人权利的概念。虽然在大多数情况下,"为民谋利、造福于民"是很多政治思想家所倡导的治国之道,但在现实中,权与利的统一性却未被提及,换言之,权与利是相分离的。统治者掌权,民众生活条件的提升并非民众应有的权利,而是统治者通过治道变革而产生的善政结果。该种忽视公民个人权利的思想一直在中国传统文化中得以存在。毋庸置疑,当个人权利不被重视成为一种常态,那么民众作为独立个体的重要性也荡然无存,公众参与的理论与实践也无从发展。因此,轻视公众个人权利的传统文化思想成为制约公众参与社会政治生活和治理活动的重要主观因素。

5.1.2 公众生态安全价值观及利益诉求多元化

城市生态安全治理主体的价值观是支配其治理行为的主观因素,参与过程的阶段性特质要求治理主体在秉承过程正义价值观的基础上,开展治理活动。然而,治理实践中,政府治理却存在合法性危机。具体而言,"合法性危机主要是一种晚近的历史现象,这是紧跟着一些团体间出现尖锐分歧而发生的;由于大众传播媒介的作用,团体可以围绕不同的价值标准组建,而在此之前,可接受的价值观是唯一的。"[194]由此可见,参与主体多元价值观的冲突与部分价值观的异化是造成公众不愿参与、不认可生态环境政策、否认政府治理能力等治理合法性危机的主要原因。

第一,多元生态安全价值观的冲突是引发政府城市生态安全治理合法性危机的主观原因。20世纪以来,理性主义的意识观念与利益至上的价值取向成为西方城市社会发展的主流思想,并逐渐演化为引发人类"社会性"和生态"自然性"矛盾冲突的认识论根源。"利益至上"理念是贯穿其中的一条主线，反生态性的价值观否认人类社会与生态环境之间的物质变换断裂理论，忽视人与自然之间相互依赖、相互作用的物质转化过程，进而造成城市社会人与自然生态关系的非延续性与失衡。对于西方国家面临的城市生态危机，福斯特（John B.Foster）有过这样的论述："许多人将此归结为西方文化中根深蒂固的缺陷，它发源于'支配大自然'的观念。这种观念认为大自然的存在就是要服务于人类并成为人类的奴仆。但为什么社会要拒绝承认人类也需依附于自然，则很大程度上还要从资本主义制度的扩张主义逻辑中寻找答案。"[195]城市生态系统具有外部性、整体性特征，其调节功能、补偿功能等内在价值极易被忽视，这是扭曲化的生态安全价值观盛行的结果。

主观方面，就我国而言，五千年悠久文化对人们价值观念的形成产生深远影响，自古以来，受道家"无为而治""官本位"思想的影响，公民将社会价值观以"官"来定位，漠视自身的政治权利，在主观意识上被动地接受政府的政策，并未深切理解公民是社会主人翁的地位。这成为公众参与城市治理程度较低的主观原因。客观方面，作为发展中国家，市场经济体制的确立，社会转轨期的现实，社会矛盾复杂多变，使公民更多的关注经济利益和自身物质生活的提高，对于社会政治参与度的提高并未太过留意，特别是城市弱势群体无法参与到城市治理中，有些关系到他们切身利益的政策法规得不到当事人的意见，使其参与权无法实现，进而影响社会公平正义价值观念的践行。

第二，过程正义观的异化亦引发城市生态安全治理中结果的非正义。长久以来，人们"重结果、轻过程"的理念根深蒂固，这在公众参与治理的实践中得到了很好的验证。通常情况下，对于影响生态环境政策制定方向的听证会鲜有公众问津，一旦该政策实施过程中出现了问题，公众便会极力质疑、反对、甚至完全否定政府治理的合理性。马克斯·韦伯（Max Weber）曾言："任何一项事业的背后都存在某种决定该项事业发展方向和命运的精神力量。"[196]城市生态系统的发展深受生态安全价值观念的影响和制约。经济理性主义倡导根据利润增长规律，制定城市经济增长目标，以求实现预期收益。这种忽视参与过程、看重实质结果的思维模式严重损害了生态环境政策的正常运作。这种思维模式可以理解为"重实质正义、轻过程正义"。因此，经济理性主义、反生态思想等过程正义观的异化使公众不自觉的排斥参与城市生态安全治理行为，或对政府鼓励公众参与治理的政策失信，进而造成城市生态安全治理的合法性危机及公众参与效能低下。

第三，参与主体对城市生态系统利益诉求的差异是导致参与主体生态资源占有不均、政府公信力下降的根本原因。2016年，X市为改善城区生态环境，解决污染环境、噪声扰民等突出问题，对露天烧烤、大排档等占道经营行为进行集中整治，取得了一定的成效。然而，无论城管采用劝说教育、适当罚款或是其他方式去管理摊贩，都会对摊贩的利益造成一定程度的影响。溯其根源，摊贩利益受损是造成两者间紧张关系的根本原因。众所周知，公共空间是任何人都可以出入且不受政治或经济情况限制的区域。经营露天烧烤的摊贩在利用公共空间进行商业行为时，不仅损害了他人享有公共空间的权利，更造成了空气污染、垃圾乱扔等极易对城市生态环境带来负面影响的问题。一方面，城市的快速发展引发公众利益诉求的多样化，加强城市管理力度就必然会影响到一部分群体的基本生计与生活，城管在面临该类社会利益冲突时，也面临两难困境，有时不得不"背黑锅"。"市民城管通"APP的应用，能够使露天烧烤、大排档等占道经营行为更容易被发觉、上报、及时处理，但摊贩基本生计无法保障，他们自然会对城管部门的执法行为产生抵触、误解等不满心理，进而对城管部门失去最基本的信任感。久而久之，一部分人对城管的"失信感"产生扩散效应并不断发酵，城管被"污名化"程度加深，公众开始质疑、甚至不认可和支持政府的生态安全治理行为，进而降低公众参与政府生态安全治理的意愿和积极性，政府治理的合法性出现危机。

因此，多元生态安全价值观的冲突及参与主体利益诉求的多样化使城市空间资源、资本最大限度的进入城市发展体系，由此产生的整体利益与局部利益、长远利益与眼前利益的矛盾与冲突，给城市政府生态安全价值观的确立及相关公共政策的输出带来诸多困境。这一方面导致公众参与治理效果的低下，另一方面也会影响公众对于政府治理能力的认可度。

5.1.3 公众理性认知及法治思维的匮乏

现今，生态安全问题成为制约城市政治经济发展的主要因素，公众在充分享有生态系统所带来的经济效益的同时，却对其背后隐藏的安全风险视而不见。从"工业至上"的第一次工业革命对城市带来生态环境的破坏到电子信息时代塑料污染、化工污染、汽车尾气排放等"新生态问题"，城市生态社会面临严重危机，这其中有着深刻的认识论原因，主要体现在参与主体理性及法治思维的不足。

第一，对生态安全问题的感性认知是引发城市生态安全问题的直接原因。倘若在城市社会发展初期，人们对城市生态安全风险的漠视可以诠释为对新兴事物认知能力的有限，那么到了高度发达的信息化时代，人们的"选择性漠视"和应对安全问题自觉性的不足则是触发"新生态安全问题"的导火索。在社会财富创造过程中，生产资料向财富的转化是与风险的生产系统相伴而生的。风险越少为公众所认知，越多的风险就会被制造出来。[197]城市社会中大多数主体将生态安全问题视为经济发展的必然产物，这不仅使相关生态问题与矛盾日益显性化，更对城市社会的现实发展和未来前景产生消极的影响。空气污染、河流污染、土壤沙化等城市生态危机的频发，是对政府治理能力的直接考验，也是公众生态安全意识薄弱的真切体现。

第二，理性主义思想的匮乏是阻碍公众参与城市生态安全治理的深层原因。古希腊社会奉行自然主义法治观，而近代资本主义社会倡导理性主义法治观，不难发现，理性主义成为是西方社会发展的思想基石。对于理性主义的理解，"柏拉图把世界分为'可见世界'和'可知世界'两部分，前者是感性的对象，而后者是思想的对象，以'可见世界'为对象获得的是来自'信念'和'想象'的'意见'，而以'可知世界'为对象获得的是来自'理智'和'理性'的真正的'知识'。"[198]"理性"被视作了解世界的重要认知工具，而"法"在本质上与"理性"存在着较高的契合度。反观中国城市生态安全治理的实践，城市社会中大多数利益主体将生态安全问题视为社会财富创造的附属品，或是社会政治、经济发展的牺牲品，甚至将其理解为高度城市化发展的必经阶段之一，诸种有意无意模糊城市生态安全问题的危害、将城市生态社会发展利弊极端化的理念，不仅是参与主体理性思维缺失的直接体现，也为城市生态系统的健康发展埋下了隐患。

第三，法治理念的不足也是公众参与城市生态安全治理低效的主要诱因。法治作为一种法律思维与社会理念，是人们对于现代社会规范与秩序的制度建构及文化认同，也是区分现代文明与传统文明的重要标志。[199]与理性主义相一致，西方社会法治思想根深蒂固，法治理念作为规范社会生活的重要工具，贯穿于国家法治化建设的全过程，同样也影响着《环境保护法》《环境影响评价法》《水污染防治法》等与生态环境相关的法律法规发展进程。如若法治体系的发展进程与民主参与范围扩大的速度不相匹配，那么整个国家的政治制度及法律体系的优势将会黯然失色。正因为如此，促进以法治与理性主义为特质的公众参与城市生态安全治理权利的健康发展，对于推动城市社会公平正义、构建规范化的社会秩序等法治化进程起到了关键作用。与此同时，也有助于加快公众参与城市生态安全治理范式的转型并保障公众参与权利的实现。在中国，公众参与城市生态安全治理的权利意识淡薄，参与积极性较低。从主观层面而言，治理主体对于参与权利制度化及参与过程法治化认知不够全面,并未意识到城市生态权利的存在,更不理解其内涵,这是参与治理缺乏积极性的根源所在。

5.2 正义性缺失:限制公众参与权利的制度因素

与政府治理合法性密切相关的是治理过程中的正义性问题。在达尔(Robert A.Dahl)看来,合法性危机是多元主义民主的危机,危机的根源是组织资源的不平等性以及由此导致的对公民意识的扭曲、绑架公共利益、扭曲公共政策议程以及由此而形成的公民对政治的失控。[200]其中,组织资源的不平等性可以理解为政治不公平。当一些团体被排斥、过于弱小、无组织化,不能够影响政治选举、公共决策或获得评估政策合理性的信息时,非正义性便产生了。在公众参与城市生态安全治理中,政府权力架构及机构运行不合理、城市环保组织发育不健全、城市生态法治体系不完备等因素会导致公众参与权利、生态政策、公共利益的扭曲,最终形成不公正、不平等的非正义治理结果。

5.2.1 政府权力架构及机构运行不合理

处于信息化时代的城市生态社会面临诸多前所未有的挑战。这一方面为公众参与生态安全治理的发展提供了现实可能,另一方面也迫使各级政府不断下放权力、革新机构设置理念。其中,政府权力的划分度与机构设置的合理性是影响公众参与城市生态安全治理效果的关键指标。现实中,造成公众参与城市生态安全治理非正义的因素有主要有:

第一,政府生态安全治理权力架构的不合理。戴维·伊斯顿(David Easton)认为:"政治系统与它所处环境中的其他系统的不同之处就在于一个政治系统可以通过互动为一个社会权威性地分配价值。"[201]政治权力自身的"合法性"是社会价值得以权威性分配的关键因素。"合法性"指政府权力的行使得到社会公众的普遍接受和认可,公共政策的输出是政府权力进行社会价值权威性分配的表征,政府生态治理权力运行结果体现为环境政策实施的效果。现实中,城市政府决策高度集中,管理机构冗杂、职责模糊,管理效率低下。外部性理论认为生态环境资源具有外部性,在现实中社会中,边际成本收益与私人边际成本收益出现背离,无法实现资源配置的帕累托最优,最终导致市场机制无法发挥作用,即出现市场失灵,必须依靠政府干预加以解决。就城市政府与参与主体的关系而言,权力集中程度的不同使整体利益与局部利益结构之间存在差异性,在城市生态安全治理上突出的表现为一些参与主体的参与机会和利益诉求无法实现、相关政策出台存在滞后性和政府机构执行力的减退,这在某种程度上减少了代表大多数公众利益取向的生态法律政策出台的可能性、降低了公众对于生态政策的影响力。

第二,政府生态安全治理权力运行的失衡。等级化的官僚制组织形式强调管理行为目的的合理性,进而使高度集权的政府在应对城市生态问题时忽视了市场在资源配置中的决定性作用。再者,统包统干的工作作风抑制了市场主体在应对问题时的自我反应能力,增加了生态安全治理的成本,大大影响了治理效率。政府职能定位异化、权力划分极端化、职责行使缺乏机制保障,更需要其职权划分的专业化、精细化,职权管理科学化、具体化,机构设置合理化、明确化。总体来看,政府管理部门从中央到地方缺乏明确、统一的生态化风险预警、风险评估权利划分规定及运行指南,空间化、网络化、标准化的城市生态安全治理机构尚未设立,跨区域合作的综合性协调机构的空缺及相关管理体制的不完善使生态安全应急管理系统无法正常运行。权力运行的失衡极易造成公众在参与城市生态安全治理过程中产生盲目性,甚至排斥公众参与生态政策的制定与执行,进而直接降低参与公正性。

第三,政府生态安全治理机构设置碎片化。对于公众参与城市生态安全治理非正义现象,某种程度上可归结于城市生态问题的复杂性。但很大程度上,政府机构设置的碎片化是导致该问题的重要原因。目前,中国现阶段的机构运行体制依然是传统的行政系统条块分割的模式,从城市生态系统的内容来看,涵盖的范围较广、内容比较庞杂,同时具有很强的流动性。从管理体制来看,旨在应对城市生态安全事件,也凸显粗放式和分散化的鲜明特征,这与不断发展的现实要求严重脱节。在管理环节,政府主导下的纵向与横向的管理机制存在很大弊端,前者是遵照行政部门与各自职能的差异性进行逐层任务划分的运行模式;后者是依托于本级政府、对各个部门处理生态问题予以协调的机制。在对问题进行处理之时,很多部门都着眼于自身发展实际,固守本部门切身利益,遇到棘手问题,则要么是避重就轻,要么就是敷衍塞责;一旦有利益可以攫取之时,则疯狂地展开利益争夺，各不相让。各自为战的管理机制使得管理工作效率长期在低位徘徊，管理工作头绪纷乱，"碎片化"现象随处可见。政府城市生态安全治理的效果无从显现，想要积极引导公众参与治理工作，为政府献计献策，也往往是力不从心。公众参与机会的减少和参与意见的不被采纳是公众参与非正义的直接体现。

第四，政府对于公众参与机制设计得不合理。公众参与城市生态安全治理渠道的受限在一定程度上制约城市生态系统的健康发展。在城市生态安全治理的过程中，政府的内在运行机制和治理流程是整个治理网络中最重要也是最能直接体现治理成效的部分。然而，在公众参与城市生态安全治理的实践中，参与机制仍存在诸多不完备之处。首先，公众参与城市生态安全治理的渠道狭窄。政府作为治理的主导者，公众要想参与生态事务的治理、反映城市生态安全问题、提出治理建议，只能通过有限的参与渠道。其次，政府环保机构与公众信息沟通不畅。众所周知，矛盾或问题的产生多由于各行为主体间沟通不畅，信息无法准确传达所致，倘若信息能够有效地上传下达，参与主体间能够积极主动的沟通，对所需解决的问题有较为全面的认知、建立良好的公民治理机制，困难必会迎刃而解。随着城市生态安全治理主体呈现多元化发展的趋势，城市公众参与城市治理的途径日渐增多，但参与的权力和地位无法得到法律的保障。此外，公众目前一般大都在"告知性参与、咨询性参与、操纵性参与等象征性参与的层面上，而那些限制性、决策性、代表性和合作性的参与几乎很少"。[202]追求形式化的公众参与也在某种程度上降低了城市生态安全治理的功效。

5.2.2 城市环保组织发育不健全

环保组织作为公民社会的重要组成部分，是参与城市生态安全治理的关键主体。现实中，具有专业知识技能的环保组织的功能无法到高效发挥，导致公众参与治理效率低下、对于生态政策影响力较低等非正义现象。这与环保组织参与治理机会受限、机构弱小、无组织化等因素有关。具体来看：

第一，公民社会中环保组织数量较少。公民社会指国家或政府系统以及市场或企业系统之外的所有民间组织或民间关系的总和，它是官方政治领域和市场经济领域之外的民间公共领域，公民社会的组成要素是各种非政府和非企业的公民组织，包括各种行业协会、商会等组织及环境保护组织、动物保护协会等非政府组织。[203]相较于西方国家，中国公民社会的发展起步较晚，社会组织数量不足。截至2015年底，我国的环保民间组织共2768家,总人数22.4万人。这与全国31.5万家民间组织,总人数300多万人相比,处在中下等发展水平。[204]中国城市社会中,环保组织相对较少且大多依靠政府扶持,这在很大程度上限制了其独立发展。但值得欣慰的是,环保组织的专业性不断提升、发展模式不断创新。举例来看,2015年中国民间水环境保护组织发展调查报告显示:越来越多的民间组织介入到水环保当中,并且呈现相对多元的组织类型。从组织发展阶段来看,既有成熟期组织,也有初创期组织;从行动策略来看,有发动公众监督、专业调研、法律援助、科学监测、信息数据支持等不同类型的组织;从服务范围来看,有专注于所在地的水环保组织,也有实行跨区域协作保护的组织类型。[205]

第二,环保组织发展、经费来源渠道较窄,数额不足。以水环保组织为例,经过多年的摸索,水环保组织已经走过了单纯依靠宣教和举报的初级阶段,形成了有效的专业工作方法。具体而言,普遍开始采用环境信息公开、环境影响评价、环境公益诉讼等专业性的法律手段开展环保监督。其中,65%的组织表示通过参与环境影响评价来开展监督,84%的组织申请信息公开,利用一手和二手污染数据倒逼污染方整改。毋庸置疑,水污染问题的调研、污染数据的获得需要资金经费的支持。尽管筹资额度高的中大型组织已在总数中占有相当比例,但经费不足依然是发展障碍。据统计,当前,基金会资助成为水环保组织的主要资金来源,企业资助仅次于基金会。筹资额过百万的组织有近10家,也出现了筹资规模在500万元以上的组织。这类筹资规模的环保组织已经不再是微型组织,而是有较高发展水平和稳定团队的中大型环保组织,组织发展成熟度要高于其他环保组织。[205]但是从水环境保护的现实需求和组织的自我评价来看,70%的组织2014年度筹资规模在50万元以下,水环保组织的发展仍受较大的资金限制。

第三,公民社会管理体制与城市生态安全治理体系不相适应。对于服务型政府而言,应力求将政府再造为面向顾客、服务公众的创新性组织,创新性组织要求非政府组织等主体治理效能的充分发挥。然而,面对空气污染、水污染、固体废弃物污染等威胁城市生态安全的事件时,许多自发成立的非政府组织虽有参与治理之心,却因为自身权力所限、政府与非政府组织职责划分不清晰、缺乏参与渠道而爱莫能助,使事件的负面效应进一步扩大化。多元主体参与治理机制的不完善是制约城市生态安全治理科学化、规范化、动态化的瓶颈之一,该种"重发展、轻管理"的不平衡关系极大地抑制了社会组织的活力,现有治理体系面临失灵,新的管理体系尚未建立,导致政府与公民社会的关系面临失衡的危险。

第四,环保组织的形成与发展对政府存在一定的依赖性。我国环保组织多由政府机构改建或由社会自身产生。国内一些学者将现存的环保组织定义为公共部门和私营部门以外的所有社会组织的聚合。因此，有一定数量的环保组织是在公共部门依托下，掌握部分公共资源，构建自己的组织体系、机构。这类依靠政府让渡某些公共管理职能而建立的环保组织，很大程度上是社会化大生产条件下，政府机构改革和政府职能转变的产物。比如，城市政府将环保行业的管理、协调、监管的职能转让于社会，进而形成水资源保护协会等环保组织，对环保领域事务进行管理。该类环保组织的建立对于城市生态安全治理的成效和区域经济的发展起到强大的推动作用。不仅为企业与政府之间沟通、协商与合作搭建了平台，而且对政府加强生态环境监管及起到良好的辅助作用，有效整合优化社会资源。然而，过度依赖政府的扶持和管理，在一定程度上限制了环保组织自身的成长与发展，使其在面对城市生态安全问题时，缺乏独立应对的能力，对组织的整体发展会产生不利影响。

在公共权力、公共事务管理日趋社会化，城市生态安全治理主体日趋多元化的今天，大力发展环保组织为城市生态系统的可持续发展和城市空间治理网络联盟的构建提供了一条新的路径。在我国，在一定程度上，虽然环保组织对公共部门依附性强、独立性差，必要时其获取公共资源的能力欠缺，但随着城市化进程的加快，"全球公民社会"的逐步形成，环保组织的地位与重要性也将不断提升。

5.2.3 城市生态法治体系不完备

法治是衡量社会治理体系和治理能力现代化的重要标志之一，健全的制度体系是政府管理社会事务的有力保障[206]。城市生态安全治理中公众参与权的实现是参与过程正义性的直接体现，而法治是保障权利的有力武器。自1979年9月13日通过的《中华人民共和国环境保护法（试行）》算起，中国的环境法已经走过了40年的历程。在部门立法中，保障公众参与的法规日益增多。目前，虽然中国与环境相关的法律已基本形成完整的体系，具体法律实施效果显著，但公众参与生态环境治理权在运行中仍存在一些问题，具体来看：

第一，现存环境法律内容的非精细化。法治基础的好坏在很大程度上会影响政府城市生态安全治理的稳定性。虽然现行的《环境噪声污染防治法》《放射性污染防治法》《大气污染防治法》《中华人民共和国海洋环境保护法》等诸多法律法规都从相对专业的视角对管理主体与公众参与做出了科学阐释，但是从实际的运行效果来看，并不理想。

究其原因，这类法规的起草与执行往往由环境监管部门负责，部门立法色彩浓厚，同时官僚主义倾向也非常显著，指向性与目的性并不强。另外，在界定部分违法行为时，其依据并不具有可靠性和客观性，条款之间的冲突频现。从法律细则层面来看，缺少明确性和可操作性，仍需科学健全与完善。尽管在执法时，行政人员严格遵照"有法可依、有法必依"的原则操作，但是受到约束体系统一性不强的影响，加之不够精细，导致执法陷入窘境。以非政府组织或公民参与城市生态安全治理来看，尽管已有法律规定参与内容，但因为仅仅是概括性较强的规定，对于细则并未作出任何阐释，无论是公民还是非政府组织在履行自己权利之时极易越界、超过权限行事，面临尴尬困境。因而，公众参与治理的公正性无从得到保障，政府治理社会事务在权威性与合法性上无法让公众认可。

第二，公众参与生态安全治理的地方性法规的欠缺。国家法律法规的强有力支撑对于治理主体利益诉求的满足和城市生态安全治理体制的科学运作有着重大的现实意义。同时，政府治理机构的设置想要凸显合理性同样离不开法律这一坚强后盾。现阶段使用的环境立法涉及诸多领域，如生态与资源保护、污染防治等，环境立法也日益走向成熟与完善。在公众参与环境保护方面，相关立法与实践经验较为丰富。2003年9月1日起施行的《环境影响评价法》规定了环境影响评价的公众参与权。其中，第5条规定："国家鼓励有关单位、专家和公众以适当方式参与环境影响评价。"第21条规定："除国家规定需要保密的情形外，对环境可能造成重大影响、应当编制环境影响报告书的建设项目，建设单位应当在报批建设项目环境影响报告书前，举行论证会、听证会，或者采取其他形式，征求有关单位、专家和公众的意见。建设单位报批的环境影响报告书应当附对有关单位、专家和公众的意见采纳或者不采纳的说明。"[207]此外，《环境影响评价公众参与暂行办法》对公众参与权的诸多细则予以详细阐释，如组织形式、意见征求与信息公开等，标志着公众参与制度日趋走向完善与规范化发展。虽然保障公众参与的法律法规日益增多，但层出不穷的城市生态安全问题及公众参与面临的现实困境对相关法律提出了更高的要求。现有公众参与法律多是中央层级的指导性规定，缺乏对地方城市、具体环境领域的参与规定，无法因地制宜地解释并规范公众参与权利。因此，地方性公众参与法规与条例的空缺或不完善是造成参与权利无法受到保障的重要原因。

第三，现行环境法难以应对层出不穷的城市生态安全问题。目前来看，中国公众参与城市生态安全治理的法治化水平难以遏制生态环境整体恶化的趋势。面对危险废气物、汽车尾气、持久性有机污染物等污染持续增加时，政府将"依法办事"作为一种惯常思维和行动，排斥公众参与，力图通过固化的路径对类似的生态安全问题起到正面作用或产生飞轮效应，使城市生态安全治理体系进入良性循环与发展状态。这种习惯式的处理措施是否合理有待商榷，但正是由于相关法律的缺失，使一些行之有效的治理举措的合理性与合法性受到质疑、无法实施，导致政府偏好于"拍脑袋"决策模式，进而错失良策，使城市生态安全问题造成的损失及负面影响扩大化。公众参与走向法治化是城市生态安全治理的必然趋势，以理性主义和民主政治理念为基石的中国《环境影响评价公众参与暂行办法》的颁布与实施是其重要表征。高法治化水平意味着对不确定区域及对组织激励分配的合理控制；低法治化水平意味着对不确定区域的低效控制，进而不存在优化组织激励分配的完善的制度框架。因此，中国的环境法能否与时俱进、能否切实保障公众参与权利，并且在加强改善生态质量、遏制生态问题恶化的趋势方面发挥决定性的作用，是相关法律制定者应该着重考虑的内容。

5.3 有效性减弱：影响公众参与形式的客观因素

城市生态安全治理中，即使生态决策具有合法性和正义性，但是政府部门的政策执行力仍然备受质疑。政府人员可能缺少相关知识、才能、方法或是必要的资源去有效解决生态安全问题，看似未掌握专业技能的公众却有可能凭借其独特的智慧与才能提升治理有效性。然而，公众参与机会较少、缺乏明确的参与保障机制都是制约公众发挥才智的不利因素。具体来看，在城市生态安全治理的实践中，影响公众参与治理效性的原因主要如下。

5.3.1 精英主义盛行引发政府权力边界模糊

精英主义在某种程度上排斥公共权力的分化及公众参与治理的行为。作为精英主义的支持者，戴伊（Thomas Dye）和齐格勒（Harmon Zeiglar）认为："大众与民主之间没有什么关系，民主制度之所以能够生存下来其原因在于'通常大众是冷漠和不活跃的'，大众并不信奉个人自由、多元宽容、言论自由的原则，因而他们会威胁着民主的价值观念。"[208]该理念将公众视为民主价值观的对立面，对公众参与城市治理持消极态度。实践中，缺乏公众参与的城市生态安全治理大多会降低治理有效性。主要原因在如下。

第一，精英主义的盛行限制了城市公民参与生态安全治理的权利。精英主义极易引发垄断性的公共权力，降低公众参与的可能性。公众参与城市生态安全治理的过程实质上是政府权力与公众参与权利相互博弈的过程。城市生态安全治理中，精英阶层具备社会所崇尚的治理才能和知识储备，因而精英统治占据主导地位，掌握主要的治理权力。精英理论与阶级理论都关注社会不平等问题，它们都勾画出不平等的社会结构，精英理论主要关注精英与大众之间的权力关系，其信条是社会分为有权的少数与无权的大多数，前者为统治者而后者为被统治者；统治集团即精英垄断着权力，而大众即非精英除接受前者的安排外别无选择。[208]在中国的城市生态安全治理中，精英统治色彩浓郁。精英主义者掌握主要治理权力、秉承精英政治的信条，过多关注精英阶层权力配置和运行模式，很大程度上忽视了诸如环保组织、利益团体、公民等主体在城市生态安全治理中的桥梁作用，最终使公众成为缺乏参与意识、参与权利的"局外人"。综合来看，缺乏"权力约束机制"及"公众参与模式"的精英主义治理形式是降低城市生态安全治理有效性的主要原因。

第二，封闭式的官僚制体系加剧了公众与政府间的紧张关系。现实中，倘若政府完全以谋求社会公共利益为旨归，并以敏锐的目光审视社会发展的规律与公众需求，那么政府开展的城市生态安全治理活动也许能够产生预期效果。与此同时，也可以降低由多元治理造成的不稳定性与多变性。然而，现实中，在诸多社会竞争引发的纷繁复杂的利益冲突面前，作为治理主体的政府由于自身认知能力与专业能力有限，对于公众参与及公众利益的内容与重要性的认知度无法实现最优状态。在此情况下，由政府主导的封闭式治理模式不但会限制官僚团队的合作和专业能力的展现，同时也可能降低政府工作人员的治理积极性，破坏专业精神。登哈特（Denhardt）夫妇曾言："所谓新公共服务，是指关于公共行政在将公共行政、民主治理和公民参与置于中心的治理系统中所扮演的角色的一系列思想和理论。"[209]因此，公众参与、多元化治理是城市生态安全治理的发展趋势，而精英主义倡导的封闭式治理模式将成为政府提升治理成效的桎梏。

第三，精英主义价值观降低了政府行政人员对公众参与重要性的认知。首先，行政人员缺乏服务意识和责任意识。在处理城市生态安全问题或面对城市公众时，行政人员通常将公众视为管理的对象或公共物品的消费者，并未意识到其作为公共事务管理主体之一的身份，即行政人员与公众存在合作伙伴关系。这种排他性将城市治理理解为单向性、强制性治理，违背了参与主体多元化的原则和建设服务型政府的理念，在政府制定政策或实施法律时，会降低公众对政府的可信度和支持度。其次，行政人员对于城市生态安全治理的多样性、艰巨性认识不足，难以应对复杂多变的城市生态环境。城市生态安全问题的复杂性及治理任务的艰巨性对我国传统城市生态安全治理范式提出了新的挑战。这不仅体现在城市生态系统之间，更表现在不同城市之间。此外，公众对于改善城市生态环境、提高公共服务水平的要求不断提高，在很大程度上给城市治理带来了更大的挑战，但相关行政人员，应对突如其来的新困难、新问题缺乏必要的专业素质、心理素质，特别是对城市生态安全治理理念认识的不透彻，不能够深入思考、研究问题，必然给城市生态安全治理带来不少阻力。

5.3.2 参与主体间治理专业化程度存在差异

由于缺少专业的生态安全治理知识，政府在城市生态安全治理中通常会表现的力不从心。此外，大多数城市生态安全治理的参与主体由于个体的认知差异性，也会在治理理念、体验和方法方面相对匮乏。这一方面降低了公众参与度，另一方面也严重影响了治理成效。具体来看：

第一，政府作为城市生态安全治理的主导者，缺乏专业的生态安全治理知识。一方面，中国目前的节能环保产业是技术密集型产业，却面临技术开发、技术创新能力较差的困境，缺乏专业性自主知识产权的技术支撑。另一方面，政府在面对企业造成的生态环境污染等问题时，通常由于节能环保技术的落后，造成生态治理效果不佳。城市政府通过市场运作，对城市所有的资产进行积聚、重组和营运，最大限度地挖掘此类资产的潜力，形成"投入→产出→再投入"的循环机制，走"以城养城、以城建城、以城兴城"的城市建设市场化道路。[210]如此一来，过度关注经济增长以及对社会资源的直接支配不仅导致城市资源的不合理开发与利用，更使本应成为绿色能源、环保技术研发者的企业在生态保护问题上采取底线政策，引发"公地悲剧"，损害城市生态环境的可持续发展。政府的过度干预且缺乏专业的治理知识引发治理主体间关系的失衡和治理效率的低下。因此，政府的过度干预、政府生态环保核心技术的欠缺及企业环保设备性能的不足是导致公众参与城市生态安全治理动力不足和收效甚微的主要原因。

第二，公众拥有较少的城市生态安全治理的专业化知识。公众参与城市生态安全治理的目标是通过行使生态权利，表达政策意愿，进而影响政府决策，减少生态环境抗议事件数量。格吉克（Cary Coglianese）等人在其文献里总结的参与目标如下：增强民主资本，帮助公民社会学习（social learning），赋予人民权利，建立相关法律，解决冲突等。[211] 公民参与最重要的目标是让各方达成共识，[212] 从而解决纠纷。但斯坦曼（David A. Steinman）认为共同决策的目标不是达成共识，而是共同承担风险。[213] 不难发现，公众参与目标实现的过程也是社会学习的过程。来自不同年龄层、不同职业背景的公民通过研讨会或听证会的形式发表自己的看法、聆听他人意见，弥补自身专业知识的匮乏。"社会学习"是在不同主体间和不同层面上发生的学习过程，能够提升个人获取新知识的能力；社会学习的具体内容包括：主体对特定假设和价值观的变化、革新处理冲突所涉问题的方式、适时寻找联合行动路径。在著名的"温哥华城市观察站"项目中，各主体在参加研讨会之前，对城市生态环境问题及相关专业知识并不了解，会议之后，对专业知识的认知度却有了显著提升。这表明，通过参与主体间知识、信息的传递及自身认知能力提升，能够促进社会学习的过程；同时，也说明公民对生态专业知识的缺乏会影响参与效果。

5.3.3 参与主体间生态信息共享机制不完善

21世纪是一个信息共享的时代，互联网产业逐渐成为各国重要的支柱性产业。在此背景下，城市生态安全问题的应对也离不开信息资讯的辅助作用。共享生态信息资源已成为各国城市政府间、公众间了解生态问题、获取生态知识的重要渠道。信息沟通与交流渠道受阻极易造成公众对政府生态政策方向、治理目标等问题的误解，进而引发公众参与积极性低、治理效果不佳等问题。现实中，生态信息共享等机制不完善主要体现在以下两个方面：

第一，城市政府间生态信息共享存在障碍。城际政府间生态信息的传递有利于生态安全治理经验及相关数据的共享。然而，就目前城市政府管理结构而言，同一部委的纵向机构之间信息共享不存在利益的竞争，机构间信息共享存在较大的可能性；而同级城市政府之间存在行政、权利、利益、规模等多方面的差异和不均衡，致使信息共享存在较大的障碍。由于信息时代谁拥有信息，谁就拥有更多的资源和选择，更意味着获取利益，信息的独占性成为一种不良现象。因此，在没有制度要求以及权力制约的情况下，它们通常在信息共享过程中会表现出一般组织的自利行为，即以自己机构的利益作为共享的出发点。另一方面，同级城市政府之间的信息共享程度直接影响政府信息质量和数量以及政府决策的正确性。举例来看，由于城市政府间在生态信息共享方面的利益冲突机制较为复杂，目前城际间信息共享机制尚未完善，与此相关的政府生态环境政策的制定与实施存在效度与信度问题。由此可见，除了政府部门间的利益关系、信息共享的收益、成本、风险等因素影响信息共享的程度之外，信任因素同样成为信息共享的关键影响因素。艾克布鲁（Akbulut）以社会交换理论为基础，认为："信息共享行为除了是一个简单的制度要求的行为或是经济导向行为外，还是一个社会行为，包含了社会交换的成分。"[214]换言之，信任危机的存在也是制约城市政府间信息共享的重要方面。

第二，公众与政府间城市生态信息共享的内容不全面。政府与公众之间的信息共享虽无明显的利益冲突，但两者之间的权力和信息的拥有是不对等的，目前共享的阻力更多在政府一方，公众基本上是被动接受政府发布的相关生态环境信息，并不能充分、主动地获取所求信息。具体来看，公众对生态信息的需求主要包括以下四个方面：首先，对国家环境法律法规、标准的了解；其次，对大气环境质量和水环境质量的认识；再者，对国家环境热点地区生态环境质量状况的展示；最后，对国家环境统计结果信息的获取。[215]因此，研究并建立涵盖国家、行业主管部门和地方环境保护机构的环境政策、法规、标准、条例等内容的中国环境法规标准数据库，建立并完善能初步反映全国重点城市空气环境质量、重点流域水环境质量和农村生态环境质量等基本状况的数据库，开发并建立安全的环境保护与生态环境信息共享网站，以及开发环境保护与生态环境信息共享网络查询系统等，是实现环境保护与生态环境信息共享的基本要求，更是公众获取城市生态安全治理信息的重要平台。但现实中，公众获取生态信息的渠道仍十分有限。举例来看，中国政府虽已经建立城市空气质量查询系统及查询平台，但该类数据库的信息结构、重点内容并未实现对外开放。因而，公众尚不能获取全国环境保护重点城市、重点区域以年、月、周、日为统计时段的环境空气质量信息，这为实现公众参与城市生态安全治理设置了障碍。

第6章

发达国家公众参与城市生态安全治理的实践与经验

在发达国家,公众是城市生态安全治理的重要主体,公众参与不仅是城市生态安全治理中必不可少的过程,也是提高治理有效性的手段之一。在现今高新技术产业、人工智能、互联网科技迅猛发展的后工业社会,发达国家在公众参与城市生态安全治理的理论建设、制度保障、治理理念等方面都领先于发展中国家,主要以加拿大、美国、澳大利亚、日本、欧盟国家为典型代表。中国作为发展中国家,在公众参与城市生态安全治理的理论与实践方面存在许多问题。因此,在治理实践中,借鉴国外的相关经验,对于实现公众生态安全治理参与权、提高中国城市生态安全治理的合法性、正义性和有效性意义深刻。

6.1 发达国家公众参与城市生态安全治理的实践

在发达国家,广泛的公众参与成为城市生态安全治理的发展趋势,深入了解公众参与的具体流程及其所产生的价值具有重要的理论与实践意义。梅洛(Melo)和巴耀克(Baiocchi)曾对全球化背景下城市生态安全治理中公众参与的规则、意义、潜能、缺陷进行过激烈的讨论,并以城市可持续发展为框架和旨归。[216]一方面,公众参与是促进城市生态系统可持续发展的有效方式;另一方面,公众参与是推进城市社会政治民主化进程的潜在动力。基于以上认知,对发达国家公众参与城市生态安全治理的典型案例进行剖析,分析并借鉴公众参与经验,对于中国城市生态安全治理成效的提升及城市生态系统的持久发展十分重要。

6.1.1 加拿大温哥华城市观察站项目:实现参与者间信息互通

加拿大在公众参与生态安全治理的理论与实践中,取得了丰硕的成果。就理论层面而言,1999年修订的《环境保护法》被称为发达国家最先进的环境立法之一,其中对与公众参与相关的公民知情权、请求调查权、环境诉讼权以及在报告他人环境违法行为后的安全保障权等权利都进行了更为细致的规定,并拓展了公众参与的具体途径,将公众参与的具体流程进行了更为细致的说明。[116] 实践方面，2005年10月至2006年4月，由加拿大西蒙弗雷泽大学开展的"温哥华城市观察站项目"（Regional Vancouver Urban Observatory，简称：RVU）成为公众参与城市治理的范例。

1. 项目内容

RVU是一个公众行为研究项目，旨在通过聘请温哥华地区约150位不同职位和背景的人士参与城市生态安全治理过程，进而确立公众参与对于城市可持续发展的关键影响因素。温哥华通常位于宜居和可持续发展城市排行榜的前列，因此，具备开展此项研究的良好社会环境。另一方面，温哥华是世界上最具文化多样性的城市之一，也是加拿大城市贫富两极分化最严重的城市。因此，研究项目中存在着社会背景复杂且更为多元化的参与主体，这为研究结果的科学性及可信度提供了有力支持。

项目实施采用"研究小组"（Study-group）方法，亦称"研究圈"（Study Circle）方法。这是一个自19世纪70年代纽约Chautauqua文学和科学复兴以来，逐渐盛行的研究方法。具体内涵是：一个研究小组是一小群人，组员通过多次会面讨论某个问题，以实现组员间信息的互通和认知能力的提升。研究小组的谈论范围可以涉及政治、宗教、业余爱好等诸多方面。研究小组与俱乐部不同，组员研讨的关键是探寻并深入认知某一问题或论点，而不是过多关注于社交活动。

"研究小组"方法主要包括以下内容：第一，小组成员在规定的几个月或几年内会面次数不得少于一次；第二，小组成员受公共安全事件的启发，通过会面与讨论，总结并制定初步的行动方案；第三，小组成员在中立调解人的组织下会面；第四，小组成员根据提前设计的框架和规定进行对话；第五，小组成员可从个人角度或者更广泛的视角就某一问题发表见解。最终，组员基于谈论结果制定行动方案。

另一方面，"研究小组"设计的初衷是：所有组员能够重新审视并且准确定义其所在小组的目标。"研究小组"的首要目标是通过在温哥华地区呼吁公众参与多种公共事务，确定影响城市可持续发展的关键指标；次要目标是在参与过程中，考察参与者之间相互学习和影响的效果。为了捕捉在小组会议过程中不断变化的观点、想法、人际关系，研究人员需要考察各小组成员的自身背景。[217]

2. 项目实施过程

在RVU首次会议中，参与者在了解相关领域可持续发展具体指标的基础上，提出与温哥华市最具关联性的可持续发展指标，并依据提出目标所在的领域将组员划分为8个组。不难发现，确定共同的焦点问题成为参与者所做面临的最为关键和最具有挑战性的任务。小组会议的一个重要主题是如何提出能够获得组员认可的政策建议,并获得尽可能多数组员的支持。基于此任务,通过不断交流与对话,小组成员间对组内所研究议题的可信度、开展协同工作的动力、政策执行的方案有了进一步的认知;另一方面,研究小组成员采用协商的方式,界定相关术语并选出更有说服力的观点,花了相当一部分时间来确定他们发言的方式、信息公开的程度、理解及定义相关概念的路径等。

项目开始时,为了防止小组的谈论焦点过早地被限制,会议组织者一开始便会给每个小组定制属于本组的几何形状标识符,该图形将成为每个小组的别称。表6-1[218]显示了每个研究小组的形状标识符和讨论的焦点问题。

"RVU研究小组"标识符与小组目标　　　　　　　　　　表6-1

标识符	小组目标
无限符号	可持续发展
长方形	克服贫困
三角形	经济发展
云型	治理
圈型	完善社区
环状线圈	自然环境
正方形	食品系统
波浪线	艺术文化

项目进行时,"研究小组"中的成员被分为每组3至12人不等的8个组,小组会面次数为5至10次,每次小组会议都有2名已付报酬的组织者和观察员参加。其中,至少有3次会议会保留音频并转译成文字,在进行音频录制之前,已取得所有组员的同意。表6-2[218]显示了数据收集和所获文件数量的情况,并使用Atlas.ti视觉定性分析软件(V.5.2.0)进行分析。数据编辑和分析由一名研究人员分三次重复进行,该研究人员及项目负责人并未参加小组会议,因而确保了分析结果的客观性。以"环状线圈"小组为例,他们关注的主题是"城市自然环境"。小组最终研究出计算城市"环保英雄(自愿参与生态保护行动的当地居民)"所占比例的方法,由该方法得出的数值可以作为衡量"自愿参与生态保护行动的当地居民"人数的指标,并获得了小组全体成员的一致认可与支持。数据研究结果显示:该小组制定的指标符合"激励性""实用性"和"与集体和个人行为相联系"的标准,可以视为"特定议题的最优指标"。

"RVU研究小组"会议文件情况　　　　　　　　　　　　　　　　　表6-2

时间	会议事件	文件数量（份）	备注
2005.10.24	开幕式：聚焦组员观点	4	来自全体会议及小组记录
2005.12~2006.03	会议组织者笔记	38	来自8个小组的数据，图表，模型，宣传海报
2005.12~2006.03	研究小组转译文件	3	
2006.04	会议组织者总结报告	2	
	共计	47	

3. 项目实施结果

通过分析，霍尔登（Holden）于2006年对影响城市可持续发展的关键指标和组员学习效果进行了归纳与总结：与其他具有开创性的公众参与方式相比，"研究小组"是由公众发起的、较少关注小组成员所代表的价值或利益取向的参与方式。[219]虽然研究小组享有较少的决策权，但能够通过成功地动员来自不同组织和部门的大量公民，实现公众参与主体的多元化。参与主体渴望通过具体形式获得讨论及处理公共事务的机会，并且在代表多元主义利益的背景下对于公共议程的制定享有发言权，而"研究小组"这种相对稳定的讨论氛围为公众参与提供了外在保障。[220] 表6-3 [218] 显示了本项目所预期达到的成果及现有公众参与存在的不足。

"RVU项目"预期成果与现有公众参与的不足　　　　　　　　　表6-3

预期成果	现有公众参与的不足
提高个人赋权能力和人际关系处理技巧（Hayes，2007）	在参与过程中有组织的利益主体过多的占有权力（1997）
增加信任并减少不同个人和利益团体之间的冲突（Healey，1997；Coglianese，1997）	多元主体间合作低效或产生不信任及争斗行为（Mouffe，2000b）
提升公民对于公共事务处理的满意度（Landre和Knuth，1993；Sandercock，1998）	参与者和不参与者之间易产生集体行为的困境（Olson，1965）
改变参与者对自身社区和邻里关系的认知，并在此基础上优化公共政策（Innes和Booher，2004）	基于大量信息的研究方法需要消耗大量时间和资源（Kweit和Kweit，1999），可能降低公共政策与现实问题的契合度（Sandilands，2002年）
建立更公平或直接的公众与政府关系（Dahl，1994年）	由于现代国家社会事务和关系的复杂性，导致象征性或仪式性的政治参与形式占主导地位（Chaskin等，2001）
克服促进城市可持续发展的社会和政治障碍（Bell和Morse，2001）	责任划分问题与治理低效(Rydin，2007；Swyngedouw，2005）

6.1.2 美澳地方行动网络构建项目：参与共建低碳城市

城市在应对全球气候变化问题中扮演至关重要的角色。城市占有全世界不到5%的土地，却消耗着全球70%的能源，碳排放总量的70%也由城市产生。这表明，一方面，城市生态问题日益严峻；另一方面，城市在降低资源消耗和废弃物生产方面具有很大的潜力。有研究表明，先进的技术和较高的行为知识能力可以降低城市80%的碳排放。[221]

为了实现节能减排，政府必须及时推动知识创新、技术革新。一个实验性的治理方式就是建立城市公众参与行动网络。行动网络将各种参与者聚集在一起，通过各主体间的协商探讨减少城市能源消耗和碳排放的相关知识与技能。行动网络使不同城市在区域、国家或国际层面相互沟通，亦可将城市政府与当地企业、民间社会组织连接起来。此项研究将通过密切关注四个地方行动网络——两个来自澳大利亚悉尼，两个来自美国芝加哥，分析城市公众降低办公楼的能源和碳的强度的具体行为，进而探讨地方行动网络在推动低碳城市建设过程中的作用，该项目实施主要采用实验治理方法。数据收集主要通过半结构化访谈法。具体来看：

首先，实验治理方法。实验治理理论最早的提出者是约翰·杜威（John Dewey, 1991）和唐纳德·坎贝尔（Donald Campbell, 1969）。他们认为，治理手段需要被视为具有可塑性和流动性的干预措施，而不是传统意义上的固化的程序工具。治理手段应为解决一个具体的社会问题而生，应对该治理手段产生的结果进行监测、观察和评估，并根据所得经验教训，对治理过程进行调整、修改或摒弃，灵活性和可扩展性是它的主要特征。换言之，包括政府和公众在内的广泛的参与者都应该积极参与到实验性治理的过程中，通过这种合作方式，可以激发知识和技术创新，进一步提高治理的有效性。

就项目内容而言，其中的四个行动网络都符合实验治理的特征。它们由城市政府（悉尼市和芝加哥市）建立，悉尼和芝加哥城市政府已设定了比本国其他城市更高的节能减排目标，所有节能减排计划均由地方城市政府和办公楼业主及租户共同制定，基本目标是降低办公楼相关资源消耗或碳排放。媒体对行动网络所做的节能减排努力进行宣传和鼓励，作为业主参与的回报措施。从方案执行的结果看，所有的行动计划在实施过程中都根据不断获得的经验与教训进行了不同程度的修正与改进，表6-4[222]是对公众参与四个行动网络的特点和实施结果的简要总结。

公众参与四个行动网络的特点和实施结果　　　　　　　表6-4

名称	重塑芝加哥	绿色办公室宣言	更好的建筑伙伴关系	CitySwitch绿色办公室
成立年份	2012	2008	2011	2010
发起者	芝加哥市政府	芝加哥市政府	悉尼市政府	悉尼市政府
合作伙伴	14个主要商业地产业主	ICLEI和办公室租户代表	主要业主和两所大学	办公室租户代表
目标	5年内将参与业主所在建筑的能源消耗降低20%，并形成相关的节能减排知识和技能	形成芝加哥办公室租户节能减排知识和技能	2030年，建筑碳排放量比2006年减少70%，并形成相关的节能减排知识和技能	加入网络2年内提高租户的建筑节能效率，达到NABERS 4星级标准，并形成相关的节能减排知识和技能
激励措施	获得减少能源消耗的知识；承认其在该领域主导地位	获得减少能源和水资源消耗的知识；承认其在该领域主导地位	获得减少碳排放的知识；承认其在该领域主导地位	获得减少碳排放的知识；承认其在该领域主导地位
修正及改进	行动网络参与者已达50多人	行动网络管理权外包给Delta研究所	行动网络参与者已经扩大到小微业主	行动网络已经从悉尼市层面扩展到国家层面

注：ICLEI：地方可持续发展理事会
　　NABERS：国家建筑能源评估系统
　　Delta研究所：芝加哥的一个非营利组织

其次，数据收集。已有相关数据和资料多从网站、调查报告和其他渠道获取，新增数据则通过一系列访谈获得，进而填补部分数据缺失问题。受访者类别多通过互联网和社交网站确认，诸如LinkedIn等。最终，研究人员选取了包括公共政策制定者、官僚、房地产开发商、建筑师、工程师和业主在内的不同职业背景的200多位专业人士作为受访者。其中，有20位受访者被问及了对于四个行动网络的见解，每人的访谈时间持续约1小时，基本上在受访者的工作地点进行。每个行动网络会被问到以下问题：谁建立了该网络并推动网络行动的开展？网络行动的主要参与者是谁？他们如何发展网络并适时调整网络行为？有什么经验和教训？对整个网络进行过哪些修正？如果要在整个城市或者其他城市推广该网络，有哪些经验或者潜在问题？四个地方行动网络具体施行情况如下。

1. "重塑芝加哥"计划

"重塑芝加哥"是芝加哥政府实施的一系列实验性治理手段之一，目的是减少芝加哥建筑物的碳排放量。2008年，芝加哥市通过了《芝加哥气候保护计划》。该计划的总体目标是到2050年，全市碳排放量较1990年减少80%；阶段性目标是到2020年，实现

20%的减排（2011年芝加哥市）。[223] 与许多其他城市一样，建筑物是芝加哥碳排放的主要来源，占全市排放量的70%。

"重塑芝加哥"计划由芝加哥市政府、商业地产业主和民间社会组织共同制定，并于2012年实施。① 该计划的实施主体汇集了市政府、商业地产业主和私营部门管理者，该行动网络旨在形成并提供改造现有商业性建筑的知识。一方面，通过参与行动网络，商业地产业主与芝加哥市政府签订协议，承诺五年内将其建筑的能源消耗再降低至少20%。作为回报，芝加哥市为业主提供网络和市场营销机会，并帮助他们寻求改造资金。另一方面，诸如国家资源保护委员会的政府机构与民间社会组织开展密切合作，并详细记录行动网络中参与者的经验教训，此类经验与教训可通过案例或互联网信息的形式向其他参与者传递，这将有助于信息资源的再生和参与效果的优化。

就计划实施结果来看，截至2015年，已有45名业主将50多个标志性的办公大楼纳入改造计划。与2010年的基准相比，在计划实施的前三年中，50多个建筑物能源消耗降低了7%，某些建筑物已经达到了20%的减排目标（NRDC，2014年）。[224] 节能目标通过低技术性和低侵入性的干预措施得以实现。例如，改变LED照明能耗率；在采暖、制冷和照明系统上安装传感器；通过升级加热和冷却系统改进办公设备。[225]

然而，"重塑芝加哥"计划也面临着一些质疑之声和现实问题。芝加哥市政府在网站上大肆宣扬对该计划可行性的认可：重塑芝加哥计划将有助于创造就业机会，展示芝加哥的环境领导地位。[222] 然而，问题是计划实施的效果是否可以完全归功于"改造芝加哥"？或者如果行动网络不存在，该计划是否仍能成功？行动网络对于减少芝加哥商业建筑相关碳排放的整体影响也出现了问题。到目前为止，行动网络只吸纳了城市中相对较小的中央商务区的建筑物和商业地产业主。行动网络中的50多座建筑物仅占芝加哥全市的很小一部分。真实情况是，由于"外界人士"认为这个行动网络仅仅由一个中央商业区发起，与他们无关。因此，行动网络难以将参与者范围扩展到中央商务区以外的商业地产业主。

2. 芝加哥"绿色办公室宣言"计划

"绿色办公室宣言"是《芝加哥气候保护计划》中的另一个的实验性治理手段。整个行动网络由芝加哥市议会与国际城市网络ICLEI合作开发，并于2008年实施。行动网

---

① "重塑芝加哥"计划还关注住宅建筑和市政建筑。此处，研究人员只研究行动网络中的商业建筑。

络主要目的是：鼓励办公人员降低能源和水资源消耗、减少浪费、使用公共交通工具、自行车或步行上下班。该计划的执行外包给一个非营利组织，该组织详细记录办公人员的所得经验教训，并以网络会员制的形式公开相关信息。

行动网络没有为参与者需达到的目标设定最低标准，由于美国在现有建筑物及其用户的能量使用限制方面没有强制性规定。因此，行动网络的实际要求要高于国家相关规定。为确保办公室人员真实参与行动，行动网络设计了"从办公室到办公室"的挑战模式。参与者使用软件跟踪并记录自己的表现，并将所有数据进行公开比较，使参与者之间明确地看到谁的表现最佳（ICLEI，2009）。[226] 这是第一个通过使用"游戏方式"来改善办公室人员行为的例证之一。优秀的参与者在年终总结大会中，会获得更多的奖励。

就计划实施结果来看，2015年，约有170位办公室租户参与了该计划，主要代表了芝加哥中央商务区的少数住户，实现的节能减排量相当于43户住宅一年的总用电量，[227] 但这相当于芝加哥所有商业建筑相关能耗的不到0.01%。[228] 当被问及实现预期成果所面临的主要问题时，"绿色办公室宣言"计划负责人表示："首先，参与人数减少。再过几年，我们会意识到我们在啃一个硬骨头。我们所吸纳的早期参与者，他们已经是这一领域的领导者，而且我们很难将那些听说过该计划，但否认参与必要性的人纳入行动网络。"负责人进一步解释说："其次，行动网络面临着与'重塑芝加哥'类似的市场推广问题。一些'外界人士'认为这个行动网络仅由一个中央商业区发起，与他们无关。因此，行动网络难以将参与者范围扩展到中央商务区以外的商业地产业主。"

同时，受访者也对该计划实施提出了诸多质疑。首先，与其他行动网络相比，受访者批评了过度关注领导力的行为。他们解释说："并不是所有的参与者都可以或者想要成为领导者，也并不是所有的领导者所创造的知识都能与网络中的其他公司或个人产生共鸣。其次，潜在的参与者可能会将年终奖励或通过媒体增进领导力看作参与行动网络的激励措施，但这是微不足道的。毕竟，只有少数参与者可以获得绝对的领导权、赢得奖励、被管理人员关注。但这是否意味着其他参与者就是'失败者'？"芝加哥"绿色办公室宣言计划"的负责人表示："'赢者-败者二分法'的解决方案是"引入更广泛的激励机制，确保每个参与者都有机会赢得奖励，因为参与者非常关心自己的公开表现效果，获得奖励将有助于改善他们公众形象。"然而，这种方案也存在"过度奖励"的风险：如果所有参与者都获得相应的奖励，那么相互比较是必然现象，奖励的目的就成为使自己与同伴分化的手段，极易导致参与者之间的不良竞争行为。

3. 悉尼"更好的建筑伙伴关系"计划

受到伦敦市和多伦多市类似行动网络的启发，2010年由悉尼市议会和该市14个主要商业地产业主发起了"更好的建筑伙伴关系"计划，希望通过业主参与，降低商业建筑物的碳排放量。悉尼市议会的工作人员意识到，这14位业主拥有该市50%以上的商业建筑，如果业主同意对其物业进行改造，那么预计到2030年，悉尼市的碳排放量可以降低70%，这远远超过了澳大利亚政府于2011年制定的国家碳减排目标。

就计划实施的目标而言，计划参与者承诺到2030年将其现有建筑的碳排放量降低70%，作为回报，悉尼市支持他们实现这一目标，承诺通过媒体的力量对其行为在国家和国际论坛媒体上加以宣传。一方面，该种伙伴关系允许业主参与城市发展政策的制定与实施，有助于更好地规划自己未来的投资方案。悉尼市议会政策制定者说："该计划为他们提供了参与城市公共政策的机会与权利，他们的参与能够切实影响公共政策的内容。从城市发展的角度来看，我们也需要他们的专业知识和经验，以便获得最佳解决方案。"另一方面，通过合作伙伴关系，业主分享他们改造建筑物的经验，行动网络中的技术工作组对此加以记录，并转化为知识性语言。城市议会搭建经验分享平台，为参与该计划的建筑物业主提供相关的案例分析等相关知识。正是由于多元主体的协调与合作、个人目标和集体目标的一致，才为项目的顺利实施奠定了坚实基础。

就计划实施的内容而言，"悉尼更好的建筑伙伴关系"以承认参与者领导力为奖励重点。一位行动网络的管理员解释说："在媒体上，我们赞扬参与建筑物节能减排、为社区做好事的行为。"其他商业地产业主看到会说："我们也想成为领导者，也想参与这个计划。"该种"伙伴关系"所反映的合作组织是一个由房地产领导者、高度专业的高级管理人员所组成的精英团体。在团体内，各参与者代表了他们各自组织的利益。他们致力于"伙伴关系"的推广，他们拥有进行改造的财政支持及获得投资回报的坚定不移的决心。目前，他们已经承诺用10.5亿澳元来改造他们的房地产股票，悉尼的中央商务区将很可能仍然是世界主要的办公区之一。而悉尼市议会为该计划制定的最终目标是："悉尼将成为建筑、区域和城市发展可持续发展的全球最佳实践者。"[229]

从计划实施结果来看，据2015年"更好的建筑伙伴关系"年度报告显示，已完成制定的最终减排目标的一半。[229] 然而，计划管理者和参与者并不希望如此快速地完成这一目标。在2011年的采访中，研究者询问了参与者对该合作伙伴关系的看法，一位高级经理说："我们正在等待城市政府推出并不断改进他们的计划，也许现在这个计划实施的过早。我们认为计划的真正价值在于与我们的竞争对手和同行谈判的过程，除此之外，我看不到其他的价值在何处。"2011年，政府行政人员断言："办公室租户对办公空间的高治理需求将成为14家业主履行'伙伴关系'计划的主要动力。"然而，2014年，一位计划负责人解释说："这个需求并未像预期那样保持强劲的增长势头。该'伙伴关系'的参与者正致力于积极向租户介绍租赁低碳办公空间的优势。"[230]如果情况如此的话，商业地产业主会积极尝试"绿色租赁"，该种租赁形式对办公楼租户参与城市可持续性发展的行为有较高的规定，反之亦然，租户对于业主也会有同等的要求。

虽然该种"伙伴关系"计划备受赞赏，但不可否认的是：计划仍存在很多潜在问题。一方面，该计划涵盖的面积相对较小：仅包括悉尼市议会管辖的悉尼中央商务区和一些周边城市郊区，共计25平方公里；相比之下，悉尼的大都会总面积达到12300平方公里，而合作伙伴关系仅适用于大约100座建筑物，悉尼市议会通常不会在国际媒体上报道此类问题。另一方面，澳大利亚其他大城市的政府工作人员和商业地产业主表示，他们无法效仿该种合作伙伴关系，主要原因是他们所在的城市不具备大规模的商业建筑及相对较小的精英集团（参与主体的类别很关键）。来自澳大利亚大城市的政府人员进一步解释说，悉尼市政府承诺为参与者提高知名度作为回报，这些很难做到："我们城市的公司多数为一些大公司的分公司，这些公司领导者关注的是能够通过这个跳板，调配到总公司去。而改善高成本的工作环境、提高持续发展水平、租金成本高与否，所有这一切都不是他们感兴趣的。"

4. 悉尼"CitySwitch绿色办公室"计划

"CitySwitch绿色办公室"计划是悉尼市政府发起的降低碳排放量的公众参与活动，预计到2030年，碳排放量将比2006年降低70%。悉尼市议会与办公室租户的代表合作开发了这一行动网络，该网络要求参与者根据国家建筑节能评估系统（NABERS）认证计划中4星级标准改造建筑物，实现建筑物的节能减排。

就计划实施内容而言，该行动网络由地方政府在国家机关的支持下施行，市政府管理人员通过搭建信息共享平台，鼓励办公室租户分享、获取知识，并定期举办研讨会，同时给予行政及必要的财务支持。一位市政府的计划管理员解释说："行动网络的关键在于学习，我们可以通过自己组织的会议和讲座，更好地理解管理员的职责，更好地为行动网络服务。"另外，"CitySwitch绿色办公室"计划的管理者需详细记录行动网络中参与者的经验教训，并将此类经验与教训通过案例或互联网信息的形式向其他参与者传递,这有助于信息资源的再生和参与效果的优化。自2010年悉尼市政府推出"CitySwitch绿色办公室"计划起,很快引起了澳大利亚其他城市的关注,并于2011年成为澳大利亚的全国性计划。

从计划实施结果来看,根据2015年数据显示,仅2014年,"CitySwitch绿色办公室"计划的参与者就实现了8.5万吨碳排放和75GWh的能源减排目标,为参与计划的商业地产业主节省了超过1400万澳元,节能量相当于12712个普通家庭一年的能耗总量。[222]但这个数据意味着什么呢?在2014年,650个参与者的75GWh节能量相当于将2011年能耗减少13%~16%。乍看之下,这是建筑节能效率的一个稳步提升。但是据统计,澳大利亚办公室租户仍可以轻松节省50%的能源消耗[231],这表明行动计划的成效仍有很大的提升空间。此外,行动网络参与者的回报方式主要是通过举办年度颁奖仪式表彰优秀参与者,并通过不断的媒体宣传活动来提升他们的知名度。

不可否认,该计划在实施过程中呈现出一些问题。与2011年全澳大利亚办公区的能源消耗量相比较,该计划的实施效果并不是很理想:2014年的能源消耗下降总量相当于2011年的0.8%的消耗量。然而,地方及国家政府人员则将此结果视为巨大的成功。出现这种情况的原因,需要进一步了解该计划的深层内容。

首先,缺乏强制性的参与规范机制。现实中,并不是所有参与者都达到NABERS 4星及以上标准。[232]即使不符合标准也不会受到惩罚,更不会被排除在行动网络之外。此外,参与者往往不愿意参与每年NABERS的评级,因为获得评级是昂贵的,可能花费高达5000澳元,有时甚至超过安装节能措施的成本。因此,由于没有强制参与的规定,NABERS的评级的报告会因为参与者的不足,导致数据缺失或者出现偏差,进而影响最终结果的评定。报告显示的绩效数据可能是理论上的最佳情况,实际绩效明显低于报告上的数字。然而,计划负责人员必须对结果做出预测,并形成数据,因为政府行政部门和财务部门需要通过分析相关数据对行动网络的参与者给予解释与说明。这迫使计划负责人员不得不尽可能呈现出良好的绩效数据,因为行动网络的资助资金数额取决于数据的好坏。

其次,参与者过度关注领导力。行动网络似乎只有对那些最有可能取得卓越业绩的人才有吸引力,因为这将使其成为颁奖仪式上的焦点。政府的管理人员同样认为:"这是关于领导者的问题,参与者会因为参与该计划而广受关注。这种奖励机制有助于领导者产生良好的自我感觉,并有机会对公众产生影响力。我们推广该计划也是非常希望能尽可能对外界宣传他们的作为。"然而,当地的政府负责人员认为过度关注领导者是行动网络的最大缺陷。"我们发现，人们首先要问的是：这对我有什么好处？这个委员会会支付什么费用？"该负责人员认为该计划对安于现状、没有进取心的租户没有吸引力。有关参与者的数据资料证实了他的想法。长期以来，新参与者的NABERS评级平均高于未参与该计划的租户。这表明"CitySwitch绿色办公室"计划吸引了已经在办公室市场上更具备竞争力的租户，而不是相对弱小的租户。

6.1.3 日本公众参与法治化建设：完善地方环境立法体系

1998年，在丹麦的奥胡斯市，联合国欧洲经济委员会（UNECE）通过了公众有权获取与环境政策相关的信息并参与相关政策制定的决议，后被称为《奥胡斯公约（Aarhus Convention）》。它要求缔约方保障公众获取信息、参与决策并享有适时诉诸司法程序的权利，这是对公众参与生态安全治理权利的强制性规范，也是世界范围内较早的对公众参与权利的法律规定。日本虽然不是奥胡斯公约的缔约国，但在近20年来的国家和地方层级生态治理中，公众参与取得了长足的进展。同时，与《奥胡斯公约》中对公众参与权利的强制性规定相类似，日益完善的环境法规为日本公众参与生态治理的实践奠定了坚实基础。具体情况见表6-5[233]。

日本公众参与法治化的发展情况   表6-5

年份	公众参与法治化进程
1993	成立日本全球环境基金； 颁布《基本环境法》； 颁布《行政程序法案》，确保政府执政公平和透明性
1994	确立第一个基本环境计划
1996	成立环境合作办公室，以促进政府部门、非营利组织和私营企业之间的伙伴关系
1997	颁布《环境影响评估法》； 修改《河流法案》，居民的公开听证会被纳入了河流管理计划
1998	颁布《促进非营利活动法案》（亦称"非营利组织法案"）：非政府组织可以更容易地获得非营利组织的法人资格
1999	颁布《政府机关信息公开法案》； 内阁决定采用公众意见征询制度； 颁布《关于权力下放的法律修正案》； 颁布《污染物排放和转移登记法案》：公民可以获取植物中化学成分的信息

续表

年份	公众参与法治化进程
2002	修订《自然公园法案》：地方非营利组织可以参与自然公园管理； 颁布《促进自然环境修复法》； 修订《城市规划法修正法案》：引入城市规划建议系统
2003	颁布《通过环境教育促进环境保护活动法案》，以支持非营利组织的环保活动
2004	修订《行政诉讼诉案》； 颁布《景观法案》
2005	修订《行政诉讼法》，引入了行政法规中征询公众意见的方案
2008	颁布《生物多样性基本法》：明确规定了利益相关者、公众参与在EIA早期大规模项目决策中占重要作用
2010	颁布《地方层面生物多样性保护活动法案》（亦称："SATOCHI SATOYAMA法案"）：鼓励地区层面利益相关者通过合作活动保护生物多样性
2011	修订《环境影响评估法案》； 修订并强化《环境教育促进环境保护活动法案》：政府与私营部门及非营利组织之间的伙伴关系活动得到制度化保障，公民可以提供政策建议

注：EIA：环境影响评估体系

从1993年至2011年，日本公众参与生态治理的法律法规经历了数个发展阶段。不难看出，与其他国家相比，日本公众参与的特点主要体现在：政府与私人部门合作中，公众具有强烈的参与积极性及参与志愿活动的高效性。换言之，日本的公众参与模式是一种基于主动、自愿的理念而产生的生态环境合作模式。该种模式的形成与其日益健全和完善的法治体系密不可分。

1. 建立公众参与的基本制度

1993年，日本颁布了首个将公众参与程序充分纳入法制轨道的法律——《环境基本法》。在法案自身制定过程中，就存在公众参与的实践。如：将法案内容公之于众，以听取公众意见等。日本《环境基本法》的一个重要特点就是重视民间环保团体在环境保护中的作用。《环境基本法》第26条规定："国家应当采取必要的措施促进企（事）业者、国民或由他们组织的民间团体自发开展绿化活动、再生资源的回收活动及其他有关环境保护的活动"。以《环境基本法》为指导，日本单行环境法中也有关于公众参与行为的相关内容与规定。日本《大气污染防治法》第18条第21款规定：企业者应采取必要的措施，把因企业活动而向大气中排放或飞散的有害物质，加以控制或限制排放（企业者的责任）。该法第18条第24款规定：任何人都应努力控制日常生活中向大气排放而造成空气污染的物质增加量。

1997年，日本正式出台《环境影响评估法》。其中，较为详细且明确地说明了公众知情权和参与权的内容，主要涉及环境影响评估的范围、报告公布的内容、公开复审和意见提交的程序、听证会及意见提交的形式等。比如，第8条第1款规定："从环境保护的角度出发，如果公众对环境文件有意见，可以在从文件公布之日起到文件调查结束之日后两周内向项目管理者提交意见。"另外，日本法律明文规定：由污染造成的人身伤害，可以直接由政府负责补偿。[234]

2. 建立咨询制度

长久以来，日本公众意识到：建立公众参与的信息咨询平台，是推动公众参与和修复生态环境的关键。鉴于此，日本《促进自然资源恢复法》第3条规定："应促进多元主体间的参与合作。"[235] 为实现此目标，居民、非营利组织、个人、土地所有者、市政府或政府有关机构有权成立自然资源恢复咨询委员会（简称：咨询委员会），并通过组织公众参与，进行自然资源恢复工作；实践中，咨询委员会通过成员间相互讨论与协商制定自然资源恢复的总体规划及实施方案，并由委员会管理者确定最终实施计划并进行推广。

与公共行政部门组织的传统委员会相区别，此咨询委员会具有以下特点：首先，从法律意义上而言，委员或构成主体不仅可以是行政机关，也可以是以修复自然资源为目的的非营利性环保组织。根据《自然资源修复法》第16条规定："国家和地方政府应尽可能提供必要的信息与设备，以帮助非营利组织开展自然资源修复工作。但是，公共行政部门对于非营利性组织独自成立的委员会没有提供财政支持的法律义务。"该种具有灵活性和适应性的生态治理方法具有较高的理论与现实意义。其次，咨询委员会的任务不限于讨论计划与方案，还应积极促进方案的实施。在此种意义上而言，咨询委员会是一个持续性的监测平台，对于相关生态治理项目的后续监管发挥一定的功效。

截至目前，根据《自然资源修复法》的相关规定，已成立24个咨询委员会。委员会的职责主要是治理河流污染、修护湿地以及保护社区绿植等。除生态资源修复方面，在其他环境领域（例如：城市景观）以及基础设施（例如：公共交通）领域也已成立咨询委员会。

3. 建立城市规划提案制度

20世纪90年代之前，日本《城市规划法案》涉及公众参与的内容极少。1992年《城市规划法案》修订后，新增了公众参与的相关条款。根据修改后的法案，所有城市应制定《总体规划方案》，并举行公开听证会，引导公众参与讨论，认真听取公众的政策建议（第18-2条）。2002年修订的《城市规划法案》提出了一个新的提案制度，制度规定：公众有权对城市生态治理项目进行政策建议，主要目的在于提高私人组织参与城市规划的积极性（第21-2至21-5条）。另一方面，土地所有者和非营利组织可根据《促进特定非营利活动法案》的具体规定查看参与资格，其他经济实体可以向地方政府提出城市规划修改建议。

此外，日本的其他法案也建立了类似的提案制度，如2004年的《景观法案》。在传统意义上，政府管理机构为公众编制并确定空间规划草案，公众只能提交书面意见，并无过多的参与权。然而，"提案制度"的建立能够鼓励地方团体更积极主动地为城市规划做出贡献。

4. 建立协议制度

"协议"是一种合作双方在契约精神指引下，以书面形式确定、必须共同遵从的一组约定。"协议"也一直是发展志愿活动的典型法律工具。一些国家有关环境保护和土地利用的法律中明确规定了此协议制度，制度数量呈现逐年增长的态势。制度涉及主体包括个人、非营利组织、公司和公共部门。比如：以2002年修订的日本《自然公园法案》为蓝本，政府起草并颁布《自然景观保护协议》，其中规定：由环保部长或州长指定的公园管理组织可以与土地所有者达成管理特定区域的协议。此外，《日本环境法》中一个非同一般的做法是"私人污染防治协议"，这种协议一般由地方当局与排污方共同签订，协议可规定较法律更严格的排放标准，还可以规定评价环境影响的程序，地方当局（或市民）可以进行常规的检测和检查，甚至对污染行为施行严格的责任制度。该种协议通过公众施压限制工厂排污量，已在实践中发挥了积极作用。[236]

另一方面，所有协议在获得行政机关批准后，对相应的土地所有者和土地管理者具有普遍的约束力。协议双方需在既定制度框架下开展组织活动，也可以在地方行政机关的支持和协调下，参与到城市生态环境的保护活动中。

6.1.4 欧洲参与式可持续发展评估项目：推进参与者社会学习过程

现今，在欧洲各国，"参与式可持续发展评估项目"已在环境、能源政策等领域得到广泛应用。该项目旨在通过在参与者间开展广泛的对话和交流，吸纳多方观点，提升参与者间的社会学习能力，以解决当下社会诸多不确定性问题。本案例中，研究者通过对奥地利、英格兰、西班牙能源和自然资源管理的实证研究，探讨了多元主体间的社会学习过程对于城市生态安全治理的影响。一方面，公众和利益相关方广泛参与生态安全治理，可以开启超越个人或特定利益、价值观的社会学习过程，并创造相互理解和共同行动的机会。另一方面，通过明确社会学习的含义、范围，可以进一步了解在可持续发展的背景下，协商过程如何促进社会学习及城市生态系统的发展。具体来看，包括三个案例及研究对象：第一，奥地利可持续能源系统；第二，英格兰东南部能源转型过程；第三，乌代比河流域可持续管理及西班牙北部巴斯克地区的生物圈保护区。整个项目开展过程包括提出研究假设、采集数据、得出研究结果三个阶段。

1. 研究假设

研究假设是研究者根据经验事实和科学理论对所研究问题的规律或原因做出的一种推测性论断和假定性解释，是在进行研究之前预先设想的、暂定的理论。本项目旨在通过在参与者间开展广泛的对话和交流，增进参与者间知识认知能力和社会学习能力，以应对社会中不断出现的治理问题。此项目中，研究假设主要包括以下内容：

首先，在公众参与过程中，现有的包括潜在价值观和认知在内的知识体系（Frame of Reference）发生了变化，这种变化只涉及对新生事物的看法。该知识体系按性质可以分为：陈述性知识体系、程序性知识体系和有效性知识体系。其次，在公众参与过程中，参与主体价值观和认知的变化会导致对事实的评估发生变化，同时，会深化对其他事物的认知。为了测试该假设，研究者又提出了三个次级假设：参与者能够习得如何（重新）构建现有问题（框架）并改变对该问题的看法；参与者对其他参与者的观点有更多的了解，并对他们的态度产生（积极的）变化；参与者深化对社会需求的认知，并逐渐将关注点从个人转移到集体，并充分考虑其他集体、后代或非人类物种的发展。再者，参与者不断深化对相关系统复杂性和不确定性的认知。最后，参与者能够找到制度变革和联合行动的途径，此途径能创造参与主体间合作的可能性。这也意味着以建设性方式处理问题，同样能够在不同环境中用类似的参与和思维方式应对危机。

就此项目的研究目的而言，虽然三个案例的总体设计（多准则评估+公众参与）是一样的。但是，不同的研究目的会产生不同的参与者类型，参与过程中所呈现的知识和相关信息也会存在差异。

其一，由于奥地利案例的本土研究性质，参与的利益相关者大多是外行人士。参与者在申请e5资金时，已经收集了大量的信息。因此，受邀参加研讨会的专家仅介绍了一些比较新的信息，研究的重点是寻找能够集中、有效使用市政府拨款的方法。其二，虽然英国案例研究的重点在英格兰东南部地区，但英国的能源政策主要是国家制定的，因此参与者包括国家和地区层面的利益相关者。参与者中仅有一个是能源、农村发展、环境保护和经济发展以外的人士。与奥地利相反，英国的小组讨论更侧重于探索未知领域，而不是达成共识。例如，在讨论中，参与者可以交流信息和意见，参与个体可以单独对讨论结果进行评分。其三，在西班牙案例中，参与者是地方、区域和国家利益的相关者。来自不同学科（地质学、工程学、社会学、法学、生物学、生态学和经济学）的专家在讨论中介绍了丰富的信息，大多数参与者并不熟悉这些信息。

2. 数据采集

为了研究利益相关者在研讨会中的社会学习形式和程度，对于每个案例，研究者都使用了基于问卷调查的Likert量表（1到7，最多7个）收集数据，时间跨度为：第一次研讨会到最后一次评审会议。问卷问题与4个假设有关。在所有研讨会中，参会人选的确定主要有两个标准：对某项决定影响最大的人、被某项决定影响最大的人。举例来看：

首先，2005年6月，奥地利拉鲍（Raabau）和勒德尔斯多夫（Lödersdorf）的至少14个公民、市长、e5团队和其他利益相关者参加了两个研讨会和最后一次评审会议，并提出了政策建议。其次，2008年6月和11月，英国的至少12个来自地方政府机构和民间社会组织的利益相关者参加了两个研讨会。最后，2007年5月至2008年6月，在西班牙乌尔代比举办了三场研讨会，共有20多人参加；另外，研究者对至少30个人进行了深度访谈，主要探讨关于乌尔代比河流域可持续管理方案的详细信息。在西班牙案例中，参与者包括地方、区域和国家政府的利益相关者。主要有：生态学家、生物学家、旅游和科学界的代表、造船业代表、渔民、冲浪者、非政府组织代表、市长和市民。[237]

3. 研究结果

考虑到样本量小，研究者使用Wilcoxon非参数检验对两个相关样本和其他描述性统计量来进行检测。同样，由于研究是实验和探索性的，所得结果仅供参考，仍需要通过进一步的研究来测试研究结果和结论的可信度。具体研究结果如下：

第一，大部分参与者不同类型的知识体系发生了变化。通过使用调查问卷中的数据，会发现三个案例研究之间存在差异。首先，在奥地利的案例中，并未出现任何显著的变化，可能是由于参与者在研讨会之前均持有较高知识水平；其次，在英国和西班牙的案例中，此变化较为明显。所有参与者在参与研讨会之后，有效性知识的习得有所增加，习得平均值从3.83变为5.5。再者，在西班牙，陈述性知识变化显著，信度值为0.997，在研讨会之后，75%的参与者认为他们的知识量有所增加，只有一名参与者（6%）认为他的知识体系并未改变。总之，就了解新事物而言，这些研讨会存在70%的可能性有利于参与者了解新事物（最简单的学习形式）、习得新知识，并降低参与者对知识感知能力的差异。

第二，参与者对某个问题或问题框架的看法并未改变。根据Wilcoxon检验结果表明，在三个案例中，参与者并没有改变对科学家、政治家、民间社会组织成员所做贡献和产生影响的看法。同样，参与者对于支持或阻碍可持续发展转型的利益团体的看法也未改变，其中包括经济利益团体、环保组织、国家安全机构等。因此，在研讨会之后，这些团体在如何重新认知问题方面并未取得更进一步的共识。

在研究结果中，一方面，部分参与者对其他参与者所持观点的看法未发生变化，另一部分参与者则不然。首先，在奥地利和英国的案例研究中，没有明确的证据表明，研讨会增加了参与者之间的熟悉或相互了解程度，这可能是由于面谈时间过短。相比之下，在西班牙，由于利益相关者之间的互动交流机会较多，在研讨会之后，对其他参与者所持有观点的认知有明显的增加。根据Wilcoxon测试的结果，存在99%的可能性表明：75%的参与者认为自己增加了对其他人观点的认知。另一方面，参与者提高了他们对社会需求的认知，特别是对未来世代和非人类物种的认知。在这三个案例研究中，研究者发现参与者对于后代和非人类物种相关性的看法发生了重大变化，尽管他们在研讨会之前的认知程度已经很高。

第三，参与者对相关制度或体系复杂性和不确定性的看法并未发生显著变化。在研究中，该问题评判域从"非常简单"到"非常复杂"，得分依次递增。结果显示，英国为6.0，奥地利4.2，西班牙4.8。因此，就对复杂性和不确定性的看法而言，参与者之间没有显著的变化。同样为该问题：评判域从"非常不确定"到"某些不确定"，得分依次递增。结果显示，英国是4.5，奥地利5.6，西班牙5.0，各国参与者间仍然没有明显变化。

第四，参与者在寻求制度变革和联合行动的途径方面存在差异。就机构本身而言，三个案例中并未出现任何明显变化。就参与者的联合行动而言，西班牙案例中参与者的观点在研讨会之后有显著变化，存在91%的可信度。62.5%的参与者在研讨会后未发觉更多联合行动的机会。在奥地利的案例中，虽然参与者无法预测事件的回应性及产生效果，但63%的参与者对此后将采取联合行动的可能性持乐观态度。

此外，在处理冲突的方法方面：研讨会开始之前，三个案例中的参与者认为提供更好的信息是应对冲突的最佳途径,包括进行建设性对话和寻求协商并做出适当的妥协。然而,研讨会结束后,英国和奥地利的参与者呼吁减少信息的供给,西班牙也有此倾向,在奥地利,这种变化存在95%的可信度。参与者最终得出的结果是:处理冲突时,做出适当的妥协要比寻求协商更为有效。

最后,在研讨会接近尾声时,一位来自西班牙地方发展局的参会者说:"从前,我并不了解周边的环境;日常生活中,我忽视了河口生态系统的丰富性与多样性,通过研讨会,我更好地了解了我们周边地区的情况,这是会议中普遍存在的观点。"一位来自西班牙环境指南组织的参会者说:"以获取宝贵经验为目的的研讨会是十分必要的,它能够在不同参与者之间建立沟通的桥梁,实现意见的交流互通,这有助于讨论涉及我们所有人切身利益的问题。"一位来自英国环保非政府组织的参会者说:"以不同的方式听取其他人的观点十分有益,我们地区的能源系统有可能仿效此做法。"一位来自英国政府机构的参会者说:"我喜欢这个探讨过程是因为:它提供了大量信息,但没有迫使我们接受任何人的观点。相反,它充分地提供了探索不同处理问题方法的机会。"

长期以来,加拿大、美国、澳大利亚、日本、欧洲国家在公众参与城市生态安全治理领域开展了诸多有益实践。基于政治制度、国情等方面的不同,我们不可能完全照搬发达国家的环境立法和公众参与环境保护的模式。但是,各国在环境问题解决路径上有着高度同一性,发达国家比较先进的环境管理理念和法律制度设计仍然有很多值得学习和借鉴的地方。[238] 基于发达国家城市生态安全治理中的实践,可获取的经验主要如下。

6.1.5 美国城市雨水及绿色空间治理:公众教育、建立第三方合作组织

在智慧城市不断发展的时代背景下,生态安全治理中的公众参与问题不断受到社会各界人士的关注。其中,基于大数据、智能化平台提出的建设"海绵城市"规划,是践行城市水资源管理的典型代表;公众参与城市绿色空间治理是深化公众参与城市生态安全治理的直接体现。城市生态安全治理的高效不但需要基础设施技术的革新、政策的支持,还需要城市公众的积极参与。美国在进行城市雨水管理、建设"海绵城市"、鼓励公众参与城市绿色空间治理的实践中,做出了诸多有益尝试。具体来看:

1. 美国城市雨水管理的实践

美国城市雨水管理的发展历程在时间上总体可划分为市政卫生工程(1800年~1970

年)、水量调控(1970年~1990年)、水质管理(1980年~2000年)和可持续发展(2000年~至今)四个阶段。[239] 针对不同阶段的雨水管理问题,发展了一系列的雨水管理模式和技术范式,完善了法律、法规以及政策引导体系。美国雨水管理体制为两级管理,其中联邦政府负责制定总体政策、规章和规划,州政府负责实施。在州政府层面下,城市也会针对自身特点提出具体的城市雨水径流管理的法规、标准并编制和实施相关规划设计。[240] 在地方政府层面,雨水管理主要通过土地利用控制进行强制性的推进,以便能够按政策、规范实施执行雨水设施的建设。为了广泛吸纳社会资本,使雨水管理被广泛认可,政府部门往往会与社会团体合作,并将公众参与纳入雨水管理工作中,[241] 公众参与机制随雨水管理的发展逐步完善。针对雨水问题,美国联邦政府层面没有雨水管理主管部门,各部门管辖职责各不相同,在其职责范围内被赋予最高管理权力。[242] 同时,市政府下设的各个机构分管不同雨水管理问题,其中就包括公众参与、公众教育等部门。[243]

在联邦政府层面,1972年修正后的《清洁水法》第101节明确指出:国家行政机构和州政府依据《清洁水法》制定、修订和实施相关法律法规、标准手册、排放限值、规划、项目过程中,应当规定、鼓励公众参与,同时还需要制定和发布此类流程中公众参与的最低准则。为推动环境公众参与,美国环保署于1981年公布其第一个与雨水管理相关的公众参与政策文件《美国环保局公众参与政策(1981)》;1994年,发布《合流制溢流指导——长期控制计划》,该计划列出长期计划必需的9个要素,其中包括了公众参与;2000年发布了国家最佳管理实践中六种最低控制措施,指导各州开展雨水管理,其中包括公众教育和宣传、公众参与两项措施;2003年正式发布《美国环境保护局公众参与政策(2003)》,确定了公众参与目的、目标和方法。在州政府层面,以纽约州为例,该州环保局发布了《纽约州雨水径流排放许可》,交通部发布了《纽约州雨洪管理项目规划》,其中均有最佳管理实践中关于公众参与措施的体现。纽约市根据联邦政府和州政府法规要求,制定了《可持续城市雨水管理规划》,确定了城市雨水径流管理总体规划以及城市雨水径流管理的目标、标准、方法,并将公众教育和宣传部分纳入纽约市雨水管理;2010年该市公布《城市绿色基础设施总体规划(2011)》,主要包括五部分内容,其中第5部分重点描述了公众参与及支持,鼓励社区、市民及利益相关者参与雨水管理绿色基础设施建设。[243]

美国雨水管理项目公众参与实施推进主要依靠两种方式[244]:第一,公共教育、公共意识宣传;第二,持续为市民提供的公共项目信息和活动。在项目规划阶段,政府部门或开发商对项目进行相关宣传,并为附近受影响居民提供讨论和进一步参与规划的机会。政府部门或开发商通过附有对开发项目信息的简要说明以及关于即将举行的会议的讨论主题和活动邀请函邀请目标人群,同时定期通过电子邮件提醒参会者会议进展和活动更新。会议中,项目人员首先对项目概况进行简要介绍,随后与参会者讨论项目计划以及讨论环节的问答活动。所有会议的活动均采用协作学习的方式进行,[245]这促进了参与者对项目知识的整合,鼓励公众表达不同的观点,促进社区成员与项目研究人员的共同认知。[246]项目研究人员通过对公众需求、可操作性等的合理分析,改进项目方案,同时也极大提高了公众对当地生态环境问题的认识。公众可以全程参与项目设计、实施及评估阶段。在项目实施阶段,公众可以依据程序对其实施监督;项目落实后,需要对公众的建议进行合理反馈,对公众满意度进行评价。[243]

2. 美国坦纳斯普瑞公园的公众参与治理项目

城市绿色空间是邻里交往的重要场所,"公众对参与到城市绿色空间项目的设计过程有本能的热情"。[247]伴随着城市的发展,公众对于提升城市绿色空间品质的要求与日俱增,参与城市绿色空间治理的诉求日益强烈。基于此,西方国家在公众参与城市绿色空间治理等实践中进行了诸多有益探索。具体来看:

第一,以市民为主体的民间组织在政府部门监管下管理维护特定的城市公园,负责日常管理。如英国爱丁堡的"公园之友组织"(Friend of Parks Group)、美国波特兰公园"朋友和伙伴"(Friends & Partners)组织。[248]

第二,主要目标是推进环境教育。荷兰阿姆斯特丹的市民组织以De Ruige Hof公园(4.86hm2)为基地,围绕生物多样性保护,开展丰富的环境教育活动。[248]

第三,自发性建设、管理社区花园(Community Garden)、社区农园(Allotment Garden)。建于1973年的纽约莉斯·克里斯蒂花园(Liz Christy Community Garden)是这类社区公园的鼻祖,属纽约公园游憩部所辖,由志愿者进行日常维护;意大利米兰一座占地120hm^2的博斯康尼塔(Boscoincittá)公园是由当地非政府组织(Non-Governmental Organization)在公园管理部门的帮助下建成的,是米兰重要的儿童环境教育基地。[248]

第四,利用网络交流平台进行管理评估。芬兰赫尔辛基(Helsinki)的市民通过填写网络调查问卷选出最受欢迎的绿色空间,并就管理维护提出建议。[248]

第五,环境监测。美国"路易斯安那救援队"(Louisiana Bucket Brigade)在化工厂附近的居住区采集空气样本,监测空气质量,敦促政府和企业整改。[248]

在诸多公众参与城市绿色空间治理的探索中,最具代表性的是以美国坦纳斯普瑞公园的公众参与治理范式。具体来看：

游憩是"美国城市十五大职能之一"，[249]由公园和游憩部PRD负责，具体职能为"提供、运作和管理一系列的主要游憩用地和设施"。[249]"公园与游憩部是美国各类公共机构中对志愿者依赖程度最高的部门，社区志愿者为城市公园游憩活动的顺利展开做出了重要贡献，在人力成本较高的大城市尤为明显"。[250]PRD先后成立了参与具体管理维护的"公园伙伴组织"（Partnerships for Parks）及社区园艺组织"绿拇指"（Green Thumb），尝试在管理领域向公众开放。波特兰公园游憩管理部（Portland Parks & Recreation）在全市推广了"朋友与伙伴"项目（Friends and Partners Program），针对不同城市绿色空间制定相应的工作计划，取得了良好的社会效益、生态效益和经济效益。该市坦纳斯普瑞公园自2015年初由"坦纳斯普瑞的朋友"组织（Friends of Tanner Springs）管理维护，成效显著。[248]具体来看：

其一，联合公众参与的前期规划设计阶段。[248]

公园位于市中心，是1999年城市更新计划的系列公园之一，占地0.92英亩（0.37hm^2），由戴水道（Atelier Dreiseitl）公司设计，2005年开放，先后荣获2006年美国景观设计师协会（ASLA）俄勒冈州景观设计优胜奖、2011年美国城市土地协会（ULI）公共开放空间设计奖。公园的设计基于历史，将现代都市生活与区域自然历史相连，通过对威拉米特河谷（Willamette Valley）典型丘陵地貌的模拟，再现了橡树稀树草原（Oak Savanna）和山地草原（Upland Prairie）的群落特征。公园分3个区域，水系是对历史上区域水文特征的转译，涌泉象征坦纳河（Tanner Creek）源头，小溪隐喻坦纳河，低地池塘象征库奇湖（Couch Lake）。

波特兰绿色工作组织（Green Works, P.C.）、波特兰公园和游憩管理局、波特兰发展委员会（Portland Development Commission）等部门参与到整个设计过程，于2003年1～6月组织了系列社区研讨会，向公众展示设计方案，听取意见、指导方案实施，公园是政府管理部门、专业设计团队和社区居民共同参与的结果，公园名字也是采用居民投票的方式确定的。

其二，缺失公众参与的后期维护管理阶段。[248]

依据管理主体不同分2个时期。2005～2009年由PP&R与专业维护公司共同管理。清除入侵植物是管理维护的首要难题，入侵植物会快速侵占原生植物生长空间、危及群落稳定、制约公园的可持续发展，最初设计的24种典型原生植物品种，在专业团队的管护下约1/3消亡。入侵动物如鱼类被游人、水鸟带入池塘、湿地，其代谢物产生大量氨，导致水质恶化，原设计池塘自净系统失效。

2009~2015年以PP&R管理维护为主。研究入侵植物的PP&R专家认为，除草剂可以有效去除入侵植物，但考虑到其对人体及环境存在的安全隐患，手工清除是最佳方案；针对入侵动物对池塘、湿地的威胁，除常规维护，长期持续的专业监管更为重要，仅靠PP&R的力量难以实现。因此，从2009年初，志愿者开始不定期参与到管理维护中，但由于没有固定团队，工作缺乏系统性，成效并不显著，外来物种入侵和本土植物消亡的状况并没有明显好转。

其三，引入公众参与的后期维护管理阶段。[248]

2015年初公园开始由"坦纳斯普瑞的朋友"组织在PP&R的监管下进行管理，经过4年多的努力，一度被入侵物种困扰的公共空间成为可持续发展的典范和明星社区公园。管理过程主要体现在以下四个方面：

首先，组织成立。公园发展的客观需求和公众的热情是促使"坦纳斯普瑞的朋友"成立的两大主要原因。周边社区的居民达成共识，认为公园需要通过更细致的管理才能摆脱困境。2015年初居民代表向PP&R递交了申请书，获批准后，与PP&R共同制定了谅解备忘录，组织正式成立。

其次，组织运营。每周进行3次集体管理维护活动，大约1.5~2.0小时/次。实行弹性管理模式，成员可提前一周告知负责人可参加活动时间，便于工作安排。组织的运营费用大部分来自PP&R的拨款，资金不足时也接受社会捐赠，费用主要用于制作宣传手册、网站维护、志愿者专业培训、池塘维护监管及组织工作，PP&R提供设备和植栽材料，聘请经验丰富的植物学专家对成员进行专业培训，教授入侵植物识别、栽植和维护的基本知识，PP&R还编制了专门针对该公园的手册指导公众管理维护工作的开展。成员招募由PP&R协助，申请者需向PP&R递申请表，通过审核后方可正式加入团队。组织规模从成立之初的9人，发展到2017年的20人，影响力在不断扩大。

再者，具体工作。第一，日常养护。清除入侵植物是公园维护的主要内容，在与PP&R和波特兰霍伊特植物园（Hoyt Arboretum）的植物学家沟通交流后，"坦纳斯普瑞的朋友"（下文简称"朋友组织"）最终决定采用人工清除的方式，以保证游人安全并兼顾公园的可持续发展。人工清除入侵植物、收集本土植物种子是常规养护工作的重点。除此之外还要进行修剪、除草，清理水系、保持步道及公共设施清洁，原生植物的补植及湿地清淤等工作。第二，监测记录。"朋友组织"负责监测记录公园水体水质状况，一旦发现异常，便及时上报PP&R；记录公园入侵植物和入侵动物（鲤鱼和牛蛙）

的种类、数量及清除情况;编制《坦纳斯普瑞公园入侵植物识别手册》;统计各区植物花期、花色高度;跟踪拍摄野生动物在公园的活动状况;建立了工作日志体系,将公众参与管理维护的方法及效果记入其中,为未来工作的开展提供依据;记录游人数量变化,还邀请公众参与维护效果评估,通过线上线下结合的方式征集意见,进一步完善评估机制。第三,生态修复。黑脉斑蝶(Monarchs)是地球上唯一会迁徙的蝴蝶,生活在北美,每年秋季南迁、春季北归。近20年来,由于环境的破坏黑脉斑蝶在加利福尼亚沿海越冬的数量下降了74%。坦纳斯普瑞位于迁徙范围内,为了吸引黑脉斑蝶停留,在和PP&R的专家沟通后,"朋友组织"从2015成立后不久便开始在公园内种植马利筋属(Asclepias)植物(黑脉斑蝶的主要食物),为促进区域生态恢复而努力。第四,环境教育。"朋友组织"的成员作为"社区科学家",积极参与到珍珠区中小学校环境教育项目中,负责策划讲解,呼吁更多的人关注栖息地保护和区域生态修复。同时还通过网站(www.friendsoftannersprings.org)和社交软件即时发布公园最新动态及活动信息、收集意见建议,让公园与社区生活紧密相连,充分发挥社区公园的环境教育和服务功能。[248]

在"朋友组织"项目中,公众参与城市绿色空间治理的成效显著。截至2017年底,共有71种原生植物在公园中茁壮成长,其中包括56种原生草原植物和15种水生植物,收获了19种橡树稀树草原原生植物种子,有效地控制了入侵物种的数量和种类,优美的环境还吸引了野鸭、大蓝鹭等约11种飞禽在此筑巢活动,"朋友组织"为保护草原栖息和生物多样性地做出了卓越的贡献。社区居民在此举行婚礼和派对,公园成为日常生活的一部分,被誉为波特兰最受欢迎的社区公园、最具影响力的城市名片,是波特兰的骄傲。[248]

公众参与城市绿色空间的治理存在诸多动因。其中,全球金融危机是重要动因之一,英国"政府用于公园管理维护的财政拨款从2010年到2013年下降了20%"[251]"柏林用于城市公园管理维护的财政拨款从1993年的六千万欧元锐减至2003年的两千万欧元"。[248]美国公园和游憩部(Parks and Recreation Department)受预算所限,部分公园只能进行最基本的安全管理。资金投入直接关系到公园管理质量,仅靠政府的力量无法达到公众的要求。为扭转局面,一些国家的"政府管理部门尝试将城市绿色空间的管理维护委托给由市民组成的社区组织"[252]"市民、企业、非政府组织、民间团体参与到发展、管理城市绿色空间中",[253]逐渐形成了"从政府管理到公众参与管理"[254]的新趋势。

6.2 发达国家公众参与城市生态安全治理的主体性体现

公众参与包含了三种重要的民主价值观：公共行为的合法性、正义性和有效性。在城市生态安全治理中，参与者、参与者被赋权程度、参与者沟通与交流形式是治理过程中必不可少的三个要素，正确处理三者关系也是提升治理行为合法性、正义性和有效性的重中之重。其中，参与者亦可理解为参与主体，是"P-E-C"空间参与模式主要构成部分，参与主体类别、范围、数量的界定及参与主体参与意识高低对该模式的输出结果会产生深远影响，这在发达国家城市生态安全治理的实践中已经得以验证。

6.2.1 构建多主体地方行动网络，广纳多元化背景的参与者

某种程度上而言，所有行动网络都可以被理解为实验性治理手段。发起者与未来网络参与者合作开发解决地方治理问题的具体方案，并适时根据行动网络所获得的经验教训进行调整。从以上案例研究中，不难发现，参与网络的有效运作需要合理界定参与主体的范围、正确处理精英参与与公民参与的关系、广纳具有多元背景的参与者。具体来看：

首先，适当扩大参与主体范围。参与主体范围的界定是任何公众参与项目必须面对的问题。一方面，行动网络的影响力与其参与主体的数量呈正比关系，悉尼和芝加哥"低碳节能"计划就面临着参与主体较为单一的困境。参与主体集中在商业地产业主、民间社会组织及少数办公室白领。通过对研究者及参与者的采访及其他数据显示：受访者对于行动网络中参与主体的可扩展性问题存在质疑。在芝加哥，外部人士认为"绿色办公室宣言"计划只在中央商务区施行；在悉尼，"更好的建筑伙伴关系"被认为不能被其他澳大利亚城市效仿。在宣传减少能源消耗或碳减排方面的这些方案时，也存在扩大参与主体的困境：虽然部分参与者取得了预期收益，但组织方案具有特殊性，并不一定适用于所有参与者，更不用说在其他城市或国家推广。

其次，广纳具有多元背景的参与者。在城市生态安全治理中，具有不同文化、职业、价值观的参与主体间开展广泛和积极的对话有助于为组织提供更为详实的信息和更有价值的意见。在加拿大"温哥华城市观察站项目"项目中，研究者通过聘请温哥华地区约150位不同职业和背景的人士参与城市生态安全治理过程，进而确立公众参与过程影响城市可持续发展的关键因素。参会者具有不同的价值观和认知体系，他们结合自身知识与经历，在非自身专业领域的问题上进行了广泛的对话，虽互不相识，但都对温哥华地区的可持续发展和生态环境等相关问题感兴趣，并能够在平等对话的基础上增进对设定议题的认知，达成共识、制定特定的程序目标。该种建立在多元认知体系基础上、超越专业研究领域和身份地位的公开对话，在促进参与主体的多元化和组织目标的实现上起到积极作用。

6.2.2　培养公众协作及参与意识，增进公众参与的内生动力

近年来，伴随着社会政治经济的不断发展，公众在参与城市生态安全治理方面也取得了长足的进步。公众参与意识与参与自愿性的提高是实现良好城市生态安全治理的重要内容，也是增进公众对于政府治理能力认可度、提高政府合法性的有力手段。里约地球高峰论坛之后，各国政府不仅认识到多元主体采取自愿行动和合作参与生态环境治理的重要性，而且加强了公众参与意识培养与提升。

首先，自愿意识与协作理念是参与的原动力。早在20世纪60年代，日本生态环境治理法律法规仍不完善，但公众参与城市生态安全治理的自愿行为已初见端倪。从根本上说，合作理念和自愿行为受自个人主观意向驱使，是一种存在于社会个体深层思想体系的价值观，并不受政府机构或任何官方法律的影响。1964年，日本举办东京奥运会时，东京面临着严重的空气污染。"那个年代，人们对污染的认识还不够深入，甚至有学校在校歌中赞扬自己的城市能看到'彩虹一样的烟囱排放'。但随后，日本各地出现了污染导致的大范围公害病，其中废水汞污染导致的水俣病、第二水俣病，空气污染导致的四日市哮喘和镉污染导致的痛病合称为日本'四大公害病'。在此背景下，民意和舆论开始关注公害问题，受到影响和伤害的民众发起诉讼，向政府和企业施压。而各级政府在压力下采取了各种防治污染公害的措施，最终走出了一条兼顾经济发展与环境保护的道路。"[255] 由此可见，公众的积极参与及其产生的良好社会效应使政府逐渐意识到非营利性组织、企业、公民等主体对于生态环境保护的重要价值，推进了解决生态环境污

染问题的进程。

其次，培养公众参与自觉性，提升参与意愿。公众参与自觉性的缺乏是导致公众参与意愿较低的主观原因。在悉尼，无论是"更好的建筑伙伴关系"计划还是"CitySwitch绿色办公室"计划，参与的主体主要集中在大型商圈内的商业地产业主，并未扩展到更多的中小型商业地产业主。这一方面表明计划设计及推广的方式存在问题；另一方面表明社会主体参与意识的相对匮乏，计划的可扩展性较为薄弱。在城市房地产和租赁市场上，有许多不同的个人和企业集群，包括：大型业主、小型企业、办公室租户等。其中，中小型商业地产业主并不认为类似"低碳减排"计划能为其带来诸如提高知名度或增进企业效益的正面效应，更不太可能会受到参与该计划的其他业主的启发。此外，房地产和租赁市场部门高度分散，主体间交流机会的减少不利于参与意识的培养。

6.2.3 明晰精英与公众间关系，加快参与主体间知识的传递

城市是生态安全问题的高发区域。城市化进程在社会结构变迁中产生巨大能动效应，但城市人口密度的增加和流动性的加快极易引发城市生态系统资源配置失衡、生物承载力下降等诸多生态问题。在发达国家城市生态安全治理的实践中，需要首要处理的是治理主体间复杂的利益关系，这是增进主体间相互认知与理解的前提，也是提升治理合法性的基础。具体来看，包括合理处理精英与公众间的关系，减少环保组织与环保志愿者的专业化差距两个方面。

首先，正确处理精英参与与公众参与的关系。行动网络中的精英团体通常具有较为专业的知识和治理经验，而其他主体的广泛参与能够扩大政策影响力。因此，如何处理精英参与与公众参与两者的关系成为治理的关键。"更好的建筑伙伴关系"和"改造芝加哥"计划是专注于构建以精英团体参与者为主的行动网络，它们更有可能吸引具有专业知识和技能的参与者，由于精英参与者有相当的手段和野心，能够对建筑物进行根本的改进。然而，精英网络所产生的知识很难与其他普通参与者产生共鸣，对诸如"CitySwitch绿色办公室"计划中潜在参与者也会产生消极的影响，因为他们相对不那么出色的表现可能不会为自己带来预期的收益。因此，在众多参与者中，如何界定精英团体和普通公民参与权利的大小、划分参与内容，使参与者能够各尽其能、各得其所，十分重要。

其次，减少环保组织与环保志愿者的专业化差距。环保组织掌握着较为专业化的

生态知识，相比之下，民间环保志愿者在生态安全治理、污染物识别、污染源分析、环境质量检测等方面缺乏较为专业化的认知与技能。生态专业性知识的差距是导致城市生态安全治理低效的深层原因。以城市间"行动网络"的研究为例，现今，比较知名的国际网络研究机构包括：地方政府可持续发展理事会（ICLEI：Local Governments for Sustainability）、C40城市气候领导小组（C40 Cities Climate Leadership Group）等。这些机构的研究发现：行动网络能够为城市低碳发展和生态安全治理的转型带来宝贵的经验教训。但同时，行动网络的高度发展可能会排斥某些组织所产生的专业知识，进而使个别组织成员的参与观念与思想停滞不前，产生毫无意义的治理方式。在日本，诸如地震等自然灾害造成的激烈利益冲突和对社区的破坏，往往使传统的公私协作与志愿者的模式运转失灵。尽管致力于社区发展和灾后恢复的非营利组织在灾后重建项目中相当活跃，但他们在同政府机关谈判及和利益攸关方协调的过程中，往往面临很多困难。其中，对于灾害问题分析不透彻、灾害诱因认识不充分、专业救助技能不熟练等专业性知识的匮乏是主要原因。

6.3 发达国家公众参与城市生态安全治理的权利保障

在"P-E-C"空间参与模式中，公众参与对于城市生态决策所产生的影响力高低是衡量参与效果的重要指标，这其中涉及公众被赋权程度的差异性问题。公众参与治理权利的实现程度越高，公众对于生态政策的影响力也就越大，参与结果的正义性就越高。换言之，两者成正比例关系。在以上发达国家生态治理实践中，公众参与生态治理权利的实现受参与程度、公众参与相关法律等因素的影响。

6.3.1 减少公众对参与结果的异议，缩小地域性参与程度差异

虽然越来越多的国家已将公众参与纳入生态环境政策制定的流程，并以法律的形式加以保障，但仍存在由于各主体间参与程度不同、相关参与法律过于泛化、参与主体所

在地区差异而导致的参与权利缺失、弱化等问题。直到今天，各主体间参与权利的行使效果仍存在很大不同，这在以上发达国家中的公众参与实践中也可略窥一斑。

首先，尽可能消除参与主体间对于参与程度和效果的异议。在日本，公众和政府都对参与问题存在怨言。[256]前者抱怨说，他们的意见从来没有在公共政策上得以体现，无论他们多么努力参与讨论过程。另一方面，后者强调，公众并没有提出具有创新性的建议，无论他们在参与过程中付诸多少努力和时间。现实中，人们开始质疑以建立可持续发展社会为目的而采取合作手段的有效性，对于参与的兴趣度正在减退，参与程度的差异逐渐增大，这是当下日本生态环境治理面临的问题之一。在悉尼"更好的建筑伙伴关系"计划中，参与主体是包括房地产领导者、高度专业的高级管理人员在内的精英团体。精英团体与普通公民间参与程度的差异，是参与权利不平等的直接体现，同样会导致参与结果的不公正及非正义。

其次，缩小不同地域间公众参与程度的差异。区域位置的不同也导致公众参与程度的日益差异化。一方面，在政府治理权力下放的过程中，一些地方政府通过制定有关公众参与的基本条例、提出补充性支持手段，以促进国家法律框架下的各种参与体系的发展。另一方面，很多地方政府并不急于推动公众参与的发展。不同地域间公众参与程度的差异性会不断打击有意愿参与生态环境决策人的积极性，虽然生态问题存在某些灵活性与可变性，但法律应该保障公众参与的最低标准，这不仅是某个地方行政当局的问题，而是需要不同城市政府或基层政府间共同关注的问题。例如，在欧盟的"参与式可持续发展评估项目"中，一位来自英国环保非政府组织的参会者说："以不同的方式听取其他人的观点十分有益，我们地区的能源系统有可能仿效此做法。"因此，尽量缩短因区位差异而导致的公众参与程度不同、促进参与经验的传递，是实现公众参与影响力不断扩大的重要举措。

6.3.2 弥补公众参与的法律空白，促进公众参与激励机制建设

现今，公众参与城市生态治理的规范化、科学化发展成为时代趋势。发达国家相继出台了有关公众参与城市生态安全治理的法律法规，力求从法治角度弥补公众参与的法律空白、增进公众参与激励机制建设、提升治理效果和公众参与程度。与此同时，政府部门也设置了鼓励公众参与的激励机制，不断深化公众参与过程。具体来看：

首先，完善公众参与生态安全治理的相关法律法规。缺乏完善的规范性法律是导致

参与程度差异的直接原因，也是公众参与权利得不到切实保障的根源所在。如上所述，在日本，有关生态环境保护的部分法律中虽有涉及公众参与问题，但仅有少数规定明确了参与的具体内容和条件。比如：即使在《环境影响评估法案》颁布之后，公众也只有在项目内容基本确定后才能提供建议，因为只有基于特定项目的《环境影响评估法案》才能够得以执行，《战略环境评估（SEA）》并不包含在内。另外，"国土综合开发计划"和"社会基础设施优先发展计划"都没有对公众参与项目的具体细节进行规定。虽然公众最感兴趣的问题通常是水坝的修建位置、高速公路路线等，但在决策阶段却不能保证公众的真实参与。换言之，城市生态问题各不相同，进而公众被允许参与的范围也各有不同。虽然公共参与是制定环境政策不可或缺的一个过程，但在诸如《核能法》等一些环境相关领域，法律上禁止公众参与。因此，公众参与范围和权利缺乏细致的法律条文规定，极易导致参与过程和结果的不合理。

其次，增进公众参与城市生态安全治理的激励机制建设。政府在鼓励公众参与的过程中，会采用诸多激励手段。对企业而言，可通过降低税收、放宽准入原则、给予适当财政补贴等；对于社会组织而言，可通过提供技术支持、分享有价值的信息、公共服务外包等；对于公民而言，可通过提供物质或精神奖励、媒体宣传等。毋庸置疑，恰当的鼓励措施能够使参与者积极主动地践行组织目标，高效、准确地实现组织任务。在悉尼"CitySwitch绿色办公室"计划中，政府给予行动网络参与者的回报方式主要是通过举办年度颁奖仪式表彰优秀的参与者，以及通过不断的媒体宣传活动来提升他们的知名度，已取得了一定的成效。但同时，奖励机制也会衍生出问题。该计划的负责人认为"CitySwitch绿色办公室"计划似乎只有对那些最有可能取得卓越业绩的人才有吸引力，因为这将使他们成为颁奖仪式上的焦点，而对安于现状、没有进取心的租户没有吸引力。

6.3.3 细化参与程序的法律法规，增强公众参与治理的话语权

1992年里约峰会之后，日本的土地使用和生态环境法律相继引入了公众参与的内容，主要目的在于为科学决策收集环境信息、推动环境志愿活动的开展。然而，当处理诸如改善基础设施等利益冲突较为激烈的问题时，这种合作体系的功能面临失调的风险。因此，为了应对此类冲突，以强制性法律为基础的生态权利的实现可以增加决策过程的透明性和公正性。

首先，完善公众参与城市生态安全治理程序的相关法律法规。实现公众参与过程的正义性。一方面，在公众参与生态环境法律法规的制定时，应设立网上环境登记处，提供环境信息、数据、状况的具体规定，便于公众对与生态环境有关的法律文件从草案提议到最终通过进行全程监督，通过表达意见，保证公众的环境知情权和参与权的实现。[257]另一方面，应将为参与者提供必要的信息技术支持列入相关法律法规。以日本为例，为了参与基层社区活动，金融和技术支持是必要的，但其《城市规划法案》中并没有明确为参与者提供任何财务支持或专家（例如城市规划者）的协助。相比之下，小型非营利组织很难对大规模的城市发展项目提出异议，因为提出该种反对意见需要具备这些组织一般不具备的有关城市生态环境的专门知识和信息。一般来说，小型地方非营利组织只能提供当地的生态环境信息，并对传统城市景观的发展存在浓厚的兴趣。[258]

其次，在参与行为上，促使公众参与具体化和制度化，赋予各主体平等的参与空间。在加拿大，海上处置废弃物的许可发放要经过公众通知阶段，有30日的等待期，以便公众提出反对意见。根据环境保护法做出的行政规章、部长命令公布后有60天的评议期，公众可以提出异议，要求成立评论委员会听取异议理由等。在里约峰会之后，日本推出了诸种促进公众参与的相关法律法规。但是，由于真实性平等参与机会的匮乏，公众并不能有效地运用这些新的条款。一个典型的例子是《城市规划提案制度》，作为土地所有者，大型开发商提出城市规划项目建议相对容易，进而促成了大城市中较新的大型土地版块的建立与发展。某种意义上而言，此制度更有利于加强土地所有者和开发商的权力，不利于城市基层社区公众参与活动的发展。[259]因此，从法律角度保障参与主体的平等参与权，是实现参与正义性的必要手段。

最后，法律应对参与主体的权利与保护做出明确的规范性说明。在环境诉讼方面，加拿大公众可以对环境违法行为提出调查请求，如果部长调查后未采取适当行动，可以对违法者提出属于公益诉讼的环境保护诉讼，要求法院判令停止损害；因环境违法行为遭受人身财产损害的，则可以通过民事诉讼要求损害赔偿；在举报人的保护方面：保护举报人条款禁止披露举报人身份、解雇、骚扰、处罚举报人都是明文规定的违法行为。另一方面，在一些法律中，公众参与生态环境治理的权利并未得到体现。举例而言，日本《受灾地区重建法》第35条规定：在重建区内对具体项目进行环境评估时，存在一些例外规则。这些规则构建了一个简化版的环境影响评估体系，评估对象是铁路和土地的再调整项目，目的是将快速重建与环境保护机制相结合。作为这个规划的一部分，这些项目中的公众参与部分也被取消。

6.4 发达国家公众参与城市生态安全治理的实现路径

在"P-E-C"空间参与模式中，公众参与城市生态安全治理的外在体现是参与者间的交流与沟通形式。强化公众参与程序的建设、发掘更为开放的参与形式、丰富公众参与路径是提升民主价值观和治理有效性的重要内容。从以上案例中不难发现，一方面，参与形式的优化为公众共享参与核心价值和发挥个体参与热情创造了空间。另一方面，政府通过引领公众参与发展的方向、确定参与目标与方案，为公众参与及交流渠道的构建奠定了基础。

6.4.1 举办公众参与交流研讨会，增加公众生态知识信息储备

目前，公众参与城市生态安全治理中的"社会学习"问题广受关注。这是参与主体间知识、信息传递及自身认知能力提升的过程。同时，实现生态信息资源的共享也是促进公众参与形式多元化的目标之一。纵观以上几个发达国家关于社会学习及信息共享的实证研究，不难发现，对于该类问题的探索有助于公众参与行为的健康发展和治理效果的逐步提升。

首先，开展公众参与研讨会。一方面，在城市生态安全治理中，研讨会的参与形式不仅能够增进公众对于社会学习过程的了解，而且能够促进参与主体社会学习的过程。研究者通过对奥地利、英格兰、西班牙三个国家的案例研究发现：参与式研讨会能够产生社会学习行为，并且有助于参与主体认知能力的提升。但同时，知识习得的效果比预期要差；社会学习的深度和广度取决于研讨会的设计、研讨过程的时长和参与者的类型。因此，定期举办研讨会并合理规划会议流程能够增进参与主体社会学习的过程。

其次，增加公众生态知识信息储备。通过对专业知识的普及和认知能力的提升可以推进城市生态安全治理的顺利开展。在"温哥华城市观察站项目"中，研究者通过研讨会的形式对参与者进行测试，探究他们是否愿意并有能力暂时抛开狭隘的私利，参与到

一个为期六个月、目标和结构复杂又模糊的公众参与过程中。并且，项目对于公众参与程序有较为详细的规定：小组成员在规定的几个月或几年内会面次数不得少于一次；小组成员在中立调解人的组织下会面；小组成员根据提前设计的框架和规定进行对话。最终，小组成员受公共事件的启发，通过会面与讨论，总结并制定了初步的行动方案。在欧洲国家对于"参与式可持续发展评估方法"的研究中，西班牙乌尔代比举办了三场研讨会，共有20多人参加；另外，对至少30个人进行了深度访谈，每次探讨会都有专门人员进行监管，确保会议流程公正合法，极大地提升了参与者的认知能力和参与效率。

6.4.2 构建生态信息共享平台，提升参与主体认知与思辨能力

在发达国家城市生态安全治理的实践中，参与主体间沟通与交流的广度与深度很大程度上受社会学习机制、生态信息共享平台建设与完善程度的影响。一方面，促进参与主体间相互学习过程，是政府提高参与主体对于生态安全问题的认知与思辨能力的关键手段；另一方面，构建城市生态信息共享平台，也是丰富参与形式与渠道、扩大参与主体范围的有力举措。具体来看：

首先，参与主体通过社会学习过程，提高思辨能力。社会学习可以被定义为：以提升个人获取新知识的能力为目的，而在不同主体间和不同层面上发生的学习过程；社会学习的具体内容包括：主体对特定假设和价值观的变化、革新处理冲突所涉问题的方式、适时寻找联合行动路径。欧洲国家的案例表明，在以城市可持续发展为议题的背景下，公众参与研讨会能够增进各主体的社会学习过程。进一步的研究证实：在研讨会之后，参与者更关注影响城市可持续发展的社会因素，这表明参与者认识到城市社会向可持续发展转型中会遇到的阻碍因素不断增多。在西班牙和英格兰的案例中，影响城市可持续发展的社会因素与经济因素成反比增长趋势。当涉及以上两个因素的影响程度与范围时，参与者对其认知并没有明显改变，但对问题结构或框架的看法发生了改变，对于参与主体角色和参与机构的认知并无显著变化。这表明，参与主体通过改变思维方式，对问题本身有了更深入的理解，在城市生态安全治理领域，这将有助于解决具有复杂性和不确定性的城市生态安全问题。

其次，构建城市生态信息共享平台，实现知识的传递与公众认知能力的提升。城市生态信息共享平台设计的科学与否直接影响治理成效。无论是加拿大的"温哥华城市观

察站"项目,还是芝加哥的"改造芝加哥"计划,或是欧洲国家的"参与式可持续发展评估方法"项目,他们所产生的专业知识和相关资讯只有通过便捷的传播平台,才能实现信息利用效率的最大化。在悉尼,"CitySwitch绿色办公室"计划的管理者需详细记录行动网络中参与者的经验教训,并将此类经验与教训通过互联网信息的形式向其他参与者传递,这有助于信息资源的再生和参与效果的优化。在英格兰,一位"参与式可持续发展评估方法"项目的参与者说:"我喜欢这个探讨过程是因为:它提供了大量信息,但没有迫使我们接受任何人的观点。相反,它充分地提供了探索不同处理问题方法的机会。"由此可见,建立信息共享平台,实现生态信息资源共享,对于公众识别城市生态问题的复杂性和不确定性、判别参与主体认知能力、促进城市生态系统的可持续发展意义深刻。

6.4.3 科学制定公众参与项目,加强公众参与目的性与灵活性

在发达国家,政府监管、财政补贴和税收调节等手段难以改变传统城市生态安全管理方式的弊端,城市政府开始不断尝试新的治理手段,通过动员公众参与、丰富参与形式,实现城市生态环境的可持续发展。政府明确组织目标、及时修正治理方案、建立激励机制是构建良好的公众参与形式的前提,也是促进公众针对生态安全问题进行理性沟通的基础。

首先,确定组织阶段性及最终目标,提高公众参与过程的目的性。政府是城市社会公共事务的管理者,也是公共物品的供给者和公共政策的制定者。在城市生态安全治理中,公众参与过程需以阶段性及最终目标为指引。目标是目的或宗旨的具体化,是一个参与主体奋力争取达到的所希望的未来状况。具体来看,公众参与城市生态安全治理的最终目标是实现城市生态系统的可持续发展,与此相对应的阶段性目标则是指在一定时期内,政府通过与参与者协商所希望达到的预期成果。举例来看:"更好的建筑伙伴关系"的最终目标是2030年,建筑碳排放量比2006年减少70%,并形成相关的节能减排知识和技能;"改造芝加哥"的阶段性目标是五年内,将参与业主所在建筑的能源消耗降低20%,并形成相关的节能减排知识和技能;欧洲国家"参与式可持续发展评估方法"的最终目标之一是提升参与者的社会学习能力。就目前所得数据显示,在具体目标的指引下,各项计划都取得了阶段性成果。这表明,组织计划目标的制定对计划实施效果起到了积极作用。

其次，及时修正计划行动方案，以适应不断变化的组织环境。政府在制定合作网络的行动目标及方案时，具有一定的时间及空间特征。随着网络组织内部和外部环境的不断变化，政策制定者也应适时调整政策方案，提高其灵活性与适应性。譬如：在芝加哥和悉尼，虽然所有计划的目标都是实现城市建筑物的节能减排，但在芝加哥中央商务区施行的方案很有可能不适用于悉尼中央商务区，反之亦然。因为城市间环境差异很大，诸如：经济发展、社会变迁、建筑物年龄、参与者的专业背景等，这可能要求方案内容和要求的多样化。具体来看："更好的建筑伙伴关系"计划中参与主体已从方案中的大型商业地产业主扩展到中小型商业地产业主；"改造芝加哥"计划中参与者人数已从预计的14人上升到50余人。面对此类变化，政府应该及时考虑修正政策方案，进而提高方案施行效果。

第7章

中国公众参与城市生态安全治理的对策与建议

在城市生态安全治理中,"P-E-C"空间参与模式将参与主体、公众被赋权程度、参与形式视为构成公众参与机制的三要素。正确认识并处理三要素之间的关系,不仅是应对生态冲突和寻求社会各主体联合行动的有效路径,也是实现公众参与及治理过程合法性、正义性和有效性的必要手段。因此,公众参与城市生态安全治理,需要在树立生态正义观的前提下,正确分析并处理各主体间关系,增强公众参与力度,提升参与主体能力,促进生态信息共享、主体间平等对话和公众参与决策的科学化。同时,完善参与保障及激励机制,促进公众参与权利的实现,进而构建公众认可、公平合理、高效有序的公众参与机制。

7.1 提升治理合法性:合理处理城市生态安全治理中的主客体关系

在"P-E-C"空间参与模式中,参与主体(Participants)是构成该模型的基本单元,也是城市生态安全治理中对于生态安全问题有认识和实践能力的个人。从语义学而言,关系是指事物之间相互作用、相互影响的状态,包括人类与客观物质世界之间的主客观关系及社会群体中因交往而构成的相互依存和相互联系的社会关系。正确认知参与主客体间、参与主体间的关系,是最大程度发挥主体参与能力的前提条件,也是提升公众参与城市生态安全治理合法性、正义性、有效性的有力举措。

7.1.1 积极应对参与主体与自然界的关系

在公众参与城市生态安全治理中,首要面对的是参与者与生态环境间的关系,即参与主体与自然的关系。城市生态系统中,人与自然相互依存、共同发展,本质上是一种共生关系。然而,资本积累逻辑在社会和自然之间的新陈代谢过程中无情地产生了一种断裂,切断了自然再生产的基本过程。这就引发了城市生态可持续性的问题,这不仅仅与经济规模有关,更与自然和人类社会之间相互作用的形式和强度有关。因此,合理对待城市社会中人与自然的关系是公众参与城市生态安全治理的首要考量因素,这对于生态系统的健康发展至关重要。

第一,摒弃人类中心主义价值观。人类中心主义价值观是非理性思维的直接体现。人类社会精神力量对城市生态社会的发展会产生极大的影响。简单理解,就是人类社会的生态价值观会明显作用于城市生态系统。生态中心主义秉持的观点是尊重自然事物的自身发展规律,顺应其自然演进过程,对其内在价值进行保护。在利普舒茨(Ronnie D.Lipschutz)看来:"对至高无上的自然法则的探索,源于对以生物为中心的道德规范的渴望。"[260] 当然,肯定"自然秩序"的固有价值则代表对"自然权利"的肯定,如此一来,生态中心主义被置于至高无上的地位并加以推崇,这一价值循环论使得人类社会的主观能动性无从显现,人类陷入被动之中。人类中心主义则与此截然不同,该观点认为:人类行为战略的支持系统源自城市生态空间,社会经济发展的主导因素就是人类的行为意识与权利。该理论将关注点放到了人类社会的主导性上,更强调人的主观意识与能动性,这一认知有违生态权利与义务的两者统一,是对城市生态正义观的背离。综上所述,生态中心主义尊崇"自然权利",追求生态系统与物种间的平等性;人类中心主义则将"人类权利"奉为圭臬,将关注点放到了人类与社会制度的协调发展层面。两种观点各有自身存在的价值,并存于城市生态系统之中。因此,在参与城市生态安全治理的实践中,公众应该正确认知自然社会内在价值和人类行为动机、有效处理生态环境与人的共生关系,尽量避免因非理性思维而导致的诸多生态问题的出现。

第二,遏制城市经济理性主义的过度发展态势。在市场资本的运行下,城市经济理性主义得以产生并大行其道,该理论认为在制定经济发展目标之时,要将利润增长规律作为重要依据,同时,为实现预期收益,还需将契合逻辑推理、凸显说服力的论证与论据等作为城市发展的重要依据。在经济理性主义的影响之下,城市经济行为重点关注物质利益,其行为的最终目的是对物质私利的最大攫取。在经济理性主义者看来,生态资源的存在具有合理性,同时,该合理性在某些条件与措施的帮助之下可以成功转化为社会财产,如此一来,生态权成功实现了转化,发展为财产权。这种经济行为具有突出的特点:跨越了私有权与生态权的束缚,使得生态系统的稳健发展处于危险境地。马克思(Karl Marx)认为:"劳动首先是人和自然之间的过程,是人以自身的活动来引起、调整和控制人和自然之间的新陈代谢的过程。人自身作为一种自然力与自然物质相对立。"[261] 经济理性主义者对生态系统健康发展秉持着反对的态度,并将市场观念用于人类劳动之中,认为在人与自然间的新陈代谢中,人类的生态权利与义务并不包含在内。这一认识使得生态系统的可持续发展难以为继，进而公众参与城市生态安全治理权利想要得到实现与满足也并非易事。因此，公众在参与城市生态安全治理中，应合理理解并运用经济理性主义的价值观，使其成为处理人类社会经济发展和生态社会健康发展的调和剂。

第三，提升城市市场主体的生态意识控制力。以城市社会的研究为视角，人与自然的关系可被解读为市场主体同生态环境的关系。卡恩认为：倘若要实现国民经济增长，那么可以忽视对生态环境的负面影响，这就是所谓的"优先发展论"；麦多斯则关注全球性平衡问题，其"增长极限理论"认为：经济发展与人口增长对全球性平衡会带来巨大冲击。上述两种观点将生态环境与经济发展对立起来，对两者的统一性漠然置之，使得经济发展极易走向极端。在上述两种思想的左右之下，城市生态系统想要实现可持续发展可谓困难重重。不可否认，城市经济与生态系统想要协调发展，那么就有必要从构建"城市生态有限性"这一伦理认知入手，对自然资源的稀缺性形成科学的认知，并将其内化为人类的行为规范；同时，着眼于生态安全治理实践，在实践中加深认知，规范行为，促进自我控制力的全面提升。自我控制力是人类特有的一种行为活动，城市市场主体的生态自我控制力是市场主体在城市经济发展中通过对自然资本、人工资本、经济规律的理性判断和主动掌握，进而实现自然资源的有限、合理利用及自我完善的稳定状态。城市生态体系的自然资源、人文景观、文化古迹等构成要素具有不可复制性，这要求市场主体在追求经济效益的同时，将其纳入"生态城市建设"的轨道，通过自我意识的升华达到控制盲从、感性等心理和行为的目的，使"自我控制力"成为促进城市经济与生态环境和谐发展的精神工具。

7.1.2 恰当处理参与主体间的关系

城市生态安全治理中，生态环境是自然界及人类社会赖以生存的基础，人类的参与过程贯穿生态系统发展始终，其中涉及的人与人之间的关系复杂多变。因此，社会语境与价值理性的差异会促使人们产生不同的城市生态安全治理认知。公众参与城市生态安全治理效果的提升需要整合参与主体间的认知差异，厘清参与过程中存在的矛盾与问题，正确处理参与者之间的关系。具体来看：

第一，积极塑造城市生态美德，并内化为城市生态伦理。在经济竞争语境下，人们往往把生态城市、美丽城市建设作为拉动经济的手段；在消费社会语境下，人们往往把良好生态作为一种消费品、奢侈品看待,而没有把生态逻辑、生态价值上升为城市社会的基础逻辑、基础价值。[262]在城市生态安全治理中,公众参与是公众在城市生态系统中做出的承诺、行为与及产生结果的具体呈现,这一参与过程体现了约束性与合法性的特质。在该过程中,无论是责任还是义务均是身为城市公民应该拥有的道德规范与品行。简而言之,在公众参与生态安全治理中,应该由城市生态美德对其行为进行积极引导与规范。美德的形成与培养的重要手段就是对美德进行塑造。伊森和特纳(E.F.Isin and B.S.Turner)认为:"美德政治对于一个国家的公民有着一种深刻而不是浅显的认识,并将其视为复杂、有教养而精力充沛的社会成员。"[263]美德的形成并非一蹴而就,而是社会与政府等多方面通力培养的结果。城市生态美德可被视为政治意识形态的具体体现,想要拥有这一美德,需要城市公民对该美德形成正确认知,同时付诸实践。此外,政府与社会组织的大力宣传,也是公众形成生态美德并将该美德内化为生态伦理的关键所在。另一方面,城市生态美德不应完全被视为屈服于特定社会的一种意志,而应被视为公民必须具备的一种优良德行,如责任、公平、义务、正义、包容等都是城市生态美德的构成要件。约翰·巴里(J.Barry)提出:"基于美德的阐释,不同于理性主义的伦理阐释,专注于个人行为者的特点……作为构成背景与框架的自然界的文化评估,性格培育和个人道德行为产生其中。"[264]因此,承认城市生态美德在处理各参与主体之间的积极作用,并将该美德内化为城市生态伦理,对于公众参与城市生态安全治理的公平性及有效性意义重大。

第二,实现各主体参与城市生态安全治理的程序正义。在参与城市生态安全治理中,人与人之间的生态资源与利益的分配过程就是对自然物质的交涉与调和的过程。参与程序的正义可以理解为在城市生态安全治理政策的制定、执行和评价过程中,依照宪法及相关环境法的规定,按照一定的顺序、方法与步骤实现城市公民公正享有生态资源的过程。一方面,参与治理过程中所以体现的程序正义力求构建一种良性的城市生态安全治理秩序;另一方面,程序正义要求参与主体对稳定、可持续的城市生态安全治理秩序具有理性认知与价值追求。20世纪70年代,美国政治哲学家罗尔斯(John Rawls)曾以程序正义建构其整个正义理论的体系。其中,罗尔斯始终强调"纯粹的程序正义",指出:只要规则并不有利于某个特定的参加者,是否合乎正义的考虑,取决于程序(如是否遵守规则),而不取决于结果。[265]罗尔斯关于程序正义的论断具有里程碑意义。实质正义与程序正义是两类并列存在的正义形式,也存在相关性。自亚里士多德(Aristotle)关于正义的论断开始,程序正义就被视为依附于实质正义的一种存在形式。

另一方面，程序正义本质上是过程正义，程序正义不仅强调正义的过程性特质，还注重正义的交涉性。美国学者利维特（Leventhal,G.S.）将程序正义置于利益分配的语境下探讨其深远影响，认为："如果人们认为程序是正义的，即使最后的分配对自己不利，人们也会接受它，并视之为公平。"[266]因此，在城市生态安全治理中，实现参与过程的公正、平等十分重要。

第三，降低城市经济外部性效应的消极影响。城市经济外部性效应是指城市某个经济实体的行为使他人受益或受损，却不会因之得到补偿或付出代价的现象。外部性效应导致的直接结果是社会收益或成本远远高于当事者的个人收益或成本。因此，城市中外部性效应很强的领域，市场机制就不可能对社会资源进行有效的分配，这必然导致社会资源及相应权利不平等享有。反观城市生态领域，城市经济客体在受到经济主体的生产和消费行为带来的负效应后，没有得到理应的赔偿，最终造成生态资源分配的不公和公众生态安全治理参与权的非均等化。德里克·贝尔认为："如果我们将生态公民权局限在那些牺牲自己的部分生态足迹以使享有更少资源的人得以公平分配资源的人身上，那么，很多环境运动就会被排除在外"。[267]在贝尔看来，公众参与城市生态安全治理的实现，也就是生态参与权利的实现。权利的第一要义是正义，所有的环境保护行为都应以减少或消除生态非正义为旨归。因此，尽可能减少城市经济外部效应对于参与主体间治理权利非正义的桎梏，是正确处理城市生态安全治理中参与主体间关系的必然选择。

7.1.3 正确对待公众与政府间的关系

城市是经济发展的引擎，也是市场经济体制运行的场域。市场经济具有动态性、灵活性及复杂性的特质。这一方面为城市社会创造了充裕的物质财富，另一方面也引发了诸多问题，限制了公众参与城市生态安全治理的健康发展。公共政策制定者、城市政府人员、民间社会团体和公民构成的参与主体作为城市生态安全治理过程的主要推动者，各主体间呈现的复杂关系需要政府明确其角色定位和作用，合理应对该种关系中的矛盾与冲突。

第一，减少公民社会对政府的依赖度。在中国城市生态安全治理中，公众"官本位"意识严重，过多地依赖政府治理而非自身参与。城市生态环境持续恶化及公众权利意识的提高迫使作为公众生活载体的城市不断完善其功能，并建立与城市生态系统发展相适应的管理体制。然而，长期以来，中国政府奉行"单中心"管理理念及方式、扮演"全能型"政府角色，城市生态安全治理作为社会治理的重要领域，同样受限于该管理模式。社会组织成员政治参与意愿低、政治参与资源匮乏、政府对公民组织的监管并未形成完整的制度网络，诸多因素造成公共领域中利益诉求难以进入政策系统，最终导致公民社会发展缓慢、社会组织成为国家发展的附属品。因此，构建拥有规范性、政府与社会组织及公民间相互协作的治理体系必要而迫切，这也要求政府明晰自身职责并建立多元主体共同参与的城市生态安全治理机制。

市场经济体制下资源配置的自发性和开放性使城市社会不同群体对于其所在政府提供公共服务的层次要求不同。一般而言，城市低收入人群更关注其所在的城市政府能否提供改变生活现状的机会。例如，城市的房价、居民消费水平、就业机会等；而收入相对稳定的工薪阶层则较为关注生活品质的高低，城市软环境建设的好坏、税收政策的制定、就业及科教事业发展充分与否等；非永久性居住的城市居民，包括外籍商人或社会精英人士，较为关注城市社会生态环境是否宜居、生活配套设施是否完善、生活品质是否有上升的空间。不难发现，不同社会群体对于公共物品、公共服务的期望值不同，城市公民的需求主要包括就业、受教育机会、城市公共物品等物质与非物质方面。具体到城市生态安全治理领域，城市政府不仅承担着提升城市生态环境质量的职责，如城市公园、绿地、道路等生态环境的改善，还承担着传播城市生态文化的职责；就城市公民而言，秉承"自治"理念，参与生态安全政策的决策、执行，实现自我管理、自我服务、自我满足，已成为越来越多城市公民的价值追求。

第二，政府应不断激发公众参与的积极性。资本本性与市场经济内在规律性降低了公众参与城市生态安全治理的可能性。城市生态系统的发展方向与市场经济体制下资本积累的本质特性密不可分。福斯特（John B.Foster）认为："资本主义经济把追求利润增长作为首要目的，所以要不惜任何代价追求经济增长，包括剥削和牺牲世界上绝大多数人的利益。这种迅猛增长通常意味着迅速消耗能源和材料，同时向环境倾倒越来越多的废物，导致环境急剧恶化。"[195]资本积累与生产方式的本性决定市场经济的发展是个变化的过程，静止的市场经济是不存在的，经济空间中资本流动性及利润支配效应致使高消耗、高污染的能源与材料成为市场主体的偏向性选择。"两高"模式被纳入城市生态系统不可持续发展的轨道后，导致严重的城市生态危机。因此，在面对发展经济与保护生态环境两难选择时，倘若全力发展市场经济，对生态环境的破坏将日益严重；若一味强调生态系统的重要性，则会抑制资本扩张与流通，或引发经济危机。看似矛盾的对立体使公众在参与城市生态安全治理时，陷入两难困境。因此，政府应尽可能平衡经济发展与生态环境保护间的关系，合理应对资本本性及市场规律的制约，鼓励公众积极参与城市生态安全治理，这是化解城市生态安全危机的关键，也是政府与参与主体关系良性发展的客观要求。

第三，政府应规范经济主体的参与过程。城市生态安全治理中，市场主体的自利性要求政府规范城市经济主体的参与过程。市场主体的自利性是利益至上经济体制的必然产物。古典经济学派中"经济人"假设以个人利益和经济效益为一切经济活动的根本出发点。该理念驱使下的企业过分关注利润指标，忽视环境污染和城市社会生态属性，造成产品的不断消耗与更迭，进而对生态环境带来不可逆的损害。亚当·斯密（Adam Smith）曾言："我们每天所需要的食料和饮料，不是出自屠户、酿酒家或烙面师的恩惠，而是出于他们自己的打算。我们不说唤起他们利他心的话，而说唤起他们利己心的话。"[268]城市经济发展方式很大程度上会影响该城市的生态环境，在经济发展过程中，市场经济体制自带的竞争机制和利益驱动逻辑使社会主体较多选择漠视生态系统的可持续发展问题。"经济的飞速发展依赖于迅速的消耗，依赖于不断替代的新产品，并因此而拒绝使产品长寿，因为获益的欲望只有在不断的替代中得到暂时的满足。"[269]城市社会体系不能独立于生态系统之外而存在，市场主体的自利性通过市场"看不见的手"创造诸多狭隘机械利益，背离了城市生态系统可持续发展的理念，最终引发城市社会人文环境与生态环境间诸多矛盾与冲突，间接抑制了公众参与城市生态安全治理的积极性。因此，政府作为市场经济发展的"第三只手"，应通过发挥经济调节作用，引导市场主体从生态可持续发展的角度开展经济活动，进而规范经济主体参与城市生态安全治理的过程。

第四，加强城市政府对参与主体的生态价值观的引导力。理解城市社会，需要一种同城市本身的属性相契合的思维方式。[270]在城市生态安全治理中，政府生态安全治理能力的提升与合理的制度设计及科学的权力配置密不可分，这很大程度上由内构于政府治理系统中的生态价值观决定。程序正义价值观为政府发挥生态治理引导力提供了理论支撑，也是提升治理成效的路径依赖。城市政府的基本价值观是实现公共利益的最大化，在平等正义理念的框架下，使用合法权利分配公共资源，尽可能地满足社会公众参与城市生态安全治理的需求。程序正义价值观中所蕴含的程序正义理念要求政府正视人类社会与自然的关系，公平、平等的对待任一参与主体，为其提供足够的生态安全治理话语权、参与权，实现城市生态空间场域的治理多元化。萨拉蒙（Lester M.Salamon）

认为:"新的治理已从强调大官僚组织控制的管理技能转变为强调'授之以渔'的管理技能转变。这种新的技能要求把处于互相依赖情境中的所有伙伴都纳入到网络体系中,即在共同目标下把多元的利益相关者凝聚起来。"[271]因此,在城市生态安全治理中,在参与主体中积极建构程序正义价值观并使其意识形态化,是政府提升生态安全治理能力前提与基础。

7.1.4 创建伙伴制的公众参与治理形式

伙伴制的公众参与城市生态安全治理形式是城市治理体系中不可或缺的组成部分,并扮演着愈来愈重要的角色。伙伴制将不同行为主体视为与政府共同参与城市生态安全治理的伙伴、合作者,政府将生态政策的部分制定权、生态事务的管理权转交给企业等利益主体,使其充分利用自身优势、发挥治理功效,应对城市生态安全问题。具体来看:

第一,明晰伙伴制的公众参与城市生态安全治理的内涵。现今,城市间竞争日趋激烈,城市生态资源紧缺、用于环保领域财政拨款运用不当、城市生态安全治理途径狭窄,以上问题都迫使城市政府寻求更为有效的治理范式,以建设"包容性城市"为目标、扩大城市容纳度、推进多元主体参与城市生态安全治理。其中,伙伴制作为推进城市生态安全治理的有效模式之一,被愈来愈多的城市政府所认可。伙伴制是"为重整一个特定区域而制定和监督一个共同的战略所结成的利益联盟",这一新思路集中于"对合作的可能性和局限性进行思考的需求——这里的合作是指能够使不同人组成的联盟成为并支持一系列治理同盟的合作"。[272]恩格斯曾经指出:"社会主义就是要把生产发展到能够满足所有人的需要的规模……所有人共同享受大家创造出来的福利。"这表明,只有使公共物品的创造尽可能实现最大化,才能在最大限度上满足公众日益增长的物质、文化需求。伙伴制的出现恰恰契合了这一目标,也必将促进城市经济、生态体系的健康、平稳和可持续发展。

举例来看,就城市中的生态环保项目而言,可采取竞标方式,寻求具有吸引力的新投资、规划方案,并与私营企业、跨国公司、投资商建立伙伴关系,最终以制度化的方式确立合作关系,实现不同参与主体间的伙伴化治理模式。由此可见,在城市生态安全治理中,企业作为治理的重要主体之一,它的作用发生了巨大的变化,并且已经从经济领域逐渐扩展到政治和社会领域,对城市经济、政治生活产生了深刻的影响。

企业与城市政府结成伙伴关系，承担应有公民责任。这一方面彰显了伙伴制参与治理形式的优越性；另一方面也表明城市生态安全治理参与主体及参与路径的多元化发展态势。

第二，城市公共服务的市场化走向为企业参与城市生态安全治理奠定了良好的基础。企业拥有雄厚的资金、较为先进的环保技术，这既是改善生态环境的必备条件，也是城市政府青睐内容，因此，确保企业切实参与城市生态安全治理，能够有力促进与生态环境保护相关的公共服务的专业化、市场化发展。这不仅要求城市政府积极吸纳更多的企业参与治理，也需要愈来愈多的城市企业积极主动的参与，提高环境保护参与力度。换言之，就是加强公共机构与私营机构之间的合作，就是建立政府与企业间的良性合作伙伴关系，建立一种全新的伙伴制的公众参与治理机制，通过政府与企业共享城市生态资源，同时分担生态风险和社会责任，推进城市生态安全治理的健康、可持续发展。

譬如，就城市生态保护项目而言，可实行公共服务外包政策。政府相关部门公开招标，中标企业与政府订立合作合同，由企业负责建设项目的实施，包括购买相关原料、项目设计、人员安排等，而政府主要负责监督及后期的管理等工作。这种合作伙伴式的管理方式这不仅节约人力、物力资源、财力资源，而且有利于增进各行为主体在城市生态安全治理中的工作效率，达到各行为主体间相互协作、互利双赢的良好态势。总之，企业是城市生态安全治理中的重要主体之一，是伙伴制下政府与私营机构合作的典型代表，它深刻影响着城市生态安全治理的发展和前进方向，正确运用企业整合资源、实现利益价值的再分配，是实现城市生态安全治理主体多元化的必然要求。

第三，建立伙伴制公众参与治理的监督与保障机制。在城市生态安全治理中，伙伴制的实质是公共部门与包括私人部门在内的其他利益团体在合作治理框架下，取长补短、充分开发和利用现有资源，形成聚合力，应对日益复杂的城市生态安全问题的过程。其中，伙伴制关系的维系必须依赖于多方主体享有的共同价值目标，即各主体间利益的平衡和城市生态系统的健康、可持续发展。为实现这一目标，公共部门其他利益团体应该在合作共赢的基础上，明确生态环保项目建设中各方权利责任、建立激励与约束机制、合理开发利用现有资源、细化审批程序、完善监督评估体系，加强项目监管。此外，政府作为最重要的监督主体，要依法行政、认真验收项目实施效果，发现并分析伙伴制关系中存在的问题，并通过信息反馈，及时修正政策方案，确保生态环保项目的有序运行。

7.1.5 构建公平正义的治理空间联盟

在城市生态安全治理领域，政府应为不同治理主体搭建协作与沟通的桥梁，逐渐形成连接个体与他人的通道，并将各主体视为信息网络的节点，引导其合作化参与，实现生态资源与人类行为的高度契合，提升城市生态系统的通达力，进而构建公平正义的治理空间联盟。空间联盟指："一定地域空间内组成的网络式组织联盟。它包括城市内部属地性的合作组织，城市与城市周围乡村之间以及城市与城市之间的合作组织。首先，城市内部属地性合作组织主要是指向社区的城市管理方面的合作组织。"[273]具体来看：

其一，在合作主义框架内实现城市生态安全治理主体的多元化。多元参与主体间的合作治理是政府与其他治理主体在协作理念下通过利益整合而形成的一种平衡状态，该种平衡是非零和博弈理念下政府与治理主体间的双赢状态。中国正处于社会转型期，城市化与生态环境存在紧密联系，高速城市化的发展需要以人口、物质资源为支撑。其中，城市生态系统可持续发展的本质内容要求城市经济发展由"注重发展型"向"资源节约型"转变。前者最大限度地将城市空间资源、资本纳入城市发展体系，但可能对城市生态系统造成损害；后者注重民主价值观与公民参与权的实现，关注城市生态体系的可持续发展，意味着城市各行为主体平等、合法地享有城市生态资源及参与治理的权利，并力图构建多元主体的公众参与城市生态安全治理模式。因此，在合作主义理念的引导下，促进参与治理主体多元化发展，是时代使然。

举例来看，企业是城市生态安全治理中不可或缺的一个重要的治理主体，正发挥着越来越重要的作用。企业是指："把人和物的要素结合起来的、自主的从事经济活动的具有营利性的经济组织。"一些与公共利益密切相关的公共物品，作为与公众利益密切相关的物质概念，如科学技术、教育、公共交通、水、食品供给、供电等应在市场机制下，由企业通过生产、经营等方式向社会提供。经济学以利润最大化为起点来分析人的经济行为，企业与所有"经济人"一样，其存在与发展的最终目标是追求自身利润最大化。当下，在信息科技飞速发展的时代，企业在促进公共利益增加方面发挥着愈来愈重要的作用。正如亚当·斯密所言："各个人都不断努力为他自己所能支配的资本找到最有利的用途。固然，他所考虑的不是社会利益，而是他自身的利益，但他对自身利益的研究自然会或者毋宁说必然会引导他选定最有利于社会的用途。"[274]企业的发展，在给自身带来经济效益的同时，其所承担的环境保护的社会责任日渐明确。在城市生态安全治理的实践中，"企业社会责任"作为一个崭新的名词，已被越来越多的社会公众所接受。这必然要求企业不断革新生产经营理念，顺应时代潮流，适应城市社会生态系统的发展需要。

其二，增进参与主体间的生态资源通达力。城市生态安全治理中的公众参与问题关注城市生存权、发展权与生态权的协调发展，核心问题是城市公众间如何公平地分配生态资源、享有生态权益并承担相关责任，实现主体间生态资源的通达。现实中，包括强势群体和弱势群体在内的参与者并未形成有机的社会整体，城市公众生态正义理念、可持续性的生态价值观、参与生态治理意识尚处于形成阶段。因此，鼓励公民参与城市生态安全治理具有十分重要的现实意义。举例来看，作为组织化的社会实体——公民社会，在公共部门依托下，掌握部分公共资源，依靠政府让渡某些公共管理职能而建立，其良性运作对城市生态安全治理的稳步推进及政府职能转化起到巨大的推动作用。公民社会以其掌握的资源优势促进其他参与主体公平表达"话语权"、增进生态系统的认知能力，这不仅是公民社会发挥生态安全治理参与性作用的直接体现，也是实现生态资源通达、生态信息有效传递的真实写照。因此，城市生态环境恶化所造成的生态资源断层问题需要公众通过合理的制度化渠道加以解决，进而触发政策系统的问题认知与方案施行，实现多元参与主体间生态资源的合理再分配，进而有效满足公共需求。

其三，正确识别城市生态安全问题，明确各参与主体角色定位。全球化时代的开启，使城市社会发展过程中各类风险因素日益显性化，跨区域间的风险传播造成的连锁效应给社会发展带来强大的冲击力。城市生态空间的非独占化，既为人们形成"自由个性"提供了前所未有的便利条件，[275]也引发了诸多生态问题。公众在处理此类城市生态问题时，受到市场经济运行规律、政府权力运行模式、精英主义思想等因素的影响。最终造成公众对于生态安全问题及自身参与治理能力的认识不明确。吉登斯（Giddens）曾说："根据卢曼的分析，风险与危险的差别在于，前者取决于人的决断，它所导致的损害也是由人的决断决定的，而危险则是先于人的行为决定的，是给定的，所导致的损害也是由外在的因素来决定的。"[276]一方面，这表明人类风险感知能力较差，人类的主观臆断是诱发城市生态安全问题的内在因素，生态安全感性认知的普遍存在也是处理该类问题不当的症结所在。因而，实现城市生态安全治理由感性至理性的回归是时代使然。另一方面，厘清参与主体角色定位及治理能力高低是扩大参与范围、实现参与主体多元化的首要任务。城市生态安全治理中,政府进行宏观指导、专家提供智力支持、环保组织作为技术支撑、城市公民作为基本治理单元,各主体能够从不同角度、层面,凭借自身优势投身于治理实践,做到各尽其能、各取所长。该种科学的职能定位,为建立多元主体共同参与的城市生态安全治理网络,促进城市生态系统的可持续发展提供了现实可能。

公民,作为构成城市社会各要素中最基本的单位,既是城市生态安全治理的主体,也是城市生态安全治理的客体。因此,城市公民不仅仅是公共物品供给的对象,更是城市生态安全治理的主体之一,公共利益的满足程度是衡量城市生态系统健康、可持续发展的重要指标。从合作治理的角度看,作为城市生态安全治理最重要、最广泛的治理主体——城市公民,有权投身于城市生态安全事务的管理中,发挥自身公正、有效监督各利益主体行为等优势,促进公众参与体制的构建。公民以其独有的主观能动性,成为创新城市生态安全治理理念、促进城市可持续发展的原动力,公众参与体制的构建,为城市生态政策的制定、执行注入新鲜血液,使其成为城市发展的助推器。参与不仅仅包括对结果的分析,更存在对过程的参与。参与治理的过程并不是简单的投票、形式的公平,而是开诚布公的对话及积极地意见表达,这是公众广泛参与城市生态安全治理并对政府决策行使意见表达权的切实体现。诚然,公民在生态政策制定、城市生态安全事务管理过程中享有充分的表决权、知情权、建议权,政府在城市生态安全治理中确保公民参与形式多样化、参与过程透明化、参与主体公平化,是城市政府和公民的共同愿景。这就要求城市政府广开言路,仔细倾听并悦纳有益公民建议,群策群力,提高政府城市生态安全治理功效。

7.2 促进参与正义性:深化公众参与城市生态安全治理的程度

在"P-E-C"空间参与模式中,公众参与城市生态安全治理的程度与公众被赋权(Empowerment)的实现程度呈正比例关系,良好的公众参与态势需要政府赋予公众更多的参与权。同时，政府以提升有效的公共物品供给及制度供给能力为"治道变革"之根本，城市生态资源作为公共物品的有机组成部分，其合理分配也需要高效的权力运行架构加以保障。因此，在公众参与城市生态安全治理中，合理划分政府治理权力、正确认知实体性生态安全治理权利、保障公众参与权利的规范化发展，是构建高效合理的"P-E-C"空间参与模式的必要举措。

7.2.1 发挥政府在公众参与中的协调作用

城市生态安全治理中，公众参与治理效果不佳的症结之一是政府权力存在集中与分散的矛盾。政府与市场关系的合理定位及权力的正确划分是应对生态安全问题的重要环节。此外，在城市生态安全治理中，合理划分各级政府间事务管辖范围和相应权力，对各层级政府间权力进行优化组合，是发挥政府协调作用的重要面向。具体来看：

第一，避免"权力高于法律"的政府路径依赖式治理方式。该种治理方式大大降低了公众参与过程中法治的权威性。早在古希腊时期，自然法这一综合概念已成为统摄西方社会伦理观念及价值体系的主流思想，它涵盖社会价值体系中理性主义、正义观、法治主义等诸多理念，不仅奠定了国家政治民主化的认识论基础，也开创了西方法治文化传统的新局面。亚里士多德（Aristotle）曾言："法治指已成立的法律获得普遍的服从，而大家所服从的法律又应该本身是制订得良好的法律。"[277] 此处，"良好的法律"指符合社会发展现实，具有科学性、完备性与正义性的法律规范。毋庸置疑，"良好的法律"只有被合理的施行才能发挥其最大功效，权力只有在法律的框架下行使，才能发挥其权威性。就环境法而言，在法律的权威性未得到政府及其他社会主体普遍认可和接受的情况下，"权力高于法律"的现象在处理生态问题时司空见惯。一些城市政府，为追求地方经济发展目标，通过规避环境法的强制性规定保护排污指标不合格的企业，或对法律规定的公众参与生态安全治理的合理行为视而不见，不仅损害了法律的权威性，也对城市生态系统造成了不可逆的伤害。宣扬法治理论的代表人物哈耶克（Friedrich August von Hayek）认为："法治不仅是自由的保障，而且也是自由在法律上的体现。"[278] 自由与法，看似矛盾的对立体，只有在相互协调与统一中方能相得益彰。权力与法律，也只有在合理的路径中运作，才能相辅相成，优化公众参与效果。

第二，科学划分中央与地方政府在城市生态安全治理上的事权与财权。现阶段，在事权划分上，中央与地方政府还存在界限不清的问题。法律规范对权力界定的缺失是导致该问题的原因之一。中央政府将项目更多地转移至地方政府，由地方政府负责，然而中央政府却财权在握，这使得地方政府进行生态安全治理时缺少必要的财政支持。针对该种的情况，首先，需要从法律上明晰中央与地方政府的事权范围，着眼于信息优先的原则，科学划定中央与地方的权责界限。涉及国家整体利益的生态安全治理项目交由国家政府负责，并进行全面规划；跨地区的项目则由中央政府起协调主导作用，地方政府负责地区性的生态安全治理项目。另一方面，在明晰事权责任的基础上，对中央与地方政府的财权进行清晰合理的界定，力求地方政府在资金的有力支持下切实提升城市生态安全治理能力。众所周知，分税制实施后，地方政府的财政收入缩水严重，财力的上移使得地方政府想要凭借有限的财力完成事权所涉及的事项难上加难，事权与财权的两不相称使得地方政府在城市生态安全治理中举步维艰。从这一角度来看，有必要对分税制进行改革，使其更能够适应社会发展。此外，在促进地方税份额得以增加的同时，强化中央对地方政府的转移支付力度，使雄厚的资金财力成为地方政府成功完成生态安全治理任务的基石。

第三，合理划分城市政府与市场的横向权力，进一步整合治理机构。对政府而言，宏观调控是指政府以经济和法律手段为主、行政手段为辅协调各行为主体间利益分配，引导其自我发展与完善进而对国家整体经济运行加以综合调节的手段。在公众参与城市生态安全治理中，政府对于城市市场主体而言不仅扮演着管理者的角色，更承担着服务者的职责。政府应适当下放权力，给予经济主体充分的自主权，引导其在博弈过程中获取自身利益的同时，积极参与城市生态安全治理。同时，鼓励经济主体以维护城市生态秩序、解决生态问题、促进生态资源公平享有为己任，从而实现城市经济与生态的平衡发展及城市公共利益的最大化。在城市生态安全治理的过程中，政府权力的运用、职责的履行是在与社会其他利益主体共同治理城市的过程中体现出来的，现代城市政府只有秉承分权治理的理念，同时增强中央对分权化的控制力，学会同其他利益主体共同治理城市生态安全问题，在社会经济发展中扮演推动者、合作者的角色，才能更好地达到治理目标。

此外，城市生态安全治理的过程中，政府作为公共部门，其基本职能是对城市涉及生态安全的事务进行管理，这种管理的对象是一些基础性的服务，属于"掌舵"的范围，而在城市生态安全治理的过程中，城市生态治理中的具体生产与管理过程属于"划桨"的范围，应在市场经济下通过竞争机制部分让渡给公众、企业等主体来承担。换言之，城市政府必须转向"小政府，大社会"，履行其最基本的社会管理职能，实现科学、高效、谨慎的公共服务的供给。具体而言，首先，经济调节。经济调节就是通过经济及法律等手段从社会总需求和总供给的宏观层面开展全面协调与控制，进而科学调整并优化经济结构，保持经济平稳、持续、快速、健康发展。其次，市场监管。市场监管是指依照有关法律、法规对各市场主体及其行为进行监督和管理，建立良好的竞争机制，维护市场秩序。再者，社会管理。社会管理是指政府相关部门遵照关法律、法规的规定，组织、协调、控制城市社会组织的日常行为，并对社会事务进行管理，进而解决城市问题、规范各主体行为、调和社会矛盾，维护社会公正和社会稳定。最后，公共服务。"广义上可以理解为不宜由市场提供的所有公共产品，如国防、教育、法律等，狭义上一般指由政府直接出资兴建或直接提供的基础设施和公用事业，如城市公用基础设施、道路、电信、邮政等。"[279]就城市生态安全治理中的公众参与问题而言，政府应更好的鼓励城市公民参与城市生态安全问题的治理实践，保障公民权利，努力建设服务型政府。

第四，避免政府治理机构设置的碎片化。由海洋、河流、大气、土地等要素构成的城市生态系统，具有整体性、外部性、动态性特质。系统中各要素不是孤立存在的，而是个体属性的有机整合，体现生态系统整体特性。因此，在公众参与城市生态安全治理的实践中，要求整合中央政府与地方政府治理资源，实现协作与共治。正如奥尔森（Mancur L.Olson）所言："有理性的、寻求自我利益的个人不会采取行动以实现他们共同的或集团的利益。"[280]利益目标明确化的政府机构只有采取集体行动才能实现城市生态安全治理成效的最大化。然而，实践中，上级政府垄断管理、各级政府间信息不对称、资源的排他性、对生态资源价值的漠视等现象普遍存在，极易造成逐利行为的自发性、盲目性等问题，最终造成生态环境承载力的下降并引发利益分配的矛盾，对政府的发展及公共利益最大化的实现带来负面影响，造成纵横政府间的零和博弈。因此，城市生态安全治理的"区隔化"、府际间"非网络化""非集体化"治理行为是制约公众主动参与治理的重要因素。

随着经济全球化趋势愈演愈烈，城市化进程不断推进，市场经济体制不断完善，城市社会各行为主体利益诉求呈多样化趋势，将政府环保机构视为服务型政府机构更为合适，即政府不再是唯一的治理主体，它所履行的更多的是为社会其他主体提供与生态环境相关的公共服务的职能。正如登哈特夫妇所言："所谓新公共服务，是指关于公共行政在将公共行政、民主治理和公民参与置于中心的治理系统中所扮演的角色的一系列思想和理论。"[209]而服务型政府机构，指政府官员应重视其对公民的服务质量并赋予公民相应的职责,更好地在公共事务的管理和公共政策的执行中诠释服务型政府的理念。可见,在现今的城市生态安全治理的背景下,政府环保机构在公共服务中不仅应该扮演"社会掌舵者"的角色,更应该将更多的职责转移给社会中其他行为主体,减少其作为政策直接参与者的职能,使政府自身成为企业、非营利组织、公民等众多平等参与治理主体中的一员,更好的发挥政府"操舵"而非"划桨"的职能,使各参与主体在公共权利日益社会化的今天,能够更有效地工作进而更好地应对城市生态安全问题。

7.2.2 正确认知公众实体性参与权利

公众参与城市生态安全治理的权利是为了维护公共利益、保障生态系统正常运作而设定的,是实现公共利益的工具。该权利的行使是衡量公众参与城市生态安全治理成效的重要标准。为深化公众参与城市生态安全治理的程度、促进城市生态环境可持续发展,需要正确认知公众参与城市生态安全治理权利的生成与构造、明晰公众参与生态安全治理权利的法律配置、理解并合理运用实体性生态治理权利。具体来看:

其一,明晰公众参与城市生态安全治理权利的生成与构造。公众参与生态治理的权利是"环境权"的组成部分。由于环境法生长在公法和私法的夹缝中,因而"环境权"兼具公法和私法特质,是公法理论和私法理论相互交融与渗透的产物。城市生态安全治理中,生态资源自身所具有的生态价值和共享特性决定了其具有公共利益属性。因此,保障环境权的行使有利于维护公共利益,换言之,城市生态资源价值的实现有赖于公众参与城市生态安全治理权利的履行。"权利有其内在限制以及外在限制。权利的内在限制是指权利对权利的限制,即一种权利的行使应当以其他人同样权利行使为条件;权利的外在限制是指权利的行使受公益之限制,这是法律基于社会福利等公益目标对权利的限制,它通过权力为中介表现出来,公益具有不确定内容,易为权力滥用其名义谋取私利,故它必须以法律规定界限并由权力正当合理行使之。"[281]因此,在城市生态安全治理中,公众参与权必不可少,理解权利的生成与构造是正确行使权利的基础。

其二,明确公众参与生态安全治理权利的法律配置。中国的城市生态安全治理走过了数十年的历程,从现实的治理效果来看,并不理想。导致该结果的原因是多方面的。譬如:一旦出现生态安全治理公权力不科学运行的情况,政府就会借助其管制手段,即命令控制式方式对公权力进行约束与管控，这样的做法缺乏法治基础，缺乏法律约束力的治理权力的行使所产生的结果也是差强人意，进而城市生态问题日益严峻的形势依然得不到改观。另一方面，对生态资源公共价值和公众利益的维护是公众参与生态安全治理权利行使的目的之所在。治理权利与治理权力有着明显的差异，前者的行使主体是公民，后者是政府。政府从公众利益出发，借助宪法与法律赋予的权力处理生态环境纠纷、制定生态环境规范等。而公众参与生态安全治理的权利被视为消解生态危机的强有力武器，也是制衡生态治理公权力的重要工具。因此，在环境法的法益结构中，公众参与生态治理权利必不可少。

现今，虽然学界对于公众参与城市生态安全治理的权利有了部分解读，但大多数理论仍从环境权视角说明该权利，传统的有关环境权理论体系饱受争议。在权利主体上，涵盖公民环境权、单位环境权、国家环境权以及人类环境权、代际环境权等；在内容上，囊括生存、生态、经济、审美、程序乃至伦理等诸多价值。由于主体泛化、权利边界模糊、操作性不强等"似是而非"的特征，环境权理论招致了广泛的批评与质疑，被指斥为"大杂烩""权利托拉斯"。[282] 近年来，学界对于环境权的主体问题基本达成了初步共识，即排除单位、国家等非自然人主体，将生态治理权利的主体限定于公民。这对于科学认知生态安全治理权利主体、明确权利主体地位具有深刻的现实意义。

其三，合理理解并运用实体性生态安全治理权利。公众在参与城市生态安全治理中，享有实体性治理权利。无论是生态价值还是经济价值，都是这一实体性治理权利的具体体现。从早期学者的观点来看，大多倡导公众生态安全治理权，聚焦于生态资源的占有与利用层面，并认为公众应该发挥主体性作用，在生态环境不受污染与破坏的前提下，合理享有并利用生态资源。从具体而言，公民有享受适宜环境的生态性权利，包括清洁空气权、清洁水权、安宁权、日照权、通风权、环境审美权、户外休闲权等；公民有对环境资源进行开发和利用的经济性权利，具体化为环境资源权、环境使用权、环境处理权等。[283] 这表明，生态性权利和经济性权利是公众享有实体性生态治理权利的具体体现，而合法、公正地行使该权利是对每个公民的基本要求。目前，城市社会过多关注公众的生态型权利，较少将目光投向经济型权利，将生态资源使用权、处理权、治理权交由政府部门。这一方面表明公众对于自身参与治理实体性权利的认知度较低，另一方面也是对该权利的轻视。因此，正确认知并有效运用实体性生态安全治理权利是深化公众参与城市生态安全治理程度的前提。

其四，合理认知实现公众参与生态安全治理权利的沟通机制。公众参与权利的实现，需要争取认知权利实现所必需的沟通机制。这需要建立保障公众参与城市生态安全治理权利实现的规则体系，为各参与主体设计合理、有效的参与机制，确保各主体职责明确化、参与程序规范化、治理成果高效化。一方面，要建立良好的沟通、协商机制，积极构建合作、对话平台，使各参与主体在公开、透明的合作网络中参与生态政策的制定与执行，提高生态政策制定的效率和可行性，使城市生态安全治理的过程真正成为实现公共利益过程，促成治理目标与结果的统一，最终促进城市生态系统的健康、可持续发展；另一方面，促进信息交流网络化机制建设，使各参与主体在相互学习与交流中完善策略，在相互理解、包容的氛围中开展集体行动，在理性的认知模式下实现共同的治理目标，加强各参与主体间的团结和与协作。与此同时，在遵循公正、公平的原则下，建立"第三方调停机构"，使各参与主体在协商无果或出现利益冲突的情况下，妥善解决矛盾，尽量减少问题的负效应，确保各行为主体参与城市生态安全治理机会的平等性。

7.2.3 保障公众参与权利的规范化发展

行使城市生态安全治理权利是公众参与城市生态安全治理的外在体现。换言之，城市生态安全治理权利是法律赋予的协调城市生态系统中人与自然、人与社会之间权利与义务的力量。权利的合理行使不仅需要权利主体合理认知其内涵与作用，也需要法律的保护及制度的约束。因此，弥补公众参与城市生态安全治理权利相关法律的缺失、促使权利规范化发展对于提升城市生态安全治理成效意义深刻。

其一，合理认知参与主体的城市生态权利。城市生态权利的特殊性要求我们合理认知城市生态权利并将城市生态权利观升华为生态伦理和生态美德。伦理是一种合理可持续的属人关系及人们对这种关系的主体认知与自觉确认。[284]从人的主体性出发，城市生态权利是城市公民寻求自身生存环境得到保护和提升的权益以及应承担的生态保护责任。从概念的界定来看，人是主体，生态资源是客体，需要对主客体关系进行主体认知与自觉确认，具体来看，可以从两个维度理解城市生态权利的内容。其一是维护生态权益；其二是承担生态保护义务。一方面，城市生态权利将自然界的生存权视为根本。就基本权利而言，生存权关乎生命共同体的可持续发展，也是生物在自然规律的作用之下得以生存及延续的外在保障。另一方面，自然界生存权的实现受城市生态权利的影响与制约。城市生态权利会对自然界生存权带来深远的影响，同时其制约作用也异常明显。城市生态权利的含义可以从两个面向加以认知，即义务与责任。义务与责任在生态系统中则外化为权利的行使主体、价值目标与逻辑形式等内容，权利作用的客体体现为物质与非物质存在。人类社会内部利益关系的失衡从表象来看体现在人同自然的冲突上，这类关系的失衡与人们对城市生态权利认知差异密切相关。因此，有必要对自然界生存权与生态权利形成更清晰明确的认知，综合考量城市生态权利中的义务与责任，力求两者的协调统一。同时，借助多种方式将其内化为生态道德准则，唯有建立在该认识论的基础上，方能够促成城市生态权利的最终实现。

其二，参与治理的主体应主动承担城市生态责任与义务。生态正义伦理化要求重新认识城市社会主体对于生态体系的责任与义务。在城市经济发展中，自然资本经过技术加工逐渐转化为人工资本，与此同时，对于自然资本的利用限度及人类所应承担的责任与义务不容忽视。生态资本理论的观点是：存在于自然界可用于人类社会经济活动的自然资本，因为现代生态系统已经是人化的自然系统，只有投入一定量的劳动和资本，才能再生产出维持生态环境具有人类生存和社会经济发展程度所需要的使用价值，因此，生态资本在本质上是自然-人工资本。[285]自然资源也是资本，合理利用自然资本并期望从中得到预期经济效益，需要付出劳动，但更为关键的是承担保护生态资本的责任，只有维持生态系统与人类社会的可持续发展，稀缺的生态资本才能够增值。另一方面，马克思明确定义了劳动过程是"人和自然之间的新陈代谢的过程"。就生态问题而言，他提到了"这些条件在社会的以及生活的自然规律所决定的新陈代谢的联系中造成一个无法弥补的断裂"，土壤必要的再生条件不断遭到破坏，打破了新陈代谢循环。[286]因此，作为城市经济发展的主力军——企业，只有将生态资源视为资本，明确其稀缺性，从生态环境的认知论角度出发转变传统"只索取、不回报"的思维定式，才能取得企业和生态体系协调发展的双赢结果。

其三，公众参与城市生态安全治理权利的发展需弥补相关法律的缺失。生态权利的真实状况在法律的作用下能够得到体现。公众参与城市生态安全治理权利得以实现的理想状态就是达到城市生态正义。德里克·贝尔曾言："国家或其他制度缺乏权力来推行相关法律以保证每一个人获得公平的生态空间和从'全球化者'向'被全球化者'重新分配生态空间。"[267]生态权利中义务与责任的差距想要大大缩小，就有必要从政治上的自我约束与生态美德入手，但是这一手段的效用受到一定条件的限制。因此，为了尽可能实现生态非正义的真正消除，就需要从法律规制中借力，强化执行力。从实践来看，生态法律的制定与实施受到极大的掣肘，生态权利真正发挥效用还需要依靠法律的强大支撑。换言之，缺失了法律的保障，生态权威主义将被大大弱化，城市生态系统的健康发展的风险也会无处不在。

另一方面，立足于环境法的视角来探究城市生态安全治理权利的本质，就是要求行为主体拥有受到法律保护的利益或者是生态权能，并履行相应义务与责任。法律的主要作用之一就是调整及调和上述种种相互冲突的利益，必须通过颁布一些评价各种利益的重要性和提供调整这种利益冲突标准的一般性规则方能实现。[287] 对法律进行细化，就需要对生态安全治理权利的主客体、责任给予科学明确的界定。只有对生态责任与义务做到了然于心，在行使权利之时，城市公众才能够游刃有余，有效规避权利矛盾与冲突，使得城市生态安全治理权利覆盖到更广泛的领域，发挥更大的效用。

其四，加强公众参与城市生态安全治理权利的制度约束力。无论是城市社会行为还是经济行为，都会受到政治制度的极大影响。在特定制度的框架之内，公众会对生存权与生态权利有所追求。对于资本主义制度中自然界生存权与人类生态权利的关系，福斯特（John B.Foster）有过这样的论述，"人只有在依附于自然的情况下方能够存活，但是对此人类却并不承认，这是资本主义制度下扩张主义思维逻辑的结果"。[195] 政治、经济行为会对制度的形成产生直接影响，财产权利与生态自然权都属于生态安全治理权利，都需要建立在特定制度架构之下，并受该制度架构的影响与制约。一旦生态安全治理权利无法被科学合理地使用，生态资源交易不公平的现象就会凸显，也会发生城市生态非正义现象。因此，建构公众参与城市生态安全治理权利的约束体系意义重大。

另一方面，公众参与城市生态安全治理权利的实现需要完善的体制保障。体制就是一系列"原则、规范、规则以及决策程序，依此，行为体对某一议题领域的预期聚合在一起"。[288] 生态资源分配不够科学与合理、城市生态权利争议频发等诸多问题都可以借助健全与完善的配套机制得到妥善解决。生态权利健康行使需受到必要的约束，并形成互利和模式化的关系，进而促成预期效果的实现，这其中每一环节都离不开体制的良性运作。因此，有必要加强公众参与城市生态安全治理权利保障机制的科学性，专设信息服务平台，促进组织与机构在资源、技术与管理等层面实现资源共享，让公众能够集中表达自己的利益诉求，并为推动公众参与城市生态安全治理、切实保障城市生态权利等方面提供助益。

7.2.4 加强公众参与的法治保障

人与自然界的和谐共处是公众参与城市生态安全治理得以实现的重要基石，生态利益相关者间关系的调整与制度的安排都是保障公众参与效果需要考虑的内容。政府需完善城市生态安全治理相关法律机制，构建"高效"的制度化参与渠道，为实现城市社会人与人之间平等、公正的享有生态权益提供法治保障。具体来看：

1. 规范政府行政权力，加强城市生态安全治理问责制建设

政府城市生态安全治理权力的产生、运行和监督过程只有在制度框架下开展，才具有合法性和正当性。换言之，维护城市生态安全治理中公众参与的正义性及治理权力的合法性，需要对政府权力进行合理限制，保障公民生态治理参与权的真实存在和正常行使。

第一，加强政府权力的规范化行使力度。城市生态安全治理手段和过程的正义性，很大程度上由支配该程序的政府权力的运行方式所决定。公民参与的广度与深度直接受政府权力行使限度的支配，参与流程的设计只有不断引入公民参与权并满足公民的基本需求，才具有正义性。中国于2004年出台了第一部规范政府行政权力的《行政许可法》，标志着政府行政审批权力的行使纳入法治化的轨道。但就城市生态安全治理中的政府权力而言，制度化和规范化的法律体系尚未形成。因此，规范政府生态治理权力的运行不仅是公众参与城市生态安全治理的阶段性发展方向，更是社会主体实现参与治理权利的必要之举。只有通过构建多元参与主体共同发展的城市生态安全治理系统，赋予参与主体应有的参与权利，才能使政府治理权力在错综复杂的制度架构中受到制约，为实现城市生态安全治理中公众参与的公平正义性提供可能。

第二，不断完善城市生态安全治理问责制。2006年2月，原监察部和国家环保总局出台了首个有关环境问责制的法规——《环境保护违法违纪行为处分暂行规定》，规定指出：国家行政机关及其工作人员，有拒不执行国家有关环境保护法律法规和政策等行为的，将受到警告、记过乃至降级、撤职等处分。[289]然而，问责制度在现实中却缺乏必要的约束力，很多情形下，权力滥用、非法乱纪的现象仍存在。因此，适当加大问责力度，严格执行问责制度，必要而迫切。具体来看，要改变以往环境责任集体负责、实际上无人负责的不良状况，同时，仿照财经领域里的离任审计制度，建立离任官员环境责任跟踪制度，对离任官员在任期间所造成的环境责任进行跟踪追究。[290]

另一方面，应做好政府责任监督工作。以城市生态安全治理问责制为例，问责制建立的目的不仅是让政府行政人员为其失责行为承担相应的责任，同时也是为了通过公众参与治理及问责制的实施，激励各级政府行政人员依法行政、更好地履行相应职能，尽可能地避免失职、失责等行为的出现，真正为城市生态系统的健康发展尽到应有的责任。

2. 推进公众参与城市生态安全治理中政府责任的法治化发展

公众参与城市生态安全治理权利的行使是一个复杂多变的过程，涉及生态资源的分配与社会主体利益的调整。城市经济的市场逻辑和生态资源外部性效应要求从法律层面细化政府引导公共参与的职责、建立城市生态补偿制度，从而规范城市生态安全治理法治秩序。

其一，细化政府引导公众参与城市生态安全治理的相关法律法规。政府在城市生态安全治理中要投入大量的财力物力，因而付出的经济代价相当沉重。参与主体的多元化能够有效地分担治理压力，一定程度上提升治理效果。另一方面，政府在促进公众参与城市生态安全治理的过程中，具有组织、引导的作用，具体的内容应由法律法规加以细化。在发达国家，政府促进公众参与生态安全治理的职责可在生态环保机构的相关规章制度中的得以体现，譬如：美国环境保护局（EPA）出台的《资源保护和恢复法案》《安全饮用水法案》《清洁水资源法案》中就做出了如下规定：政府在促进公众参与的过程中，应做到以下几点：第一，政府应确保公众有机会了解有关方案及具体行动，充分考虑公民的诉求；第二，确保政府在对某公共事务做出重大决定前，咨询相关利益团体和受影响的社会主体；第三，确保政府对公众关切的问题及时回应；第四，鼓励公众参与相关环境法律的制定与执行；第五，确保公众对于重大公共议题、项目或计划变更享有知情权；第六，培育环保机构、国家、次级政府和公众之间的开放互信精神；第七，利用一切可行手段为公众参与创造机会，并积极鼓励和支持公众参与。[291]因此，在环境法律中，明确政府鼓励公众参与治理的细则，有利于增强公众参与城市生态安全治理的合法性和有效性。

其二，推动生态政策专家咨询的制度化、规范化建设。一方面，要规范专家选任程序，提高咨询专家的权威性和公信力。较高的权威性和公信力是对专家自身专业素养和道德素养的肯定，也是科学、有效的制定公共政策的基础。然而，在当下社会，专家的权威性和公信力却面临着严重的质疑，其公众影响力受到严重损害。专家是某一领域内具有较高专业知识储备的人才，其对待问题与政府工作人员相比，会较多的从专业视角出发，因而与政府工作人员在某些方面会不同程度地产生分歧。为了保证选任过程的公平、合理，避免专业偏见，应以条例化的形式规定选任程序，力求把不同专业、类型具有较高综合素质的专家加纳进咨询机构，优化专家知识结构。其次，要完善道德自律机制，建立专家信用档案。通过宣传、教育等方式，提升专家道德水平、社会责任感，并将专家意见、建议及提出政策的实施效果记入专家信用档案，以便日后查证。再者，应建立绩效考核、奖惩机制。对于积极献策、对生态决策有贡献的专家给予荣誉称号或相应的物质奖励，对于存在不良咨询行为的专家进行相关责任的追求。最后，相关部门应出台地方性法规，清晰界定专家咨询范围、明确咨询过程中遵循的原则，保障专家、学者的独立性，重大项目、方案的制定实施必须经过专家反复论证。使公共决策专家咨询向规范化、体制化、程序化等方向发展，从制度上保证专家咨询机构发挥实质性效用。

其三，强化公众参与城市生态安全治理权利的补偿效益。党的十九大报告指出："加大生态系统保护力度。实施重要生态系统保护和修复重大工程，优化生态安全屏障体系，构建生态廊道和生物多样性保护网络，提升生态系统质量和稳定性……建立市场化、多元化生态补偿机制"。[1]现阶段，城市生态补偿制度依托于多种生态补偿方式治理生态环境，聚焦于直接补偿自然资源生态效益。但是从具体的补偿结果来看，针对公民生态权益的补偿极少涉猎。在城市生态资源的占有层面，城市生态权利遵循公正、平等的分配原则。简而言之，就是公民在治理权利与生态社会福利层面，凸显平等性。基于此类的情况，一旦在处理城市生态权利问题上，出现冲突与矛盾，则需要对利益得失进行科学考量，如果存在权益受损方，则要对其进行相应的生态补偿。与此同时，将平等的资源享有权提供给权益受损方，在化解冲突与矛盾上体现公平性与合理性。

另一方面，城市生态权利自身具有鲜明的广泛性与突发性。这就意味着有必要建立城际间生态补偿制度。一般而言，城市弱势群体更容易遭受到权利的损害，城市边缘群体的情况亦是如此。因为群体内部成员权利意识不强，复杂性与流动性都表现得非常明显，所以代内生态冲突就极容易出现。鉴于此，政府需要将城际生态补偿制度推广延伸至不同的区域与部门，使政府行政人员真正意识到城市公共物品的最优化供给需要对生态权利的进行最大程度保护；此外，一旦公民生态权利受损的情况出现在不同的城市间，那么就需要环境部门参与其中，协同工作，以经济补偿方式来弥补利益受损方，有效规避"公地悲剧"产生的负面效应。

7.3 加强参与有效性：丰富公众参与城市生态安全治理的形式

在"P-E-C"空间参与模式中，公众参与形式（Communication and Decision Mode），即参与主体间沟通与决策方式成为构建高效公众参与机制的重要手段。现今，网络信息技术的发展给城市社会生产活动带来了革命性的变化，促进了信息资源的交流与共享，也为丰富公众参与形式提供了现实土壤。反观城市生态安全治理领域，政府应利用其占有特定的资源、技术及管理优势，研发并推广公众参与信息平台，这不仅能够丰富公众交流方式与参与渠道，更能快捷、有效地应对城市生态安全问题。另一方面，恰当的激励手段能够使参与者积极主动地践行组织目标，高效、准确地完成组织任务。其中，对企业进行财政补贴、对环保组织给予技术支持、对公民提供物质或精神奖励，都是政府激励公众参与治理的基本措施。

7.3.1 建立生态信息数据库并扩展信息传递渠道

信息技术改变了传统静态的社会形态，城市生态安全问题的异质性及多变性迫切要求政府引入信息化的公众参与治理机制，及时有效地公开生态信息、建立城市生态信息数据库、构建信息化参与平台。政府作为生态信息资源的主要掌控者，实现信息公开及共享是其重要职能。

首先，政府应明确城市生态信息公开的内容。公众参与城市生态安全治理的前提是享有获取真实、完整的生态信息数据的权利。换言之，公众生态信息知情权的实现是公众参与生态治理的先决条件。然而，现实中，为确保某些项目能够有序开展，建设单位通常都会选择性公开信息，一些对项目不会产生直接影响或者是不违背环保要求的信息往往被公之于众；对于核心信息和严重影响环境的信息，建设单位往往讳莫如深；从信息公开的节点来看，通常在最终的决策阶段。项目的启动、阶段性进展对环境的影响等通常不在公开之列，公众也无从得知。[292]因此，从这一角度来审视，公众唯有对城市生态状况了然于心，同时获得多方面的有效信息，如生态环境监测、生态管理等，才能够积极自愿地参与到城市生态安全治理的过程中。另一方面，通过对现有生态信息资源进行整合与归类，并明确信息公开的内容，对于生态信息公开的内容及时间段做出合理的说明与规定，是促进生态信息及时有效的传递且避免公众与政府因信息不对称而引发矛盾的基础性措施。

其次，建立城市生态信息数据库。城市生态信息数据库是按照环境数据结构来组织、存储和管理相关数据的仓库。长久以来，中国政府生态管理部门从中央到地方缺乏明确、统一的网络文化风险预警、风险评估基本工作指南，生态信息多以分散化方式存储，空间化、网络化、标准化的生态安全治理信息数据库尚未成形，跨区域合作的综合性协调机构空缺且相关管理体制不完善，以上因素导致城市生态安全应急管理系统无法正常运行。另一方面，公众获取生态信息的渠道较为单一，相关信息数据库的建立十分必要。通常而言，公众对环境信息的需求可分解为四个方面：第一，对国家环境法律法规、标准的了解；第二，对大气环境质量和水环境质量的认识；第三，对国家环境热点地区生态环境质量状况的展示；第四，对国家环境统计结果信息的获取。[215]因此，建立涵盖环境政策、法规、标准、条例等内容的中国环境法规标准数据库，形成能初步反映全国重点城市空气环境质量等基本状况的数据库，建立开放、安全的城市环境保护与生态环境信息数据库、环境法规与标准数据库、全国重点流域水环境质量数据库，开发环境保护与生态环境信息查询系统等，是实现城市生态信息完整化、规范化发展的重要举措，也是公众参与城市生态安全治理的客观要求。

最后，政府应运用多渠道信息传播手段，强化公众参与城市生态安全治理意识。安全意识是人们在日常生活中所形成的关于风险的认识反映，它归根结底反映了人们对自己生存状态的一种自觉关照。[293]高速发展的互联网技术在丰富参与途径的同时，也为信息的有效传播及广泛应用提供了契机。现今，政府官方网站、微博、微信平台等新生代政务信息传播手段，以其覆盖面广、流通性强、传播速度快、获取信息途径多样化等特点为公众全方位、多维度认知政府职责、监督、评价政府城市生态安全治理成效提供了有力保障。同时，在强化公众参与意识、积极引导公众参与城市生态安全治理的实践等方面，也起到积极作用。譬如，政府可以通过官方微信平台开展城市生态安全教育，还原近期发生城市生态安全事件真相，及时发布预防安全事件小贴士，为积极参与城市生态安全治理工作的公民提供物质、精神奖励等，鼓励更多的公众关注公共微信账号，进而对潜在危害城市生态安全的情绪进行心理干预，促进公民参与意识的觉醒。

7.3.2 开放生态信息共享及公众参与网络平台

城市生态安全治理日益走向数字化、网络化发展态势，这一方面为治理成效的提升提供了技术支撑，另一方面也为政府治理职能的定位提出了更高的要求。通过互联网科技手段建立"城市生态安全治理公众参与平台"，积极引导公众参与，是当下政府应对城市生态安全问题的应然选择。具体来看：

首先，建立城市生态信息共享平台。"城市生态信息共享平台"在生态数据信息接收后，能够借助动态化、图像化和网页化的形式将信息传递给公众、公共政策制定者等。另外，平台可以根据用户实际需要查询生态数据信息、定位生态问题。例如：建立并完善全国重点城市空气质量信息共享系统、全国重点流域水环境质量信息共享系统等。"城市生态信息共享平台"的建设目标是：完成数据库结构设计和数据搜集；完成网络共享数据查询设计和录入；完成环境法规与环境标准的网络发布；共享方式包括：完全共享、分类查询、全文检索等。[215]因此，"城市生态信息共享平台"的建立对于促进公众参与、实现生态信息资源的共享具有十分重要的理论与现实意义。与此同时，城市政府应丰富生态信息共享数据库内容，提高生态信息共享数据的权威性、时效性、可用性、趣味性，构建能基本反映全国环境热点问题的、分布与集中式相结合的中国环境信息共享网络平台；开展生态信息数据的时空集成技术研究，开发生态信息数据产品，进一步完善生态信息共享的标准与规范，完善环境信息共享的数据管理机制。

其次，通过搭建公共信息数据平台，积极培育民办思想库。当下，在城市生态安全治理的实践中，科学技术不断发展、跨学科研究趋势不断增强，这要求各参与主体拥有过硬的专业知识、较强的业务能力及丰富的工作经验，以便在瞬息万变的信息社会中灵活、多变地处理城市生态安全问题，提高治理的科学性、实效性。基于此，我们必须搭建公共信息数据平台，积极培育民办思想库，通过跨领域、跨专业的多视角整体性研究，提高政府生态决策科学化及民主化程度。一方面，在城市生态安全治理中，专家提出决策方案的有效性与其所获得信息的及时性、准确度、传递途径密切相关。利用现代信息技术，搭建公共信息数据平台，可以整合政府各部门间数据信息，并通过互联网向公众公开，集思广益、群策群力、接受公众的建议及监督。比如，互联网技术的运用使决策者与专家之间的协商会议在虚拟的网络平台中得以开展，进而实现数据、文本、对话、视频通信的实时交流，不仅节约了成本，而且提高了决策效率；另一方面，通过设立数据库、意见库等手段，积极培育民办思想库，使全社会各主体更便捷地参与城市生态安全治理当中；发挥思想库研究领域广、自主性强、机制灵活等优势，真正实现多元主体共同治理的城市生态安全治理模式。

再者，通过建立"城市生态安全治理公众参与平台"加强政府城市生态安全治理引导力。政府城市生态安全治理引导力的发挥体现在各主体间协作网络的建构。协作网络的形成需要参与渠道的提升与完善。一方面，政府作为城市政治权威的直接体现，权力的运用彰显其生态安全治理的主导能力。换言之，政府不再是治理的绝对权威，多主体的"共生关系"体现为一方在给予另一方充分尊重并考虑其利益的基础上所采取的行为方式，该种关系促使政府为社会多元主体"集体行动"提供载体和渠道，进而化解政府生态安全治理的合法性危机。"城市生态安全治理公众参与平台"的主要功能在于能够输入用户提供的数据并及时反馈信息。它鼓励用户在城市空间范围内利用电脑、手机等移动通信设备，通过输入生态问题、上传问题图片、发表政策建议与评价等相关信息，查询生态信息、上报生态问题、反馈生态治理效果。以上文提及的X市"市民城管通"APP为例，它的应用与推广在很大程度上丰富了公众参与城市生态安全治理的路径，是利用互联网电子科技创造的智能化参与形式。

最后，提升生态信息系统研发技术。在中国，长久以来，等级化的官僚制组织形式强调管理行为的目的合理性，进而使高度集权的政府在应对城市生态安全问题时忽视了公众在资源配置中的积极作用，公众获取生态信息的路径更是无从谈起。信息系统是公众获得信息的渠道，也是信息技术得以应用的直接体现。信息系统的核心是一个集合网络数据处理和地理信息处理为一体的服务器，它接受来源于各方的文本、图像、空间数据信息，经过分析处理之后向用户界面输出适用于浏览器显示的网页内容和地图信息。[294]生态信息系统的主要功能在于采集、交换、传播、筛选和储存生态信息。作为生态信息系统的有机组成部分，城市生态信息数据库中的数据信息需凭借互联网载体，以动态、交互式的网页界面为工具，在城市社会主体间进行传播。具体来看，城市生态信息系统可分为"城市生态信息共享平台"和"城市生态安全治理公众参与平台"两部分。目前，公众获取生态信息渠道受限，生态信息呈现碎片化存在形式，这要求政府研发并不断升级生态信息系统，建立完善、安全的生态环境信息共享网络查询系统，进而实现社会多元主体间环境保护与生态信息的共享。

7.3.3 完善物质奖励及媒体宣传激励机制

城市生态安全治理中,要真正提高公众参与的积极性,不仅要提供必要的物质及精神奖励,更要细化奖励标准、建立明确的奖励机制,对于公众参与行为作出及时的回应与反馈,真正将激励机制落到实处。具体来看:

首先,建立并完善公众参与的激励机制。在市场经济条件下,"经济人假设"普遍存在。追求自身利益或效用的最大化是个体行为的主要动机。如何将公众对个人利益的追求纳入促进生态保护、城市生态系统可持续发展的轨道中,是城市政府不得不面对的重要问题。政府必须引导公众在参与城市生态安全治理中正确处理局部利益和全局利益、个人利益和集体利益的关系,适当时给予必要的物质奖励或精神奖励,提升公众参与积极性。长期以来,政府尚未改变传统的以政府为主导的自上而下的管理模式,在环保政策的制定、执行、监督等方面未能群策群力、搭建公众参与平台,城市生态安全治理收效甚微。公众城市生态安全治理"话语权"表达受限,哈贝马斯(Jürgen Habermas)曾言:"公共领域是一个预警系统,带有一些非专用的、但具有全社会敏感性的传感器。从民主理论角度来看,公共领域还必须把问题压力放大……使问题成为讨论议题,提出解决问题的建议,并且造成一定声势。"[295]

由此可见,城市社会主体只有在对象性活动中逐渐形成生态安全治理参与机制,缔结平等化、合作化的社会关系,才能使包括公众在内的公共领域的巨大作用得以发挥,进而更好的应对生态安全问题。因此,不断完善公众参与的激励机制,将激励机制与公众环保责任心相结合,使两者相得益彰、相辅相成,才能够更好地提升公众参与能力,促进城市生态体系的可持续发展。

其次,细化公众参与城市生态安全治理奖励标准,建立公众参与的回应机制。调动公众参与积极性最为关键的是要让公众看到参与的实际效果,看到公众意见对决策的实际影响,并且这种实际影响在制度上是可预期的。[296]以上文提及X市公众参与城市生态安全治理获取物质奖励情况为例,政府城管部门将"道路保洁类"生态问题细分为路面保洁、积存生活垃圾、文明作业、积尘检测四小类,每一小类问题的奖励标准从50至100元人民币不等。在此基础上,为了实现奖励兑现的及时与准确性,提高城管部门对于城市生态问题的及时处理及回应能力,X市城管办成立"社会监督举报中心"和"奖励支付中心",举报中心每月3日对前一月份上报数据予以统计,同时向支付管理中心上报奖励与问题认定等相关信息。每月6日前,支付管理中心完成奖励兑现工作,奖励现金的领取在每月5日进行,逾期则延至下月同日。此外,举报的问题符合多项奖励标准的,按多项奖励标准之和兑现奖励,市民可通过"市民城管通"手机端或网站公示栏即时查询获奖情况。由此可见,政府部门细化奖励标准、建立奖励支付机构、积极对公众参与行为进行反馈,不仅能够使公众充分认识到环保行为的价值、增强主人翁意识,更能够使公众参与不再浮于形式,从而达到切实有效的结果。

最后,媒体技术的多样化发展为参与者拓宽了宣传渠道。互联网、手机等全新传播媒介的出现使得传播介质的界线不复存在。数字化媒体将众多的传播媒介汇聚于全媒体信息传播平台,比如:文字、音频、图片等。尽管信息的种类存在较大的差异性,但在传输与交换上却可以借助统一的数字编码,信息传播者也可以根据受众的差异化需求,随时提供多元化的信息。[297]这使处于不同地域分布、年龄层次、文化水平和兴趣偏好的受众能够不受空间时间的限制,全方位的享有大数据时代所产生的全球资讯。该种信息传播扁平化趋势为政府完善治理方式提供了现实土壤。

在公众参与城市生态安全治理的实践中,媒体宣传对社会公众所产生的精神激励或经济效益不容小觑。参与者的城市生态安全治理行为通过通信网络尤其是移动互联网加以宣传,传播受众能够快速直接地了解参与治理者的信息。一方面增进了不同主体间人际交往程度,另一方面为参与主体营造了良好的社会形象与公信力,为其日后发展带来了积极效应。在悉尼"CitySwitch绿色办公室"计划中,政府给予参与者的回报方式之一是通过举办国际论坛、年度颁奖仪式、表彰优秀的参与者,并不断借助媒体的宣传活动来提升他们的知名度,已取得了一定成效。因此,利用传播媒体对参与主体治理行为进行宣传与鼓励,是信息化社会背景下重要的激励手段之一。

7.3.4 施行绿色补贴及环保技术扶持策略

商业机构和环保组织是参与城市生态安全治理的重要力量。对商业机构而言,可以通过降低税收、放宽准入原则、给予适当财政补贴等手段鼓励其参与治理;对于环保组织而言,可通过提供技术支持、分享有价值的信息、公共服务外包等方式加以激励。无论采取何种措施,都应以发挥参与主体主观能动性、提高治理效果为基本目标。具体来看:

首先，政府应及时察觉参与主体奖励需求，选择合适的激励形式。不同的参与主体对于参与意图存在不同的看法。商业机构希望通过媒体宣传自己的治理行为，扩大公众影响力进而增加企业经济效益；环保组织同样也希望发挥媒体的作用为组织创造良好的发展空间；公民或许更多的想从参与行为中获得物质或精神奖励。正如马斯洛需要层次论中将人的需求分为五个层次：生理需求、安全需求、社交需求、尊重需求、自我实现的需求，这五种需求相关联系、相互影响，反映出人类需求的多样化，只有从不同层面了解参与主体的个性化需求，并采用定制化的奖励方式，才能更好地提升公众参与城市生态安全治理的积极性。

众所周知，人类个体对其付出行为有索取回报的意愿，当外界自然环境和社会环境对个体的给予行为视而不见或个体合理需求得不到满足时，个体会产生不满情绪，甚至就会产生挫败感，不仅使参与主体丧失了主动参与公共事物治理的信息与主动性，更降低了城市生态安全治理功效。因此，及时察觉参与主体的奖励需求，设定具体的激励方式，营造良好的参与及奖励环境，是政府引导公众参与城市生态安全治理的必要措施。

其次，发放绿色补贴，鼓励商业机构等市场主体参与城市生态安全治理。城市生态环境资源是具有非竞争性和非排他性的公共物品，城市生态资源的使用过程易产生巨大外部性效应。因此，中央可以从项目的实际情况出发，在对商业机构或者是地方政府提供支持的同时，采用财政补贴或是转移支付的方式助推地方生态安全治理外部性问题的解决。绿色补贴是政府给予商业机构以激励其进行环境保护或污染削减活动的某种形式的财政支付，其宗旨是提升商业机构产品竞争力。绿色补贴又称环境补贴，从概念界定来看，是指旨在促进自然资源与环境得到更好的保护，采取政府干预的方式实现环境成本内在化，进而对企业改进产品加工工艺、治理环境等方面给予补贴的产业政策。施行绿色财政补贴政策的主要目的是通过赠款、软贷款、税收补贴等手段降低商业机构在生产过程中的污染水平，鼓励其参与污染治理。另一方面，绿色补贴政策是一种基于经济主体行为的激励手段，通过该手段，可以缓解市场外部性引发的价格信号失真及市场资源配置不合理等问题，进而改善生态环境。换言之，通过激励商业机构负责人不断采用正外部性行为，减少负外部性的不良影响，使得生态资源或相关服务的价格与真实价值基本持平，进而实现生态资源的优化配置，促进城市生态系统的可持续发展。

最后，为环保组织提供必要的技术支持，提升组织专业水平。以对中国民间海洋环保组织的机构专业能力的调查为例,组织成员的专业知识背景是机构专业能力测评的重要内容,包括成员从事专业的领域、掌握专业技能程度等。根据样本机构调查显示,大多数机构缺乏相关特聘专业人员。近40％的民间海洋环保组织有特聘相关自然科学的专业人员,20%的机构有特聘相关社会科学的专业人员,15%的机构特聘NGO从业经历丰富的人员。[298]这表明,环保组织中,具有相关领域专业知识的成员数量较少,成员所具备专业能力有待提升。此外,在同一样本中,最广为需要的能力为"相关业务专业知识与能力",有96.97%的机构选择该项……在相关知识与能力中,"关于海洋、湿地生物多样性保护的专业知识能力"需求最大,"垃圾分类、处理""渔业生产养殖"方面的专业知识能力需求次之。[298]不难发现,对于专业知识及相关人才的需求是环保组织发展面临的最大瓶颈。由于大多数环保组织多依靠自募资金得以生存与发展,在组织专业性和人才储备方面存在很大上升空间,这在某种程度上限制了环保组织参与城市生态安全治理的可能性,也影响了组织成员的参与积极性。因此,政府为环保组织将提供必要的技术支持,并将其视为组织参与城市生态安全治理的回报,不仅有利于环保组织自身的发展,也对治理成效起到积极作用。

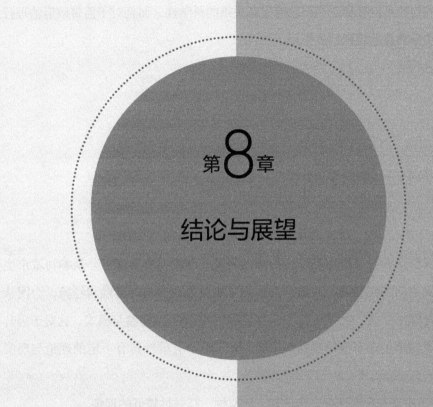

第8章 结论与展望

公众参与是城市生态安全治理过程中非常重要的一个内容，符合中国社会民主政治发展的要求，体现了以民为本的价值理念。通过对个别发达国家及中国公众参与实践的研究，我们不难发现：公众参与城市生态安全治理是生态系统健康可持续发展的客观要求，也是公民社会发展的现实需要，同时也是一国政治文明和社会文明进步的重要标识。作为政府提升城市生态安全治理的重要手段和途径，以公众参与为基础的"P-E-C"空间参与模式的构建不但有利于提高政府生态决策的科学性，而且对于监督政府治理行为、维护公众切身利益也起到积极作用。

8.1 本书主要研究结论

本书通过对公众参与城市生态安全治理的研究，分析了中国当下公众参与城市生态安全治理所面临的现实问题，并结合发达国家相关公众参与的实践与经验，力图从"参与主体、赋权程度、参与形式"三维角度构建"P-E-C"空间参与模式，这对于提升公众参与过程及城市生态安全治理的合法性、正义性、有效性具有一定的理论与现实意义。

1. 中国城市生态安全治理存在合法性、正义性、有效性较低的现象

城市生态系统是以自然界为基础，经过人类理性思维和认知实践加工而成的人工环境。人们在进行有意识的探索自然界的社会性活动中，面临着严峻的生态危机和复杂的利益分配格局。

首先，从政府角度而言，在城市生态安全治理中，公众对于生态环境政策或治理行为常持有不信任、怀疑或抵触心理，并存在"政府会代表大多数公众的利益吗？"的质疑。在上述"市民城管通"案例中，城市公众对于该APP知晓率低，参与意愿不高，参与主体类别相对单一。这一方面表明，公众缺乏认同或者支持该治理行为的理由；另一方面则反映出政府治理存在合法性危机。合法性危机是政府治理系统失去了正当性与合理性的直接体现，也是政府人员不能够很好地识别公众对于城市生态系统的需求与意向的必然结果。

其次，从公众角度而言，在参与城市生态安全治理中，公众生态资源占有不均、主体地位不平等、权利分配不合理导致参与过程正义性缺失。在"六里屯垃圾焚烧发电厂"案例中，公众对于政策制定的参与度较低、给予的政策建议未被完全采纳、自身利益受到一定程度的损害。公众参与权利无法充分实现、参与过程缺乏正义是导致该结果的深层原因。

最后，就治理结果而言，城市生态安全治理有效性不佳。从中国生态环境部发布的相关数据中不难发现，中国城市生态环境形势依然严峻：全国废气排放量基数较大、废水排放总量持续上涨、固体废弃物排放量增速较快。这表明提升治理有效性仍是现今中国政府改善生态环境的当务之急。因此，合法性、正义性、有效性是影响城市生态安全治理成效的关键因素，也是公众参与治理的内在价值追求。

2."P-E-C"空间参与模式有助于应对城市生态安全治理中合法性、正义性、有效性较低的问题

目前，中国公众参与城市生态安全治理还处于发展的初期阶段，自公众参与思想引入中国以来，政府在鼓励公众参与的实践上取得了一定的成果，学界也对公众参与社会治理理论做了许多深入的探讨。但现实中，公众参与的逻辑起点仍是上级政府对于地方政府的管控，自上而下的管理模式屡见不鲜，公众参与实质上多是象征性或是被动性参与，公众有关生态政策的知情权、话语权、表决权十分有限，政府治理合法性、公众参与正义性、治理结果有效性备受质疑；在学术界，从空间治理的视角对城市生态安全治理过程中的公众参与问题的研究尚没有形成全面的理论体系，从参与者、参与程度、参与形式综合全面考量公众参与城市生态安全治理的行为的理论并不成熟。这为"P-E-C"空间参与模式的产生提供了契机。

该模式超越了传统政府主导及集权式的公众参与界限，引入了多元参与理念和多维发展价值观，同时创造性地将参与主体、赋权程度、参与形式三个要素视为构建处理生态冲突和寻求社会各主体联合行动机制的组成部分。其中，参与主体、赋权程度、参与形式三维要素并不是简单的叠加，而是通过相互间有机融合、相互依赖、相互促进共同推动空间立方体的发展。具体来看：

首先，参与主体构成的合理与否直接关系到主体治理主观能动性的发挥程度。通过对各主体进行分类和差异性分析，恰当定位参与主体的职能与参与范围，形成良性、公正的主体关系，这是提升公众参与正义性的必然要求。其次，公众被赋权程度的大小直接影响参与过程的民主性、合法性和有效性。通过政府赋权于民众，公众在参与城市生

态安全治理过程中切实掌握参与权、知情权、利益表达权等权利，进而提升目标转化效果、细化参与流程、重塑公平正义价值理念，深化公众参与程度。最后，公众参与形式是各参与主体就城市生态安全问题进行沟通与协商的桥梁，也是增进彼此认知和生态知识学习能力的重要渠道。政府治理合法性危机存在的主要原因是政府与公众间交流渠道不畅，进而导致彼此认知冲突与矛盾。因此，丰富公众参与形式是增进参与主体间相互了解、提升治理合法性的有力之举。

3. 构建"P-E-C"空间参与模式的实现路径

"P-E-C"空间参与模式以参与主体、赋权程度、参与形式为划分维度，是一种政府与公众间有机整合、促进城市生态安全治理效果的参与模式。为实现公众参与高效、治理成果显著的目标，需要从参与主体、赋权程度、参与形式三重维度构建空间参与模式。

第一，要有效处理城市生态安全治理中的主客体关系。城市生态安全治理中的主客体关系是影响城市生态系统可持续发展和城市化走向的基础性问题，人与自然、社会或者是人与人之间的关系的处理需彰显科学性。一方面，人类是社会性存在，要想实现人的生态权利与自然界的生态权利的通达，就需要正确认知城市各主体之间与主客体之间的关系，对与两者相对应的生态利益关系和共生关系进行有机协调。唯有如此，城市生态系统才能够保持长久的健康与繁荣状态。另一方面，城市社会物质生产的盲目性和社会主体生态意识形态的局限性是引致生态危机的重要主观原因，唯有实现城市生态正义的伦理化并完善多元主体共同参与的治理机制，才能够最大限度的化解城市生态危机。

第二，不断深化公众参与城市生态安全治理的层次与程度。城市生态正义是处理城市社会人与自然、人与社会关系的伦理准则，指不同时间、空间、种际维度内的城市公民对于山川、空气、绿地等生态资源的正义期待，其本质是权利的平等、分配的合理、机会的均等和司法的公正。因此，公众参与城市生态安全治理的推进、"P-E-C"空间参与模式的构建，客观上要求我们重新理解城市生态安全治理的目标与方式，正确处理人与自然、人与人之间的关系，不断优化城市生态资源配置，增进公共利益，保障公众参与权利，使社会中不同群体充分、平等地享有城市生态权益。

第三，丰富公众参与城市生态安全治理的形式。信息化时代背景下的社会是一个复杂的有机体系，是人类先进科学技术及文明成果最重要的聚集地，社会的发展与风险始终存在着一种辩证关系。[299]促进参与主体沟通与交流方式的多样化是提高城市生态安全治理成效、降低城市社会生态安全风险的重要方向。信息科技的迅猛发展为实现参与形式的多样化提供了可能，虽然城市政府为积极引导公众参与付出了诸多尝试，但如何利用现代化科学技术创新公众参与形式仍是政府相关部门不得不面临的现实问题。在发达国家，搭建信息共享平台、扩展信息传递渠道、建立生态信息数据库、形成政府奖励体系，建立媒体宣传奖励机制、施行绿色补贴政策、为环保组织提供技术支持等成为政府鼓励公众参与城市生态安全治理的首要选择。将以上经验更好地融入中国公众参与的理论与实践，是优化公众参与效果的有力之举。

8.2 未来研究展望

广泛的公众参与不仅诠释了民主政治的真谛，也对城市生态安全治理的本土化和科学化发展起到积极作用。20世纪90年代以来，促进公众参与生态环境治理成为各国政府的重要议题。按照1992年《里约宣言》第10条所述：生态环境问题最好在当地公众的参与下解决，公众参与作为一项基本人权，有助于保障人们在健康生态环境中生活。它也是实现"环境民主"的重要工具之一。本书的研究仅是选取了公众参与的一个视角进行的阶段性研究，许多问题未被涉及。在以后的研究中，仍可以从以下三个方面进行深入的探讨：

第一，加强对于"P-E-C"空间参与模式中各元素间关系的研究。本书试图从公众参与主体、赋权程度、参与形式三维度构建城市生态安全治理的参与模式，并从一体化视角综合考量三者间的关系。但对每个维度中各要素间的相互作用及对于模式整体的影响未做充分细致的分析、归纳与总结，这将是下一步研究的一个重点之一。

第二，关注中国不同城市公众参与生态安全治理的差异性。由于案例和相关数据来源的限制，本书仅选取了具有代表性的案例和数据进行分析与总结。然而，众所周知，中国的城市间人口、地域、文化存在不同程度的差别，不同地区公众参与城市生态安全治理存在着结构性差异，公众参与主体、参与形式、参与效果也不尽相同。因此，如何更好地分析与归纳不同城市公众参与生态安全治理的内在机理，使之更好地体现在生态决策过程中，是后续研究中值得关注的问题。

第三，理论源于实践，要服务于实践。"P-E-C"空间参与模式的得出是基于发达国家及中国城市生态安全治理的实践，模式构建的目的是解决城市生态安全治理中的现实问题。然而，中国不同城市间公众参与生态安全治理具有特殊性，如何将"P-E-C"空间参与模式更好地运用于城市生态安全治理实践，是需要进一步研究的重点与难点。

附录 A 中华人民共和国环境保护法
（自 2015 年 1 月 1 日起施行）

（1989年12月26日第七届全国人民代表大会常务委员会第十一次会议通过　2014年4月24日第十二届全国人民代表大会常务委员会第八次会议修订）

目　录

第一章　　总　　则

第二章　　监督管理

第三章　　保护和改善环境

第四章　　防治污染和其他公害

第五章　　信息公开和公众参与

第六章　　法律责任

第七章　　附　　则

第一章　总　则

第一条　为保护和改善环境，防治污染和其他公害，保障公众健康，推进生态文明建设，促进经济社会可持续发展，制定本法。

第二条　本法所称环境，是指影响人类生存和发展的各种天然的和经过人工改造的自然因素的总体，包括大气、水、海洋、土地、矿藏、森林、草原、湿地、野生生物、自然遗迹、人文遗迹、自然保护区、风景名胜区、城市和乡村等。

第三条　本法适用于中华人民共和国领域和中华人民共和国管辖的其他海域。

第四条　保护环境是国家的基本国策。

国家采取有利于节约和循环利用资源、保护和改善环境、促进人与自然和谐的经济、技术政策和措施，使经济社会发展与环境保护相协调。

第五条　环境保护坚持保护优先、预防为主、综合治理、公众参与、损害担责的原则。

第六条 一切单位和个人都有保护环境的义务。

地方各级人民政府应当对本行政区域的环境质量负责。

企业事业单位和其他生产经营者应当防止、减少环境污染和生态破坏，对所造成的损害依法承担责任。

公民应当增强环境保护意识，采取低碳、节俭的生活方式，自觉履行环境保护义务。

第七条 国家支持环境保护科学技术研究、开发和应用，鼓励环境保护产业发展，促进环境保护信息化建设，提高环境保护科学技术水平。

第八条 各级人民政府应当加大保护和改善环境、防治污染和其他公害的财政投入，提高财政资金的使用效益。

第九条 各级人民政府应当加强环境保护宣传和普及工作，鼓励基层群众性自治组织、社会组织、环境保护志愿者开展环境保护法律法规和环境保护知识的宣传，营造保护环境的良好风气。

教育行政部门、学校应当将环境保护知识纳入学校教育内容，培养学生的环境保护意识。

新闻媒体应当开展环境保护法律法规和环境保护知识的宣传，对环境违法行为进行舆论监督。

第十条 国务院环境保护主管部门，对全国环境保护工作实施统一监督管理；县级以上地方人民政府环境保护主管部门，对本行政区域环境保护工作实施统一监督管理。

县级以上人民政府有关部门和军队环境保护部门，依照有关法律的规定对资源保护和污染防治等环境保护工作实施监督管理。

第十一条 对保护和改善环境有显著成绩的单位和个人，由人民政府给予奖励。

第十二条 每年6月5日为环境日。

第二章 监督管理

第十三条 县级以上人民政府应当将环境保护工作纳入国民经济和社会发展规划。

国务院环境保护主管部门会同有关部门，根据国民经济和社会发展规划编制国家环境保护规划，报国务院批准并公布实施。

县级以上地方人民政府环境保护主管部门会同有关部门，根据国家环境保护规划的要求，编制本行政区域的环境保护规划，报同级人民政府批准并公布实施。

环境保护规划的内容应当包括生态保护和污染防治的目标、任务、保障措施等，并与主体功能区规划、土地利用总体规划和城乡规划等相衔接。

第十四条 国务院有关部门和省、自治区、直辖市人民政府组织制定经济、技术政策，应当充分考虑对环境的影响，听取有关方面和专家的意见。

第十五条 国务院环境保护主管部门制定国家环境质量标准。

省、自治区、直辖市人民政府对国家环境质量标准中未作规定的项目，可以制定地方环境质量标准；对国家环境质量标准中已作规定的项目，可以制定严于国家环境质量标准的地方环境质量标准。地方环境质量标准应当报国务院环境保护主管部门备案。

国家鼓励开展环境基准研究。

第十六条 国务院环境保护主管部门根据国家环境质量标准和国家经济、技术条件，制定国家污染物排放标准。

省、自治区、直辖市人民政府对国家污染物排放标准中未作规定的项目，可以制定地方污染物排放标准；对国家污染物排放标准中已作规定的项目，可以制定严于国家污染物排放标准的地方污染物排放标准。地方污染物排放标准应当报国务院环境保护主管部门备案。

第十七条 国家建立、健全环境监测制度。国务院环境保护主管部门制定监测规范，会同有关部门组织监测网络，统一规划国家环境质量监测站（点）的设置，建立监测数据共享机制，加强对环境监测的管理。

有关行业、专业等各类环境质量监测站（点）的设置应当符合法律法规规定和监测规范的要求。

监测机构应当使用符合国家标准的监测设备，遵守监测规范。监测机构及其负责人对监测数据的真实性和准确性负责。

第十八条 省级以上人民政府应当组织有关部门或者委托专业机构，对环境状况进行调查、评价，建立环境资源承载能力监测预警机制。

第十九条 编制有关开发利用规划，建设对环境有影响的项目，应当依法进行环境影响评价。

未依法进行环境影响评价的开发利用规划，不得组织实施；未依法进行环境影响评价的建设项目，不得开工建设。

第二十条　国家建立跨行政区域的重点区域、流域环境污染和生态破坏联合防治协调机制，实行统一规划、统一标准、统一监测、统一的防治措施。

前款规定以外的跨行政区域的环境污染和生态破坏的防治，由上级人民政府协调解决，或者由有关地方人民政府协商解决。

第二十一条　国家采取财政、税收、价格、政府采购等方面的政策和措施，鼓励和支持环境保护技术装备、资源综合利用和环境服务等环境保护产业的发展。

第二十二条　企业事业单位和其他生产经营者，在污染物排放符合法定要求的基础上，进一步减少污染物排放的，人民政府应当依法采取财政、税收、价格、政府采购等方面的政策和措施予以鼓励和支持。

第二十三条　企业事业单位和其他生产经营者，为改善环境，依照有关规定转产、搬迁、关闭的，人民政府应当予以支持。

第二十四条　县级以上人民政府环境保护主管部门及其委托的环境监察机构和其他负有环境保护监督管理职责的部门，有权对排放污染物的企业事业单位和其他生产经营者进行现场检查。被检查者应当如实反映情况，提供必要的资料。实施现场检查的部门、机构及其工作人员应当为被检查者保守商业秘密。

第二十五条　企业事业单位和其他生产经营者违反法律法规规定排放污染物，造成或者可能造成严重污染的，县级以上人民政府环境保护主管部门和其他负有环境保护监督管理职责的部门，可以查封、扣押造成污染物排放的设施、设备。

第二十六条　国家实行环境保护目标责任制和考核评价制度。县级以上人民政府应当将环境保护目标完成情况纳入对本级人民政府负有环境保护监督管理职责的部门及其负责人和下级人民政府及其负责人的考核内容，作为对其考核评价的重要依据。考核结果应当向社会公开。

第二十七条　县级以上人民政府应当每年向本级人民代表大会或者人民代表大会常务委员会报告环境状况和环境保护目标完成情况，对发生的重大环境事件应当及时向本级人民代表大会常务委员会报告，依法接受监督。

第三章　保护和改善环境

第二十八条　地方各级人民政府应当根据环境保护目标和治理任务，采取有效措施，改善环境质量。

未达到国家环境质量标准的重点区域、流域的有关地方人民政府，应当制定限期达标规划，并采取措施按期达标。

第二十九条 国家在重点生态功能区、生态环境敏感区和脆弱区等区域划定生态保护红线，实行严格保护。

各级人民政府对具有代表性的各种类型的自然生态系统区域，珍稀、濒危的野生动植物自然分布区域，重要的水源涵养区域，具有重大科学文化价值的地质构造、著名溶洞和化石分布区、冰川、火山、温泉等自然遗迹，以及人文遗迹、古树名木，应当采取措施予以保护，严禁破坏。

第三十条 开发利用自然资源，应当合理开发，保护生物多样性，保障生态安全，依法制定有关生态保护和恢复治理方案并予以实施。

引进外来物种以及研究、开发和利用生物技术，应当采取措施，防止对生物多样性的破坏。

第三十一条 国家建立、健全生态保护补偿制度。

国家加大对生态保护地区的财政转移支付力度。有关地方人民政府应当落实生态保护补偿资金，确保其用于生态保护补偿。

国家指导受益地区和生态保护地区人民政府通过协商或者按照市场规则进行生态保护补偿。

第三十二条 国家加强对大气、水、土壤等的保护，建立和完善相应的调查、监测、评估和修复制度。

第三十三条 各级人民政府应当加强对农业环境的保护，促进农业环境保护新技术的使用，加强对农业污染源的监测预警，统筹有关部门采取措施，防治土壤污染和土地沙化、盐渍化、贫瘠化、石漠化、地面沉降以及防治植被破坏、水土流失、水体富营养化、水源枯竭、种源灭绝等生态失调现象，推广植物病虫害的综合防治。

县级、乡级人民政府应当提高农村环境保护公共服务水平，推动农村环境综合整治。

第三十四条 国务院和沿海地方各级人民政府应当加强对海洋环境的保护。向海洋排放污染物、倾倒废弃物，进行海岸工程和海洋工程建设，应当符合法律法规规定和有关标准，防止和减少对海洋环境的污染损害。

第三十五条 城乡建设应当结合当地自然环境的特点，保护植被、水域和自然景观，加强城市园林、绿地和风景名胜区的建设与管理。

第三十六条 国家鼓励和引导公民、法人和其他组织使用有利于保护环境的产品和再生产品,减少废弃物的产生。

国家机关和使用财政资金的其他组织应当优先采购和使用节能、节水、节材等有利于保护环境的产品、设备和设施。

第三十七条 地方各级人民政府应当采取措施,组织对生活废弃物的分类处置、回收利用。

第三十八条 公民应当遵守环境保护法律法规,配合实施环境保护措施,按照规定对生活废弃物进行分类放置,减少日常生活对环境造成的损害。

第三十九条 国家建立、健全环境与健康监测、调查和风险评估制度;鼓励和组织开展环境质量对公众健康影响的研究,采取措施预防和控制与环境污染有关的疾病。

第四章 防治污染和其他公害

第四十条 国家促进清洁生产和资源循环利用。

国务院有关部门和地方各级人民政府应当采取措施,推广清洁能源的生产和使用。

企业应当优先使用清洁能源,采用资源利用率高、污染物排放量少的工艺、设备以及废弃物综合利用技术和污染物无害化处理技术,减少污染物的产生。

第四十一条 建设项目中防治污染的设施,应当与主体工程同时设计、同时施工、同时投产使用。防治污染的设施应当符合经批准的环境影响评价文件的要求,不得擅自拆除或者闲置。

第四十二条 排放污染物的企业事业单位和其他生产经营者,应当采取措施,防治在生产建设或者其他活动中产生的废气、废水、废渣、医疗废物、粉尘、恶臭气体、放射性物质以及噪声、振动、光辐射、电磁辐射等对环境的污染和危害。

排放污染物的企业事业单位,应当建立环境保护责任制度,明确单位负责人和相关人员的责任。

重点排污单位应当按照国家有关规定和监测规范安装使用监测设备,保证监测设备正常运行,保存原始监测记录。

严禁通过暗管、渗井、渗坑、灌注或者篡改、伪造监测数据,或者不正常运行防治污染设施等逃避监管的方式违法排放污染物。

第四十三条 排放污染物的企业事业单位和其他生产经营者,应当按照国家有关规定缴纳排污费。排污费应当全部专项用于环境污染防治，任何单位和个人不得截留、挤占或者挪作他用。

依照法律规定征收环境保护税的，不再征收排污费。

第四十四条 国家实行重点污染物排放总量控制制度。重点污染物排放总量控制指标由国务院下达，省、自治区、直辖市人民政府分解落实。企业事业单位在执行国家和地方污染物排放标准的同时，应当遵守分解落实到本单位的重点污染物排放总量控制指标。

对超过国家重点污染物排放总量控制指标或者未完成国家确定的环境质量目标的地区，省级以上人民政府环境保护主管部门应当暂停审批其新增重点污染物排放总量的建设项目环境影响评价文件。

第四十五条 国家依照法律规定实行排污许可管理制度。

实行排污许可管理的企业事业单位和其他生产经营者应当按照排污许可证的要求排放污染物；未取得排污许可证的，不得排放污染物。

第四十六条 国家对严重污染环境的工艺、设备和产品实行淘汰制度。任何单位和个人不得生产、销售或者转移、使用严重污染环境的工艺、设备和产品。

禁止引进不符合我国环境保护规定的技术、设备、材料和产品。

第四十七条 各级人民政府及其有关部门和企业事业单位，应当依照《中华人民共和国突发事件应对法》的规定，做好突发环境事件的风险控制、应急准备、应急处置和事后恢复等工作。

县级以上人民政府应当建立环境污染公共监测预警机制，组织制定预警方案；环境受到污染，可能影响公众健康和环境安全时，依法及时公布预警信息，启动应急措施。

企业事业单位应当按照国家有关规定制定突发环境事件应急预案，报环境保护主管部门和有关部门备案。在发生或者可能发生突发环境事件时，企业事业单位应当立即采取措施处理，及时通报可能受到危害的单位和居民，并向环境保护主管部门和有关部门报告。

突发环境事件应急处置工作结束后，有关人民政府应当立即组织评估事件造成的环境影响和损失，并及时将评估结果向社会公布。

第四十八条 生产、储存、运输、销售、使用、处置化学物品和含有放射性物质的物品，应当遵守国家有关规定，防止污染环境。

第四十九条 各级人民政府及其农业等有关部门和机构应当指导农业生产经营者科

学种植和养殖，科学合理施用农药、化肥等农业投入品，科学处置农用薄膜、农作物秸秆等农业废弃物，防止农业面源污染。

禁止将不符合农用标准和环境保护标准的固体废物、废水施入农田。施用农药、化肥等农业投入品及进行灌溉，应当采取措施，防止重金属和其他有毒有害物质污染环境。

畜禽养殖场、养殖小区、定点屠宰企业等的选址、建设和管理应当符合有关法律法规规定。从事畜禽养殖和屠宰的单位和个人应当采取措施，对畜禽粪便、尸体和污水等废弃物进行科学处置，防止污染环境。

县级人民政府负责组织农村生活废弃物的处置工作。

第五十条　各级人民政府应当在财政预算中安排资金，支持农村饮用水水源地保护、生活污水和其他废弃物处理、畜禽养殖和屠宰污染防治、土壤污染防治和农村工矿污染治理等环境保护工作。

第五十一条　各级人民政府应当统筹城乡建设污水处理设施及配套管网，固体废物的收集、运输和处置等环境卫生设施，危险废物集中处置设施、场所以及其他环境保护公共设施，并保障其正常运行。

第五十二条　国家鼓励投保环境污染责任保险。

第五章　信息公开和公众参与

第五十三条　公民、法人和其他组织依法享有获取环境信息、参与和监督环境保护的权利。

各级人民政府环境保护主管部门和其他负有环境保护监督管理职责的部门，应当依法公开环境信息、完善公众参与程序，为公民、法人和其他组织参与和监督环境保护提供便利。

第五十四条　国务院环境保护主管部门统一发布国家环境质量、重点污染源监测信息及其他重大环境信息。省级以上人民政府环境保护主管部门定期发布环境状况公报。

县级以上人民政府环境保护主管部门和其他负有环境保护监督管理职责的部门，应当依法公开环境质量、环境监测、突发环境事件以及环境行政许可、行政处罚、排污费的征收和使用情况等信息。

县级以上地方人民政府环境保护主管部门和其他负有环境保护监督管理职责的部

门，应当将企业事业单位和其他生产经营者的环境违法信息记入社会诚信档案，及时向社会公布违法者名单。

第五十五条 重点排污单位应当如实向社会公开其主要污染物的名称、排放方式、排放浓度和总量、超标排放情况，以及防治污染设施的建设和运行情况，接受社会监督。

第五十六条 对依法应当编制环境影响报告书的建设项目，建设单位应当在编制时向可能受影响的公众说明情况，充分征求意见。

负责审批建设项目环境影响评价文件的部门在收到建设项目环境影响报告书后，除涉及国家秘密和商业秘密的事项外，应当全文公开；发现建设项目未充分征求公众意见的，应当责成建设单位征求公众意见。

第五十七条 公民、法人和其他组织发现任何单位和个人有污染环境和破坏生态行为的，有权向环境保护主管部门或者其他负有环境保护监督管理职责的部门举报。

公民、法人和其他组织发现地方各级人民政府、县级以上人民政府环境保护主管部门和其他负有环境保护监督管理职责的部门不依法履行职责的，有权向其上级机关或者监察机关举报。

接受举报的机关应当对举报人的相关信息予以保密，保护举报人的合法权益。

第五十八条 对污染环境、破坏生态，损害社会公共利益的行为，符合下列条件的社会组织可以向人民法院提起诉讼：

（一）依法在设区的市级以上人民政府民政部门登记；

（二）专门从事环境保护公益活动连续五年以上且无违法记录。

符合前款规定的社会组织向人民法院提起诉讼，人民法院应当依法受理。

提起诉讼的社会组织不得通过诉讼牟取经济利益。

第六章 法 律 责 任

第五十九条 企业事业单位和其他生产经营者违法排放污染物，受到罚款处罚，被责令改正，拒不改正的，依法作出处罚决定的行政机关可以自责令改正之日的次日起，按照原处罚数额按日连续处罚。

前款规定的罚款处罚，依照有关法律法规按照防治污染设施的运行成本、违法行为造成的直接损失或者违法所得等因素确定的规定执行。

地方性法规可以根据环境保护的实际需要，增加第一款规定的按日连续处罚的违法行为的种类。

第六十条 企业事业单位和其他生产经营者超过污染物排放标准或者超过重点污染物排放总量控制指标排放污染物的，县级以上人民政府环境保护主管部门可以责令其采取限制生产、停产整治等措施；情节严重的，报经有批准权的人民政府批准，责令停业、关闭。

第六十一条 建设单位未依法提交建设项目环境影响评价文件或者环境影响评价文件未经批准，擅自开工建设的，由负有环境保护监督管理职责的部门责令停止建设，处以罚款，并可以责令恢复原状。

第六十二条 违反本法规定，重点排污单位不公开或者不如实公开环境信息的，由县级以上地方人民政府环境保护主管部门责令公开，处以罚款，并予以公告。

第六十三条 企业事业单位和其他生产经营者有下列行为之一，尚不构成犯罪的，除依照有关法律法规规定予以处罚外，由县级以上人民政府环境保护主管部门或者其他有关部门将案件移送公安机关，对其直接负责的主管人员和其他直接责任人员，处十日以上十五日以下拘留；情节较轻的，处五日以上十日以下拘留：

（一）建设项目未依法进行环境影响评价，被责令停止建设，拒不执行的；

（二）违反法律规定，未取得排污许可证排放污染物，被责令停止排污，拒不执行的；

（三）通过暗管、渗井、渗坑、灌注或者篡改、伪造监测数据，或者不正常运行防治污染设施等逃避监管的方式违法排放污染物的；

（四）生产、使用国家明令禁止生产、使用的农药，被责令改正，拒不改正的。

第六十四条 因污染环境和破坏生态造成损害的，应当依照《中华人民共和国侵权责任法》的有关规定承担侵权责任。

第六十五条 环境影响评价机构、环境监测机构以及从事环境监测设备和防治污染设施维护、运营的机构，在有关环境服务活动中弄虚作假，对造成的环境污染和生态破坏负有责任的，除依照有关法律法规规定予以处罚外，还应当与造成环境污染和生态破坏的其他责任者承担连带责任。

第六十六条 提起环境损害赔偿诉讼的时效期间为三年，从当事人知道或者应当知道其受到损害时起计算。

第六十七条 上级人民政府及其环境保护主管部门应当加强对下级人民政府及其有

关部门环境保护工作的监督。发现有关工作人员有违法行为，依法应当给予处分的，应当向其任免机关或者监察机关提出处分建议。

依法应当给予行政处罚，而有关环境保护主管部门不给予行政处罚的，上级人民政府环境保护主管部门可以直接作出行政处罚的决定。

第六十八条 地方各级人民政府、县级以上人民政府环境保护主管部门和其他负有环境保护监督管理职责的部门有下列行为之一的，对直接负责的主管人员和其他直接责任人员给予记过、记大过或者降级处分；造成严重后果的，给予撤职或者开除处分，其主要负责人应当引咎辞职：

（一）不符合行政许可条件准予行政许可的；

（二）对环境违法行为进行包庇的；

（三）依法应当作出责令停业、关闭的决定而未作出的；

（四）对超标排放污染物、采用逃避监管的方式排放污染物、造成环境事故以及不落实生态保护措施造成生态破坏等行为，发现或者接到举报未及时查处的；

（五）违反本法规定，查封、扣押企业事业单位和其他生产经营者的设施、设备的；

（六）篡改、伪造或者指使篡改、伪造监测数据的；

（七）应当依法公开环境信息而未公开的；

（八）将征收的排污费截留、挤占或者挪作他用的；

（九）法律法规规定的其他违法行为。

第六十九条 违反本法规定，构成犯罪的，依法追究刑事责任。

第七章 附 则

第七十条 本法自2015年1月1日起施行。

附录 B 中华人民共和国环境影响评价法

（2002年10月28日第九届全国人民代表大会常务委员会第三十次会议通过　根据2016年7月2日第十二届全国人民代表大会常务委员会第二十一次会议《关于修改〈中华人民共和国节约能源法〉等六部法律的决定》第一次修正　根据2018年12月29日第十三届全国人民代表大会常务委员会第七次会议《关于修改〈中华人民共和国劳动法〉等七部法律的决定》第二次修正）

目　录

第一章　总　　则
第二章　规划的环境影响评价
第三章　建设项目的环境影响评价
第四章　法律责任
第五章　附　　则

第一章　总　　则

第一条　为了实施可持续发展战略，预防因规划和建设项目实施后对环境造成不良影响，促进经济、社会和环境的协调发展，制定本法。

第二条　本法所称环境影响评价，是指对规划和建设项目实施后可能造成的环境影响进行分析、预测和评估，提出预防或者减轻不良环境影响的对策和措施，进行跟踪监测的方法与制度。

第三条　编制本法第九条所规定的范围内的规划，在中华人民共和国领域和中华人民共和国管辖的其他海域内建设对环境有影响的项目，应当依照本法进行环境影响评价。

第四条　环境影响评价必须客观、公开、公正，综合考虑规划或者建设项目实施后对各种环境因素及其所构成的生态系统可能造成的影响，为决策提供科学依据。

第五条 国家鼓励有关单位、专家和公众以适当方式参与环境影响评价。

第六条 国家加强环境影响评价的基础数据库和评价指标体系建设，鼓励和支持对环境影响评价的方法、技术规范进行科学研究，建立必要的环境影响评价信息共享制度，提高环境影响评价的科学性。

国务院生态环境主管部门应当会同国务院有关部门，组织建立和完善环境影响评价的基础数据库和评价指标体系。

第二章 规划的环境影响评价

第七条 国务院有关部门、设区的市级以上地方人民政府及其有关部门，对其组织编制的土地利用的有关规划，区域、流域、海域的建设、开发利用规划，应当在规划编制过程中组织进行环境影响评价，编写该规划有关环境影响的篇章或者说明。

规划有关环境影响的篇章或者说明，应当对规划实施后可能造成的环境影响作出分析、预测和评估，提出预防或者减轻不良环境影响的对策和措施，作为规划草案的组成部分一并报送规划审批机关。

未编写有关环境影响的篇章或者说明的规划草案，审批机关不予审批。

第八条 国务院有关部门、设区的市级以上地方人民政府及其有关部门，对其组织编制的工业、农业、畜牧业、林业、能源、水利、交通、城市建设、旅游、自然资源开发的有关专项规划（以下简称专项规划），应当在该专项规划草案上报审批前，组织进行环境影响评价，并向审批该专项规划的机关提出环境影响报告书。

前款所列专项规划中的指导性规划，按照本法第七条的规定进行环境影响评价。

第九条 依照本法第七条、第八条的规定进行环境影响评价的规划的具体范围，由国务院生态环境主管部门会同国务院有关部门规定，报国务院批准。

第十条 专项规划的环境影响报告书应当包括下列内容：

（一）实施该规划对环境可能造成影响的分析、预测和评估；

（二）预防或者减轻不良环境影响的对策和措施；

（三）环境影响评价的结论。

第十一条 专项规划的编制机关对可能造成不良环境影响并直接涉及公众环境权益的规划，应当在该规划草案报送审批前，举行论证会、听证会，或者采取其他形式，征求有关单位、专家和公众对环境影响报告书草案的意见。但是，国家规定需要保密的情形除外。

编制机关应当认真考虑有关单位、专家和公众对环境影响报告书草案的意见,并应当在报送审查的环境影响报告书中附具对意见采纳或者不采纳的说明。

第十二条　专项规划的编制机关在报批规划草案时,应当将环境影响报告书一并附送审批机关审查;未附送环境影响报告书的,审批机关不予审批。

第十三条　设区的市级以上人民政府在审批专项规划草案,作出决策前,应当先由人民政府指定的生态环境主管部门或者其他部门召集有关部门代表和专家组成审查小组,对环境影响报告书进行审查。审查小组应当提出书面审查意见。

参加前款规定的审查小组的专家,应当从按照国务院生态环境主管部门的规定设立的专家库内的相关专业的专家名单中,以随机抽取的方式确定。

由省级以上人民政府有关部门负责审批的专项规划,其环境影响报告书的审查办法,由国务院生态环境主管部门会同国务院有关部门制定。

第十四条　审查小组提出修改意见的,专项规划的编制机关应当根据环境影响报告书结论和审查意见对规划草案进行修改完善,并对环境影响报告书结论和审查意见的采纳情况作出说明;不采纳的,应当说明理由。

设区的市级以上人民政府或者省级以上人民政府有关部门在审批专项规划草案时,应当将环境影响报告书结论以及审查意见作为决策的重要依据。

在审批中未采纳环境影响报告书结论以及审查意见的,应当作出说明,并存档备查。

第十五条　对环境有重大影响的规划实施后,编制机关应当及时组织环境影响的跟踪评价,并将评价结果报告审批机关;发现有明显不良环境影响的,应当及时提出改进措施。

第三章　建设项目的环境影响评价

第十六条　国家根据建设项目对环境的影响程度,对建设项目的环境影响评价实行分类管理。

建设单位应当按照下列规定组织编制环境影响报告书、环境影响报告表或者填报环境影响登记表(以下统称环境影响评价文件):

(一)可能造成重大环境影响的,应当编制环境影响报告书,对产生的环境影响进行全面评价；

（二）可能造成轻度环境影响的，应当编制环境影响报告表，对产生的环境影响进行分析或者专项评价；

（三）对环境影响很小、不需要进行环境影响评价的，应当填报环境影响登记表。

建设项目的环境影响评价分类管理名录，由国务院生态环境主管部门制定并公布。

第十七条 建设项目的环境影响报告书应当包括下列内容：

（一）建设项目概况；

（二）建设项目周围环境现状；

（三）建设项目对环境可能造成影响的分析、预测和评估；

（四）建设项目环境保护措施及其技术、经济论证；

（五）建设项目对环境影响的经济损益分析；

（六）对建设项目实施环境监测的建议；

（七）环境影响评价的结论。

环境影响报告表和环境影响登记表的内容和格式，由国务院生态环境主管部门制定。

第十八条 建设项目的环境影响评价，应当避免与规划的环境影响评价相重复。

作为一项整体建设项目的规划，按照建设项目进行环境影响评价，不进行规划的环境影响评价。

已经进行了环境影响评价的规划包含具体建设项目的，规划的环境影响评价结论应当作为建设项目环境影响评价的重要依据，建设项目环境影响评价的内容应当根据规划的环境影响评价审查意见予以简化。

第十九条 建设单位可以委托技术单位对其建设项目开展环境影响评价，编制建设项目环境影响报告书、环境影响报告表；建设单位具备环境影响评价技术能力的，可以自行对其建设项目开展环境影响评价，编制建设项目环境影响报告书、环境影响报告表。

编制建设项目环境影响报告书、环境影响报告表应当遵守国家有关环境影响评价标准、技术规范等规定。

国务院生态环境主管部门应当制定建设项目环境影响报告书、环境影响报告表编制的能力建设指南和监管办法。

接受委托为建设单位编制建设项目环境影响报告书、环境影响报告表的技术单位，不得与负责审批建设项目环境影响报告书、环境影响报告表的生态环境主管部门或者其他有关审批部门存在任何利益关系。

第二十条 建设单位应当对建设项目环境影响报告书、环境影响报告表的内容和结论负责，接受委托编制建设项目环境影响报告书、环境影响报告表的技术单位对其编制的建设项目环境影响报告书、环境影响报告表承担相应责任。

设区的市级以上人民政府生态环境主管部门应当加强对建设项目环境影响报告书、环境影响报告表编制单位的监督管理和质量考核。

负责审批建设项目环境影响报告书、环境影响报告表的生态环境主管部门应当将编制单位、编制主持人和主要编制人员的相关违法信息记入社会诚信档案，并纳入全国信用信息共享平台和国家企业信用信息公示系统向社会公布。

任何单位和个人不得为建设单位指定编制建设项目环境影响报告书、环境影响报告表的技术单位。

第二十一条 除国家规定需要保密的情形外，对环境可能造成重大影响、应当编制环境影响报告书的建设项目，建设单位应当在报批建设项目环境影响报告书前，举行论证会、听证会，或者采取其他形式，征求有关单位、专家和公众的意见。

建设单位报批的环境影响报告书应当附具对有关单位、专家和公众的意见采纳或者不采纳的说明。

第二十二条 建设项目的环境影响报告书、报告表，由建设单位按照国务院的规定报有审批权的生态环境主管部门审批。

海洋工程建设项目的海洋环境影响报告书的审批，依照《中华人民共和国海洋环境保护法》的规定办理。

审批部门应当自收到环境影响报告书之日起六十日内，收到环境影响报告表之日起三十日内，分别作出审批决定并书面通知建设单位。

国家对环境影响登记表实行备案管理。

审核、审批建设项目环境影响报告书、报告表以及备案环境影响登记表，不得收取任何费用。

第二十三条 国务院生态环境主管部门负责审批下列建设项目的环境影响评价文件：

（一）核设施、绝密工程等特殊性质的建设项目；

（二）跨省、自治区、直辖市行政区域的建设项目；

（三）由国务院审批的或者由国务院授权有关部门审批的建设项目。

前款规定以外的建设项目的环境影响评价文件的审批权限,由省、自治区、直辖市人民政府规定。

建设项目可能造成跨行政区域的不良环境影响,有关生态环境主管部门对该项目的环境影响评价结论有争议的,其环境影响评价文件由共同的上一级生态环境主管部门审批。

第二十四条 建设项目的环境影响评价文件经批准后,建设项目的性质、规模、地点、采用的生产工艺或者防治污染、防止生态破坏的措施发生重大变动的,建设单位应当重新报批建设项目的环境影响评价文件。

建设项目的环境影响评价文件自批准之日起超过五年,方决定该项目开工建设的,其环境影响评价文件应当报原审批部门重新审核;原审批部门应当自收到建设项目环境影响评价文件之日起十日内,将审核意见书面通知建设单位。

第二十五条 建设项目的环境影响评价文件未依法经审批部门审查或者审查后未予批准的,建设单位不得开工建设。

第二十六条 建设项目建设过程中,建设单位应当同时实施环境影响报告书、环境影响报告表以及环境影响评价文件审批部门审批意见中提出的环境保护对策措施。

第二十七条 在项目建设、运行过程中产生不符合经审批的环境影响评价文件的情形的,建设单位应当组织环境影响的后评价,采取改进措施,并报原环境影响评价文件审批部门和建设项目审批部门备案;原环境影响评价文件审批部门也可以责成建设单位进行环境影响的后评价,采取改进措施。

第二十八条 生态环境主管部门应当对建设项目投入生产或者使用后所产生的环境影响进行跟踪检查,对造成严重环境污染或者生态破坏的,应当查清原因、查明责任。对属于建设项目环境影响报告书、环境影响报告表存在基础资料明显不实,内容存在重大缺陷、遗漏或者虚假,环境影响评价结论不正确或者不合理等严重质量问题的,依照本法第三十二条的规定追究建设单位及其相关责任人员和接受委托编制建设项目环境影响报告书、环境影响报告表的技术单位及其相关人员的法律责任;属于审批部门工作人员失职、渎职,对依法不应批准的建设项目环境影响报告书、环境影响报告表予以批准的,依照本法第三十四条的规定追究其法律责任。

第四章 法 律 责 任

第二十九条 规划编制机关违反本法规定,未组织环境影响评价,或者组织环境影响评价时弄虚作假或者有失职行为，造成环境影响评价严重失实的，对直接负责的主管人员和其他直接责任人员，由上级机关或者监察机关依法给予行政处分。

第三十条　规划审批机关对依法应当编写有关环境影响的篇章或者说明而未编写的规划草案，依法应当附送环境影响报告书而未附送的专项规划草案，违法予以批准的，对直接负责的主管人员和其他直接责任人员，由上级机关或者监察机关依法给予行政处分。

第三十一条　建设单位未依法报批建设项目环境影响报告书、报告表，或者未依照本法第二十四条的规定重新报批或者报请重新审核环境影响报告书、报告表，擅自开工建设的，由县级以上生态环境主管部门责令停止建设，根据违法情节和危害后果，处建设项目总投资额百分之一以上百分之五以下的罚款，并可以责令恢复原状；对建设单位直接负责的主管人员和其他直接责任人员，依法给予行政处分。

建设项目环境影响报告书、报告表未经批准或者未经原审批部门重新审核同意，建设单位擅自开工建设的，依照前款的规定处罚、处分。

建设单位未依法备案建设项目环境影响登记表的，由县级以上生态环境主管部门责令备案，处五万元以下的罚款。

海洋工程建设项目的建设单位有本条所列违法行为的，依照《中华人民共和国海洋环境保护法》的规定处罚。

第三十二条　建设项目环境影响报告书、环境影响报告表存在基础资料明显不实，内容存在重大缺陷、遗漏或者虚假，环境影响评价结论不正确或者不合理等严重质量问题的，由设区的市级以上人民政府生态环境主管部门对建设单位处五十万元以上二百万元以下的罚款，并对建设单位的法定代表人、主要负责人、直接负责的主管人员和其他直接责任人员，处五万元以上二十万元以下的罚款。

接受委托编制建设项目环境影响报告书、环境影响报告表的技术单位违反国家有关环境影响评价标准和技术规范等规定，致使其编制的建设项目环境影响报告书、环境影响报告表存在基础资料明显不实，内容存在重大缺陷、遗漏或者虚假，环境影响评价结论不正确或者不合理等严重质量问题的，由设区的市级以上人民政府生态环境主管部门对技术单位处所收费用三倍以上五倍以下的罚款；情节严重的，禁止从事环境影响报告书、环境影响报告表编制工作；有违法所得的，没收违法所得。

编制单位有本条第一款、第二款规定的违法行为的，编制主持人和主要编制人员五年内禁止从事环境影响报告书、环境影响报告表编制工作；构成犯罪的，依法追究刑事责任，并终身禁止从事环境影响报告书、环境影响报告表编制工作。

第三十三条 负责审核、审批、备案建设项目环境影响评价文件的部门在审批、备案中收取费用的，由其上级机关或者监察机关责令退还；情节严重的，对直接负责的主管人员和其他直接责任人员依法给予行政处分。

第三十四条 生态环境主管部门或者其他部门的工作人员徇私舞弊，滥用职权，玩忽职守，违法批准建设项目环境影响评价文件的，依法给予行政处分；构成犯罪的，依法追究刑事责任。

第五章 附 则

第三十五条 省、自治区、直辖市人民政府可以根据本地的实际情况，要求对本辖区的县级人民政府编制的规划进行环境影响评价。具体办法由省、自治区、直辖市参照本法第二章的规定制定。

第三十六条 军事设施建设项目的环境影响评价办法，由中央军事委员会依照本法的原则制定。

第三十七条 本法自2003年9月1日起施行。

附录 C 国务院信访条例
（第 431 号）

《信访条例》已经2005年1月5日国务院第76次常务会议通过，现予公布，自2005年5月1日起施行。

第一章 总 则

第一条 为了保持各级人民政府同人民群众的密切联系，保护信访人的合法权益，维护信访秩序，制定本条例。

第二条 本条例所称信访，是指公民、法人或者其他组织采用书信、电子邮件、传真、电话、走访等形式，向各级人民政府、县级以上人民政府工作部门反映情况，提出建议、意见或者投诉请求，依法由有关行政机关处理的活动。

采用前款规定的形式，反映情况，提出建议、意见或者投诉请求的公民、法人或者其他组织，称信访人。

第三条 各级人民政府、县级以上人民政府工作部门应当做好信访工作，认真处理来信、接待来访，倾听人民群众的意见、建议和要求，接受人民群众的监督，努力为人民群众服务。

各级人民政府、县级以上人民政府工作部门应当畅通信访渠道，为信访人采用本条例规定的形式反映情况，提出建议、意见或者投诉请求提供便利条件。

任何组织和个人不得打击报复信访人。

第四条 信访工作应当在各级人民政府领导下，坚持属地管理、分级负责，谁主管、谁负责，依法、及时、就地解决问题与疏导教育相结合的原则。

第五条 各级人民政府、县级以上人民政府工作部门应当科学、民主决策，依法履行职责，从源头上预防导致信访事项的矛盾和纠纷。

县级以上人民政府应当建立统一领导、部门协调、统筹兼顾、标本兼治，各负其责、齐抓共管的信访工作格局，通过联席会议、建立排查调处机制、建立信访督查工作制度等方式，及时化解矛盾和纠纷。

各级人民政府、县级以上人民政府各工作部门的负责人应当阅批重要来信、接待重要来访、听取信访工作汇报，研究解决信访工作中的突出问题。

第六条　县级以上人民政府应当设立信访工作机构；县级以上人民政府工作部门及乡、镇人民政府应当按照有利工作、方便信访人的原则，确定负责信访工作的机构（以下简称信访工作机构）或者人员，具体负责信访工作。

县级以上人民政府信访工作机构是本级人民政府负责信访工作的行政机构，履行下列职责：

（一）受理、交办、转送信访人提出的信访事项；

（二）承办上级和本级人民政府交由处理的信访事项；

（三）协调处理重要信访事项；

（四）督促检查信访事项的处理；

（五）研究、分析信访情况，开展调查研究，及时向本级人民政府提出完善政策和改进工作的建议；

（六）对本级人民政府其他工作部门和下级人民政府信访工作机构的信访工作进行指导。

第七条　各级人民政府应当建立健全信访工作责任制，对信访工作中的失职、渎职行为，严格依照有关法律、行政法规和本条例的规定，追究有关责任人员的责任，并在一定范围内予以通报。

各级人民政府应当将信访工作绩效纳入公务员考核体系。

第八条　信访人反映的情况，提出的建议、意见，对国民经济和社会发展或者对改进国家机关工作以及保护社会公共利益有贡献的，由有关行政机关或者单位给予奖励。

对在信访工作中做出优异成绩的单位或者个人，由有关行政机关给予奖励。

第二章　信 访 渠 道

第九条　各级人民政府、县级以上人民政府工作部门应当向社会公布信访工作机构的通信地址、电子信箱、投诉电话、信访接待的时间和地点、查询信访事项处理进展及结果的方式等相关事项。

各级人民政府、县级以上人民政府工作部门应当在其信访接待场所或者网站公布与信访工作有关的法律、法规、规章，信访事项的处理程序，以及其他为信访人提供便利的相关事项。

第十条　设区的市级、县级人民政府及其工作部门，乡、镇人民政府应当建立行政机关负责人信访接待日制度，由行政机关负责人协调处理信访事项。信访人可以在公布的接待日和接待地点向有关行政机关负责人当面反映信访事项。

县级以上人民政府及其工作部门负责人或者其指定的人员，可以就信访人反映突出的问题到信访人居住地与信访人面谈沟通。

第十一条　国家信访工作机构充分利用现有政务信息网络资源，建立全国信访信息系统，为信访人在当地提出信访事项、查询信访事项办理情况提供便利。

县级以上地方人民政府应当充分利用现有政务信息网络资源，建立或者确定本行政区域的信访信息系统，并与上级人民政府、政府有关部门、下级人民政府的信访信息系统实现互联互通。

第十二条　县级以上各级人民政府的信访工作机构或者有关工作部门应当及时将信访人的投诉请求输入信访信息系统，信访人可以持行政机关出具的投诉请求受理凭证到当地人民政府的信访工作机构或者有关工作部门的接待场所查询其所提出的投诉请求的办理情况。具体实施办法和步骤由省、自治区、直辖市人民政府规定。

第十三条　设区的市、县两级人民政府可以根据信访工作的实际需要，建立政府主导、社会参与、有利于迅速解决纠纷的工作机制。

信访工作机构应当组织相关社会团体、法律援助机构、相关专业人员、社会志愿者等共同参与，运用咨询、教育、协商、调解、听证等方法，依法、及时、合理处理信访人的投诉请求。

第三章　信访事项的提出

第十四条　信访人对下列组织、人员的职务行为反映情况，提出建议、意见，或者不服下列组织、人员的职务行为，可以向有关行政机关提出信访事项：

（一）行政机关及其工作人员；

（二）法律、法规授权的具有管理公共事务职能的组织及其工作人员；

（三）提供公共服务的企业、事业单位及其工作人员；

（四）社会团体或者其他企业、事业单位中由国家行政机关任命、派出的人员；

（五）村民委员会、居民委员会及其成员。

对依法应当通过诉讼、仲裁、行政复议等法定途径解决的投诉请求，信访人应当依照有关法律、行政法规规定的程序向有关机关提出。

第十五条 信访人对各级人民代表大会以及县级以上各级人民代表大会常务委员会、人民法院、人民检察院职权范围内的信访事项，应当分别向有关的人民代表大会及其常务委员会、人民法院、人民检察院提出，并遵守本条例第十六条、第十七条、第十八条、第十九条、第二十条的规定。

第十六条 信访人采用走访形式提出信访事项，应当向依法有权处理的本级或者上一级机关提出；信访事项已经受理或者正在办理的，信访人在规定期限内向受理、办理机关的上级机关再提出同一信访事项的，该上级机关不予受理。

第十七条 信访人提出信访事项，一般应当采用书信、电子邮件、传真等书面形式；信访人提出投诉请求的，还应当载明信访人的姓名（名称）、住址和请求、事实、理由。

有关机关对采用口头形式提出的投诉请求，应当记录信访人的姓名（名称）、住址和请求、事实、理由。

第十八条 信访人采用走访形式提出信访事项的，应当到有关机关设立或者指定的接待场所提出。

多人采用走访形式提出共同的信访事项的，应当推选代表，代表人数不得超过5人。

第十九条 信访人提出信访事项，应当客观真实，对其所提供材料内容的真实性负责，不得捏造、歪曲事实，不得诬告、陷害他人。

第二十条 信访人在信访过程中应当遵守法律、法规，不得损害国家、社会、集体的利益和其他公民的合法权利，自觉维护社会公共秩序和信访秩序，不得有下列行为：

（一）在国家机关办公场所周围、公共场所非法聚集，围堵、冲击国家机关，拦截公务车辆，或者堵塞、阻断交通的；

（二）携带危险物品、管制器具的；

（三）侮辱、殴打、威胁国家机关工作人员，或者非法限制他人人身自由的；

（四）在信访接待场所滞留、滋事，或者将生活不能自理的人弃留在信访接待场所的；

（五）煽动、串联、胁迫、以财物诱使、幕后操纵他人信访或者以信访为名借机敛财的；

（六）扰乱公共秩序、妨害国家和公共安全的其他行为。

第四章　信访事项的受理

第二十一条　县级以上人民政府信访工作机构收到信访事项，应当予以登记，并区分情况，在15日内分别按下列方式处理：

（一）对本条例第十五条规定的信访事项，应当告知信访人分别向有关的人民代表大会及其常务委员会、人民法院、人民检察院提出。对已经或者依法应当通过诉讼、仲裁、行政复议等法定途径解决的，不予受理，但应当告知信访人依照有关法律、行政法规规定程序向有关机关提出。

（二）对依照法定职责属于本级人民政府或者其工作部门处理决定的信访事项，应当转送有权处理的行政机关；情况重大、紧急的，应当及时提出建议，报请本级人民政府决定。

（三）信访事项涉及下级行政机关或者其工作人员的，按照"属地管理、分级负责，谁主管、谁负责"的原则，直接转送有权处理的行政机关，并抄送下一级人民政府信访工作机构。

县级以上人民政府信访工作机构要定期向下一级人民政府信访工作机构通报转送情况，下级人民政府信访工作机构要定期向上一级人民政府信访工作机构报告转送信访事项的办理情况。

（四）对转送信访事项中的重要情况需要反馈办理结果的，可以直接交由有权处理的行政机关办理，要求其在指定办理期限内反馈结果，提交办结报告。

按照前款第（二）项至第（四）项规定，有关行政机关应当自收到转送、交办的信访事项之日起15日内决定是否受理并书面告知信访人，并按要求通报信访工作机构。

第二十二条　信访人按照本条例规定直接向各级人民政府信访工作机构以外的行政机关提出的信访事项，有关行政机关应当予以登记；对符合本条例第十四条第一款规定并属于本机关法定职权范围的信访事项，应当受理，不得推诿、敷衍、拖延；对不属于本机关职权范围的信访事项，应当告知信访人向有权的机关提出。

有关行政机关收到信访事项后，能够当场答复是否受理的，应当当场书面答复；不能当场答复的，应当自收到信访事项之日起15日内书面告知信访人。但是，信访人的姓名（名称）、住址不清的除外。

有关行政机关应当相互通报信访事项的受理情况。

第二十三条 行政机关及其工作人员不得将信访人的检举、揭发材料及有关情况透露或者转给被检举、揭发的人员或者单位。

第二十四条 涉及两个或者两个以上行政机关的信访事项，由所涉及的行政机关协商受理；受理有争议的，由其共同的上一级行政机关决定受理机关。

第二十五条 应当对信访事项作出处理的行政机关分立、合并、撤销的，由继续行使其职权的行政机关受理；职责不清的，由本级人民政府或者其指定的机关受理。

第二十六条 公民、法人或者其他组织发现可能造成社会影响的重大、紧急信访事项和信访信息时，可以就近向有关行政机关报告。地方各级人民政府接到报告后，应当立即报告上一级人民政府；必要时，通报有关主管部门。县级以上地方人民政府有关部门接到报告后，应当立即报告本级人民政府和上一级主管部门；必要时，通报有关主管部门。国务院有关部门接到报告后，应当立即报告国务院；必要时，通报有关主管部门。

行政机关对重大、紧急信访事项和信访信息不得隐瞒、谎报、缓报，或者授意他人隐瞒、谎报、缓报。

第二十七条 对于可能造成社会影响的重大、紧急信访事项和信访信息，有关行政机关应当在职责范围内依法及时采取措施，防止不良影响的产生、扩大。

第五章 信访事项的办理和督办

第二十八条 行政机关及其工作人员办理信访事项，应当恪尽职守、秉公办事，查明事实、分清责任，宣传法制、教育疏导，及时妥善处理，不得推诿、敷衍、拖延。

第二十九条 信访人反映的情况，提出的建议、意见，有利于行政机关改进工作、促进国民经济和社会发展的，有关行政机关应当认真研究论证并积极采纳。

第三十条 行政机关工作人员与信访事项或者信访人有直接利害关系的，应当回避。

第三十一条 对信访事项有权处理的行政机关办理信访事项，应当听取信访人陈述事实和理由；必要时可以要求信访人、有关组织和人员说明情况；需要进一步核实有关情况的，可以向其他组织和人员调查。

对重大、复杂、疑难的信访事项，可以举行听证。听证应当公开举行，通过质询、辩论、评议、合议等方式，查明事实，分清责任。听证范围、主持人、参加人、程序等由省、自治区、直辖市人民政府规定。

第三十二条 对信访事项有权处理的行政机关经调查核实，应当依照有关法律、法规、规章及其他有关规定，分别作出以下处理，并书面答复信访人：

（一）请求事实清楚，符合法律、法规、规章或者其他有关规定的，予以支持；

（二）请求事由合理但缺乏法律依据的，应当对信访人做好解释工作；

（三）请求缺乏事实根据或者不符合法律、法规、规章或者其他有关规定的，不予支持。

有权处理的行政机关依照前款第（一）项规定作出支持信访请求意见的，应当督促有关机关或者单位执行。

第三十三条 信访事项应当自受理之日起60日内办结；情况复杂的，经本行政机关负责人批准，可以适当延长办理期限，但延长期限不得超过30日，并告知信访人延期理由。法律、行政法规另有规定的，从其规定。

第三十四条 信访人对行政机关作出的信访事项处理意见不服的，可以自收到书面答复之日起30日内请求原办理行政机关的上一级行政机关复查。收到复查请求的行政机关应当自收到复查请求之日起30日内提出复查意见，并予以书面答复。

第三十五条 信访人对复查意见不服的，可以自收到书面答复之日起30日内向复查机关的上一级行政机关请求复核。收到复核请求的行政机关应当自收到复核请求之日起30日内提出复核意见。

复核机关可以按照本条例第三十一条第二款的规定举行听证，经过听证的复核意见可以依法向社会公示。听证所需时间不计算在前款规定的期限内。

信访人对复核意见不服，仍然以同一事实和理由提出投诉请求的，各级人民政府信访工作机构和其他行政机关不再受理。

第三十六条 县级以上人民政府信访工作机构发现有关行政机关有下列情形之一的，应当及时督办，并提出改进建议：

（一）无正当理由未按规定的办理期限办结信访事项的；

（二）未按规定反馈信访事项办理结果的；

（三）未按规定程序办理信访事项的；

（四）办理信访事项推诿、敷衍、拖延的；

（五）不执行信访处理意见的；

（六）其他需要督办的情形。

收到改进建议的行政机关应当在30日内书面反馈情况；未采纳改进建议的，应当说明理由。

第三十七条 县级以上人民政府信访工作机构对于信访人反映的有关政策性问题，应当及时向本级人民政府报告，并提出完善政策、解决问题的建议。

第三十八条 县级以上人民政府信访工作机构对在信访工作中推诿、敷衍、拖延、弄虚作假造成严重后果的行政机关工作人员，可以向有关行政机关提出给予行政处分的建议。

第三十九条 县级以上人民政府信访工作机构应当就以下事项向本级人民政府定期提交信访情况分析报告：

（一）受理信访事项的数据统计、信访事项涉及领域以及被投诉较多的机关；

（二）转送、督办情况以及各部门采纳改进建议的情况；

（三）提出的政策性建议及其被采纳情况。

第六章 法 律 责 任

第四十条 因下列情形之一导致信访事项发生，造成严重后果的，对直接负责的主管人员和其他直接责任人员，依照有关法律、行政法规的规定给予行政处分；构成犯罪的，依法追究刑事责任：

（一）超越或者滥用职权，侵害信访人合法权益的；

（二）行政机关应当作为而不作为，侵害信访人合法权益的；

（三）适用法律、法规错误或者违反法定程序，侵害信访人合法权益的；

（四）拒不执行有权处理的行政机关作出的支持信访请求意见的。

第四十一条 县级以上人民政府信访工作机构对收到的信访事项应当登记、转送、交办而未按规定登记、转送、交办，或者应当履行督办职责而未履行的，由其上级行政机关责令改正；造成严重后果的，对直接负责的主管人员和其他直接责任人员依法给予行政处分。

第四十二条 负有受理信访事项职责的行政机关在受理信访事项过程中违反本条例的规定，有下列情形之一的，由其上级行政机关责令改正；造成严重后果的，对直接负责的主管人员和其他直接责任人员依法给予行政处分：

（一）对收到的信访事项不按规定登记的；

（二）对属于其法定职权范围的信访事项不予受理的；

（三）行政机关未在规定期限内书面告知信访人是否受理信访事项的。

第四十三条 对信访事项有权处理的行政机关在办理信访事项过程中，有下列行为之一的，由其上级行政机关责令改正；造成严重后果的，对直接负责的主管人员和其他直接责任人员依法给予行政处分：

（一）推诿、敷衍、拖延信访事项办理或者未在法定期限内办结信访事项的；

（二）对事实清楚，符合法律、法规、规章或者其他有关规定的投诉请求未予支持的。

第四十四条 行政机关工作人员违反本条例规定，将信访人的检举、揭发材料或者有关情况透露、转给被检举、揭发的人员或者单位的，依法给予行政处分。

行政机关工作人员在处理信访事项过程中，作风粗暴，激化矛盾并造成严重后果的，依法给予行政处分。

第四十五条 行政机关及其工作人员违反本条例第二十六条规定，对可能造成社会影响的重大、紧急信访事项和信访信息，隐瞒、谎报、缓报，或者授意他人隐瞒、谎报、缓报，造成严重后果的，对直接负责的主管人员和其他直接责任人员依法给予行政处分；构成犯罪的，依法追究刑事责任。

第四十六条 打击报复信访人，构成犯罪的，依法追究刑事责任；尚不构成犯罪的，依法给予行政处分或者纪律处分。

第四十七条 违反本条例第十八条、第二十条规定的，有关国家机关工作人员应当对信访人进行劝阻、批评或者教育。

经劝阻、批评和教育无效的，由公安机关予以警告、训诫或者制止；违反集会游行示威的法律、行政法规，或者构成违反治安管理行为的，由公安机关依法采取必要的现场处置措施、给予治安管理处罚；构成犯罪的，依法追究刑事责任。

第四十八条 信访人捏造歪曲事实、诬告陷害他人，构成犯罪的，依法追究刑事责任；尚不构成犯罪的，由公安机关依法给予治安管理处罚。

第七章 附　　则

第四十九条 社会团体、企业事业单位的信访工作参照本条例执行。

第五十条 对外国人、无国籍人、外国组织信访事项的处理，参照本条例执行。

第五十一条 本条例自2005年5月1日起施行。1995年10月28日国务院发布的《信访条例》同时废止。

附录 D 全国环境统计公报
（2015 年）

2015年是"十二五"规划的收官之年，是全面深化改革的关键之年。党的十八届五中全会提出创新、协调、绿色、开放、共享的发展理念，党中央、国务院对生态文明建设和环境保护作出一系列重大决策部署，各地区、各部门坚决贯彻落实，以改善环境质量为核心，着力解决突出环境问题，取得积极进展。与2014年相比，化学需氧量排放量下降3.1%、氨氮排放量下降3.6%、二氧化硫排放量下降5.8%、氮氧化物排放量下降10.9%。主要污染物总量减排年度任务顺利完成。

全国废水排放总量735.3亿吨。其中，工业废水排放量199.5亿吨、城镇生活污水排放量535.2亿吨。废水中化学需氧量排放量2223.5万吨，其中，工业源化学需氧量排放量为293.5万吨、农业源化学需氧量排放量为1068.6万吨、城镇生活化学需氧量排放量为846.9万吨。废水中氨氮排放量229.9万吨。其中，工业源氨氮排放量为21.7万吨、农业源氨氮排放量为72.6万吨、城镇生活氨氮排放量为134.1万吨。

全国废气中二氧化硫排放量1859.1万吨。其中，工业二氧化硫排放量为1556.7万吨、城镇生活二氧化硫排放量为296.9万吨。全国废气中氮氧化物排放量1851.9万吨。其中，工业氮氧化物排放量为1180.9万吨、城镇生活氮氧化物排放量为65.1万吨、机动车氮氧化物排放量为585.9万吨。全国废气中烟（粉）尘排放量1538.0万吨。其中，工业烟（粉）尘排放量为1232.6万吨、城镇生活烟尘排放量为249.7万吨、机动车烟（粉）尘排放量为55.5万吨。

全国一般工业固体废物产生量32.7亿吨，综合利用量19.9亿吨，贮存量5.8亿吨，处置量7.3亿吨，倾倒丢弃量55.8万吨，全国一般工业固体废物综合利用率为60.3%。全国工业危险废物产生量3976.1万吨，综合利用量2049.7万吨，贮存量810.3万吨，处置量1174.0万吨，全国工业危险废物综合利用处置率为79.9%。

全国共调查统计工业企业161598家，其中火电行业3539家，共排放二氧化硫528.1万吨，氮氧化物551.9万吨，烟粉尘165.2万吨。

调查统计水泥制造企业3377家。排放氮氧化物170.6万吨，烟（粉）尘83.6万吨。

调查统计黑色金属冶炼和压延加工3476家，其中有烧结机或球团设备的钢铁企业597家，共拥有烧结机1072台，球团设备450套。共有脱硫设施1174套，脱硝设施63套，除尘设施16337套。共排放二氧化硫173.6万吨，氮氧化物104.3万吨，烟（粉）尘357.2万吨。

调查统计规模化畜禽养殖场131837家，规模化畜禽养殖小区7578家。

调查统计城镇污水处理厂6910座，设计处理能力达到1.9亿吨/日，全年共处理污水532.3亿吨；生活垃圾处理厂（场）2315座，全年共处理生活垃圾2.48亿吨，其中采用填埋方式处置的共1.78亿吨，采用堆肥方式处置的共0.04亿吨，采用焚烧方式处置的共0.66亿吨；危险废物集中处理（置）厂（场）866座，医疗废物集中处理（置）厂（场）246座，全年共综合利用危险废物509.8万吨，处置危险废物521.9万吨。全国环境统计数据见附表D-1。

全国环境统计数据　　　　　　　　　　　　　　　　附表D-1

一、废水及其污染物排放		（二）环境监测	
1. 废水排放总量（亿吨）	735.32	1. 环境空气质量监测点位数（个）	3360
其中：工业废水排放量	199.5	其中：国控监测点位数	1436
城镇生活污水排放量	535.2	2. 酸雨监测点位数（个）	1199
集中式废水排放量	0.62	3. 沙尘天气影响环境质量监测点位数（个）	122
2. 化学需氧量排放总量（万吨）	2223.5	4. 地表水水质监测断面（点位）数（个）	10154
其中：工业化学需氧量排放量	293.45	其中：国控断面（点位）数	972
城镇生活化学需氧量排放量	846.9	5. 饮用水水源地监测点位数（个）	4764
农业源化学需氧量排放量	1068.6	6. 近岸海域监测点位数（个）	894
集中式化学需氧量排放量	14.5	7. 开展污染源监督性监测的重点企业数（个）	68121
3. 氨氮排放总量（万吨）	229.9	（三）环境污染控制与管理	
其中：工业氨氮排放量	21.7	1. 清洁生产审核当年完成企业数（个）	9012
城镇生活氨氮排放量	134.1	其中：强制性审核完成数	6920
农业源氨氮排放量	72.6	2. 应开展监测的重金属污染防控重点企业数（个）	3275
集中式氨氮排放量	1.5	其中：重金属排放达标重点企业数	2881
二、废气及其污染物排放		3. 已发放危险废物经营许可证数（个）	1578
1. 二氧化硫排放总量（万吨）	1859.1	其中：具有医疗废物经营范围许可证数	284
其中：工业二氧化硫排放量	1556.7	（四）建设项目环境影响评价	

续表

城镇生活二氧化硫排放量	296.9	1. 当年审批建设项目投资总额（亿元）	374142.6
集中式二氧化硫排放量	0.2	2. 当年审批建设项目环保投资总额（亿元）	10063.7
2. 氮氧化物排放总量（万吨）	1851.9	3. 当年审查规划环境影响评价文件数（个）	440087
其中：工业氮氧化物排放量	1180.9	（五）建设项目竣工环境保护验收	
城镇生活氮氧化物排放量	65.1	1. 当年完成环境保护验收项目数（个）	167230
机动车氮氧化物排放量	585.9	其中：一次合格项目数	160854
集中式氮氧化物排放量	0.3	2. 当年完成环保验收项目总投资（亿元）	123272.8
3. 烟（粉）尘排放总量（万吨）	1538.0	3. 当年完成工业企业环保验收项目环保投资（亿元）	3085.8
其中：工业烟（粉）尘排放量	1232.6	（六）污染源自动监控	
城镇生活烟（粉）尘排放量	249.7	1. 已实施自动监控国家重点监控企业数（个）	9049
机动车烟（粉）尘排放量	55.5	其中：水排放口数	6602
集中式烟（粉）尘排放量	0.2	气排放口数	7435
三、工业固体废物		2. COD监控设备与环保部门稳定联网数（个）	6313
1. 一般工业固体废物产生量（万吨）	327079	3. 氨氮监控设备与环保部门稳定联网数（个）	5742
2. 一般工业固体废物综合利用量（万吨）	198807	4. SO_2监控设备与环保部门稳定联网数（个）	5806
3. 一般工业固体废物综合利用率（%）	60.3	5. NO_x监控设备与环保部门稳定联网数（个）	5752
4. 一般工业固体废物贮存量（万吨）	58365	（七）排污费征收	
5. 一般工业固体废物处置量（万吨）	73034	1. 排污费解缴入库户数（户）	277724
6. 一般工业固体废物倾倒丢弃量（万吨）	56	2. 排污费解缴入库户金额（亿元）	178.5
四、工业危险废物		（八）信访与法制	
1. 工业危险废物产生量（万吨）	3976.1	1. 当年受理行政复议案件数（件）	701
2. 工业危险废物综合利用量（万吨）	2049.7	2. 当年行政处罚案件数（件）	102084
3. 工业危险废物贮存量（万吨）	810.3	3. 当年承办人大建议数（件）	8704
4. 工业危险废物处置量（万吨）	1174.0	4. 当年承办政协提案数（件）	11213
5. 工业危险废物倾倒丢弃量（万吨）	0	5. 当年备案的地方环境标准数（件）	38
五、环境污染治理投资		6. 当年电话/网络投诉数（万件）	164.7
1. 污染治理投资总额（亿元）	8806.3	7. 当年电话/网络投诉办结数（万件）	149.2
其中：工业污染治理项目投资额	773.7	8. 当年来信总数（件）	161.1

续表

"三同时"项目环保投资额	3085.8	9. 当年来访批次/人数（批次/人）	48010/104323
城市环境基础设施建设投资额	4946.8	10. 当年来信来访办结数（件）	161252
2. 环境污染治理投资占当年GDP（%）	1.30	（九）自然生态保护与建设	
六、工业污染治理		1. 自然生态保护区总数（个）	2740
1. 当年施工污染治理项目数（个）	7197	其中：国家级	428
2. 污染治理项目当年完成投资额（亿元）	773.7	省级	879
其中：治理废水	118.4	2. 自然生态保护区面积（万公顷）	14702.8
治理废气	521.8	3. 陆地自然保护区面积占国土面积比（%）	14.8
治理固体废物	16.1	4. 生态市、县建设个数（个）	517
七、环境管理		5. 国家级生态村镇个数（个）	4834
（一）环保系统机构数/人数（个/万人）	14812/23.2	6. 国家有机食品生产基地数量（个）	176
1. 环保行政主管部门机构数/人数	3181/5.7	（十）突发环境事件	
2. 环境监测机构数/人数	2810/6.2	突发环境事件次数（次）	330
3. 环境监察机构数/人数	3039/6.6	其中：特别重大环境事件次数	0
4. 核与辐射环境监测机构数/人数	214/0.3	重大环境事件次数	3
5. 科研机构数/人数	297/0.7	较大环境事件次数	5
6. 宣教机构数/人数	258/0.2	一般环境事件次数	322
7. 信息机构数/人数	273/0.2	（十一）环境宣教	
8. 环境应急（救援）机构数/人数	171/0.1	1. 当年开展的社会环境宣传教育活动数/人数（次/万人）	12175/3035.5
		2. 环境教育基地数（个）	2345

参考文献

[1] 习近平. 决胜全面建成小康社会 夺取新时代中国特色社会主义伟大胜利——在中国共产党第十九次全国代表大会上的报告[N]. 人民日报, 2017.10.28.

[2] 王义保. 大安全观下的城市发展[J]. 群众, 2018（4）: 12.

[3] 张长立, 吴璟. 城市不是土地、建筑物与人口的简单叠加[N]. 中国社会科学报, 2011.10.20.

[4] 中华人民共和国国家统计局. 中国统计年鉴[M]. 北京: 中国统计出版社: 2015.

[5] 成升魁, 等. 中国生态足迹报告[R]. 北京: 中国环境与发展国际合作委员会等, 2012: 5.

[6] 谢高地, 等. 地球生命力报告·中国[R]. 北京: 中国环境与发展国际合作委员会等, 2015: 37.

[7] 中央城市工作会议在北京举行[EB/OL]. (2015-12-22) [2018-07-15]. http://www.xinhuanet.com/politics/2015-12/22/c_1117545528.htm, 2015-12-22.

[8] 王义保, 王莹. 近年来我国公共安全研究热点与趋势分析[J]. 湖湘论坛. 2016（6）: 133.

[9] 中华人民共和国环境保护部. 中国环境年鉴[M]. 北京: 中国环境年鉴社, 2015: 443.

[10] 王莹, 王义保. 社会公共安全治理中公众参与的模式与策略[J]. 城市发展研究, 2015（2）: 101.

[11] 王莹. 城市公共安全协同治理的模式构建与路径探索[D]. 徐州: 中国矿业大学博士学位论文, 2017.

[12] 刘悦秋, 刘克锋. 城市生态学[M]. 北京: 气象出版社, 2010: 10.

[13] 袁兴红, 刘红. 生态系统健康评价——概念架构与指标选择[J]. 应用生态学报, 2001（4）: 627-629.

[14] 刘耀彬, 等. 城市化与城市生态环境关系研究综述与评价[J]. 中国人口·资源与环境, 2005（3）: 55.

[15] Ree W E. Ecological Footprint and Appropriated Carrying Capacity: What Urban Economics Leaves Out. Environment and Urbanization, 1992, 4(2).

[16] Rapport DJ, Gandet C, Kar JR, et al. Evaluating Health Goals and Biophysical Process. Journal of Environmental Management, 1998(53): 1-15.

[17] Bartell S M, Guy L Gregoire K, et al. An Ecosystem Model for Aeeseeing Ecological Risks in Quebec Rivers, Lakes, and Reservoirs. Ecological Modeling, 1999(124):43-67.

[18] 世界环境与发展委员会. 我们共同的未来[M]. 王之佳等译. 长春: 吉林人民出版社, 1997.

[19] FAO Proceedings. Land Quality Indications and Their Use in Sustainable Agriculture and Rural Development. Proceedings of the Workshop Organized by the Land and Water Development Division FAO Agriculture Department, 1997(2): 5.

[20] Quigley T M, R W and Harm W J. Estimating Ecological Integrity in the Columbia River Basin. Forest Ecology and Management, 2001(153): 161-178.

[21] 卢梭. 社会契约论[M]. 北京: 商务印书馆, 1980: 78.

[22] 刘先江. "国家与社会"视野中的政府管理社会化研究[D]. 武汉: 华中师范大学, 2006.

[23] 俞可平. 治理与善治[M]. 北京: 社会科学文献出版社, 2000.

［24］俞可平. 全球治理引论［J］. 马克思主义与现实，2002，（1）：8.

［25］Rhodes. R. A. W. The new governance: governing without government. Political Studies, 1996(44): 652-667.

［26］郭礼峰. 我国公民参与城市治理研究［D］. 上海：上海师范大学，2011.

［27］Pierre J. Models of urban governance: the institutional dimension of urban politics. Urban Affairs Review, 1999.

［28］Brenner. N. Globalization as Reterritorialisation. The Re-scaling of Urban Governance in the European［J］. Union. Urban Studies, 1999: (3).

［29］Le Galès. Regulations and Governance in European Cities［J］. International Journal of Urban and Regional Research, 1998: (3).

［30］Hall. T, Huhhard. P. The Entrepreneurial City: New Urban Politics, New Urban Geographies［J］. Progress in Human Geography, 1996: (2).

［31］Lefèvre. C. Metropolitan Governance and Governance in Western Countries: a Critical Review［J］. International Journal of Urban and Regional Research, 1998 (1).

［32］Cowell. R, Murdoch. J. Land Use and the Limits to (Regional) Governance: Some Lessons from Planning for Housing and Minerals in England［J］. International Journal of Urban and Regional Research, 1999 : (4).

［33］MacLeod. G, Goodwin. M. Space, Scale and State Strategy: Rethinking Urban and Regional Governance［J］. Progress in Human Geography, 1999 (4).

［34］李艳芳. 论环境权及其与生存权和发展权的关系［J］. 中国人民大学学报，2000(5)：95-101.

［35］方洪庆. 公众参与环境管理的意义和途径［J］. 环境保护，2000(12)：8-9.

［36］Vroom, V. H. and P. W. Yetton. Leadership and Decision-Making. Pittsburgh: University of Pittsburgh Press, 1973.

［37］Sample, V. A. A Framework for Public Participation in Natural Resource Decision-Making. Journal of Orestry, 1993(91): 22-27.

［38］Daniels, Steven E; Lawrence, Rick L; Alig Ralph J. Decision-Making and Ecosystem-Based Management: Applying Vroom-Yetton Model to Public Participation Strategy. Environmental Impact Assessment Review, 1996(16): 13-30.

［39］P. S. Elder, ed. Environmental Management and Public Participation. Toronto: Canadian Environmental Protection Law Association, 1975: 384.

［40］Free. Green. A New Approach to Environmental Protection Jonathan H. Adler. Journal of Law & Public Policy, 2001(24).

［41］原田尚彦. 环境法［M］. 于敏译，北京：法律出版社，1999.

［42］Richard Elliot Benedice. Tomorrow's Environment is Global. Futures. 1999(31): 937-947.

［43］Robert C. Paehlke, Environmentalism and the Future of Progressive Politics, New Haven: Yale University, 1989.

［44］王凤. 公众参与环保行为机理研究［M］. 北京：中国环境科学出版社，2008.

［45］Webler and Tuler. Fairness and Competence in Citizen Participation: Theoretical Reflections from a Case Study. Administration & Society, 2000(32): 566-595.

［46］Margaret. A. House. Citizen Participation in Water Management. Water Science and Technolog, 1999(40): 125-130.

［47］Dungumaro, Esther W. , Madulu, Ndalahwa F. Public Participation in Integrated Water Management: The Case of Tanzania. Physics and Chemistry of the Earth, 2003(28): 1009-1014.

［48］Brent S. Steel. Thinking Globally and Acting Locally? Environmental Attitudes, Behavior and activism. Journal of Environmental Management, 1996(47): 27-36.

［49］Robert D. Klassen, Linda C. Angell, An International Comparison of Environmental Management in Operations: The Impact of Manufacturing Flexibility in the U. S. and Germany. Journal of Operations Management, 1998(16): 177-194.

［50］Luca Del Furiaa, Jane Wallace-Jonesb. The Effectiveness of Provisions and Quality of Practices Concerning Public Participation In Eia in Italy. Environmental Impact Assessment Review, 2000(20): 457-479.

［51］Jacqueline Peel. Giving The Public a Voice in the Protection of the Global Environment: Avenues for Participation by Ngos in Dispute Resolution at the European Court of Justice and World Trade Organization. Winter, 2001.

［52］Vastag, Gyula and Kerekes, Sándor and Rondinelli, Dennis A. Evaluation of Corporate Environmental Management Approaches: A Framework and Application. International Journal of Production Economics, 1996, 43 (2-3): 193-221.

［53］Tatsuyoshi Saijo, Takehiko Yamato; A Voluntary Participation Game with a Non-excludable Public Good. Journal of Economic Theory, 1999(84): 227-242.

［54］John W Delicath, Marie-France Aepli Elsenbeer, Stephen P Depoe. Communication and Public Participation in Environmental Decision Making. Albany, NY, State of University of New York Press. 2004.

［55］David H. Folz, Joseph M. Hazlett. Public Participation and Recycling Performance: Explaining Program Success. Public Administration Review, 1991, (6): 526-532.

［56］Andrew J. Green. Public Participation and Environmental Policy Outcomes. Canadian Public Policy, 1997(4): 435-488.

［57］David Lyons. Environmental Protection in Taiwan: Is it Too Much Too Fast? Journal of Contemporary Asia, 2005(35): 2.

［58］姜乃力. 城市化对大气环境的负面影响及其对策［J］. 辽宁城乡环境科技，1999（2）：63.

［59］周海丽，史培军，徐小黎. 深圳城市化过程与水环境质量变化研究［J］. 北京师范大学学报（自然科学版），2003（2）：273.

［60］张落成，刘燕鹏. 中国城化过程与城乡土地利用的特殊性［J］. 城市研究，2000（3）：41.

［61］毛蒋兴，闫小培. 基于城市土地利用模式与交通模式互动机制的大城市可持续交通模式选择——以广州为例［J］. 人文地理，2005（3）：107.

［62］黄金川，方创琳. 城市化与生态环境交互耦合机制与规律性分析［J］. 地理研究，2003（2）：211.

［63］杨文举，孙海宁. 浅析城市化进程中的生态环境问题［J］. 生态经济，2002（3）：34.

［64］方创琳. 中国城市发展格局优化的科学基础与框架体系［J］. 经济地理，2013（12）：1.

［65］蒋涤非，宋杰. 城市生态可持续性的内涵及其支持系统评价指标体系研究［J］. 生态环境学报，2012（2）：273-274.

［66］张坤民，温宗国. 城市生态可持续发展指标的进展［J］. 城市环境与城市生态，2001（6）：1.

［67］杨全海. 论城市生态可持续发展及路径选择［J］. 环境科学与管理，2007（7）：161-162.

［68］第五届国际生态城市大会. 生态城市建设的深圳宣言［J］. 城市发展研究，2002（9）：78.

［69］林清容. 首届国际森林城市大会 "森林城市与人居环境" 深圳宣言［N］. 深圳特区报，2016-12-01.

［70］王颖. 世界聚焦联合国住房和城市可持续发展大会［N］. 人民日报，2016-10-18.

［71］贾西津主编. 中国公民参与：案例与模式［M］. 北京：社会科学文献出版社，2008：1-4.

［72］孙荣，徐红，邹珊珊. 城市治理：中国的理解与实践［M］. 上海：复旦大学出版社，2007：6.

［73］丁健. 论城市治理——兼论构建上海城市治理新体系［J］. 上海市经济管理干部学院学报，2004（4）：34.

［74］周诚君，洪银兴. 城市经营中的市场政府与现代城市治理经验回顾和理论反思［J］. 改革，2003（4）：15-22.

［75］踪家峰. 城市与区域治理［M］. 北京：经济科学出版社，2008：17-18.

［76］于明捷. 经济全球化与城市治理的转型［J］. 天津南开大学区域与经济研究中心工作论文，2000.

［77］郭鸿懋，踪家峰，江曼琦，等. 论现代城市治理的模式［J］. 理论与现代化，2002（6）：19.

［78］王佃利. 城市管理转型与城市治理分析框架［J］. 中国行政管理，2006，（12）：97-101.

［79］大卫·福尔茨，等. 公众参与资源循环利用效果研究［J］. 公共行政评论，1991（6）：526-532.

［80］Tomas M. Koontz, Collaboration for Sustainability? A Framework for Analyzing Government Impacts in Collaborative-Environmental Management. Sustainability: Science, Practice, &Policy, 2006(2): 15-24.

［81］李新民，李天威. 中西方国家环境影响评价公众参与的对比［J］. 环境科学，1998，19（S1）：57-60.

［82］桑海鸿，吴仁海，陈国权. 中国环境影响评价公众参与有效性的分析［J］. 陕西环境，2001（2）：30-32.

［83］叶文虎，栾胜基. 环境质量评价学［M］. 北京：高等教育出版社，1994.

［84］杨贤智. 环境管理学［M］. 北京：高等教育出版社，1990.

［85］马晓明. 三方博弈与环境制度［M］. 北京：北京大学出版社，2003.

［86］徐晓明. 环境领域中公众参与行为的经济分析［J］. 中国人口资源与环境，2004（1）：127-128.

［87］昌敦虎，安海蓉，王鑫. 环境问题的复杂性与公众参与行为扩展［J］. 中国人口资源与环境，2004（4）：131-133.

［88］田良. 环境影响评价研究——从技术方法、管理制度到社会过程［M］. 兰州：兰州大学出版社，2004.

［89］宋言奇. 非政府组织参与环境管理：理论与方式探讨［J］. 自然辩证法研究，2006（5）：59-63.

［90］江剑平，袁雄. 构建环保公众参与机制的设想［J］. 江西财经大学学报，2005（5）：14-16.

［91］ 国家环境保护总局. 全国公众环境意识调查报告［M］. 北京：中国环境科学出版社，1999.

［92］ 张世秋等. 中国小城市妇女的环境意识与消费选择［J］. 中国软科学，2000（5）：12-16.

［93］ 陶文娣，王会，王瑾芳. 北京市大学生环境意识调查与分析［J］. 中国人口资源与环境，2004（1）：130.

［94］ 王向东. 中国西部农村地区公众环境意识现状与环境教育［D］. 长春：东北师范大学硕士学位论文，2003.

［95］ 吴祖强. 环境保护要依靠公众参与——关于环境保护主要依靠力量的市民调查［J］. 四川环境，1997（3）：56-60.

［96］ 赵秀梅，肖广岭. 首都高校学生环保社团的现状与发展［J］. 中国人口资源与环境，1998（4）：85-88.

［97］ 问泽霞. 公众参与建设项目环境影响评价市政分析——存在的问题及有效性分析［J］. 泰州职业技术学院学报，2005（4）：62-66.

［98］ 侯小伏. 英国环境管理的公众参与及其对中国的启示［J］. 中国人口资源与环境，2004（5）：125-129.

［99］ 李艳芳. 美国的环境影响评价公众参与制度［J］. 环境保护，2001（10）：33-34.

［100］ 克劳斯·迈因策尔. 复杂性中的思维：物质、精神和人类的复杂动力学［M］. 北京：中央编译出版社，1999：351.

［101］ 曹伟. 城市生态安全导论［M］. 北京：中国建筑工业出版社，2004.

［102］ 杨志峰，徐琳瑜，毛建素，等. 城市生态安全评估与调控［M］. 北京：科学出版社，2013：8.

［103］ The Skeffington Committee. People and Planning: Report of the Committee on Public Participation in Planning (The Skeffington Committee Report) [R]. Routledge, abingdon oxon, United Kingdom, 2014.

［104］ Amstein S. a Ladder of Citizen Participation. Journal of the Amencian Institutc of Planners, 1969.

［105］ 俞可平. 公民参与的几个理论问题［N］. 学习时报，2006.12.19.

［106］ 蔡定剑. 公众参与：风险社会的制度建设［M］. 北京：法律出版社，2009：5.

［107］ 王莹，王义保. 公众参与：政府信任提升的动力机制［J］. 学术论坛，2015（6）：47.

［108］ 王佃利. 城市治理中的利益主体行为机制［M］. 北京：中国人民大学出版社，2009：24.

［109］ 迈克尔·麦金尼斯. 多中心体制与地方公共经济［M］. 上海：上海三联书店，2000：69-95.

［110］ 联合国人居署. 全球化世界中的城市——全球人类住区报告2001［M］. 北京：中国建筑工业出版社，2004：XXVI、284.

［111］ 王华. 治理中的伙伴关系：政府与非政府组织间的合作［J］. 云南社会科学，2003（3）：25-29.

［112］ 饶会林. 中国城市管理新论［M］. 北京：经济科学出版社，2003：4-5.

［113］ 陈海秋. 转型期城市环境治理理论的基本内容及其展望［J］. 徐州工程学院社会科学版，2010（2）：24-27.

［114］ 杨妍. 环境公民社会与环境治理体制的发展［J］. 新视野，2009（4）：42-44.

［115］ 朱锡平. 论生态环境治理的特征［J］. 生态经济，2002（9）：48-50.

［116］ 杨振东，王海青. 浅析环境保护公众参与制度［J］. 山东环境，2001（5）.

［117］ 曲格平. 环境保护知识读本［M］. 北京：红旗出版社，1999：2.

［118］ 田良. 论环境影响评价中公众参与的主体、内容和方法［J］. 兰州大学学报（社会科学版），

2005（5）.

[119] 周珂，王小龙. 环境影响评价中的公众参与[J]. 甘肃政法学院学报，2004（3）.

[120] 徐祥民，田其云，等. 环境权环境法学的基础研究[M]. 北京：北京大学出版社，2004.

[121] 中华人民共和国生态环境部政策法规司. 中华人民共和国环境保护法[EB/OL].（2014-04-25）[2018-07-15]. http://zfs.mee.gov.cn/fl/201404/t20140425_271040.shtml.

[122] 全国人民代表大会. 中华人民共和国宪法（2004修正）[EB/OL].（2004-03-14）[2018-07-15]. http://www.npc.gov.cn/npc/zt/qt/gjxfz/2014-12/03/content_1888091.htm2004.03.14.

[123] 罗宾·艾克斯利. 绿色国家：重思民主与主权[M]. 郇庆治，译. 济南：山东大学出版社，2012：118.

[124] Hannah Arendt. "The Crisis of Culture." In Between Past And Future: Six Exercise of Political Thought. New York: Meridian, 1961.

[125] 安德鲁·多布森. 绿色政治思想[M]. 郇庆治，译. 济南：山东大学出版社，2005：2.

[126] 王浦劬. 政治学基础[M]. 北京：北京大学出版社，1995：206.

[127] [美]戴维·赫尔德. 民主的模式[M]. 北京：中央编译出版社，1998：337-340.

[128] 中国社会科学杂志社. 民主的再思考[M]. 北京：中国社会科学出版社，2000：169.

[129] Huntington S. P. Will More Country Become Democratic? Political Science Quarterly, 1999 (2):204.

[130] 孔德元. 西方学者政治参与理论述评[J]. 烟台师范学院学报（哲学社会科学版），2005（12）.

[131] 陈亚惠，等. 新常态下大学生政治参与引领研究[M]. 成都：西南财经大学出版社，2018：15.

[132] 万俊人. 罗尔斯读本[M]. 北京：中央编译出版社. 2006：2.

[133] 吴璟，王义保. 城市生态正义：理论张力与治理选择[J]. 理论视野，2017（1）：54.

[134] [美]迈克尔·D·贝勒斯. 程序正义——向个人的分配[M]. 邓海平译. 北京：高等教育出版社 2005：7-8.

[135] 托尼·布莱尔. 第三条道路是最好的道路[N]. 华盛顿邮报，1998-9-27.

[136] [美]斯塔夫里阿诺斯. 全球通史（上）[M]. 吴象婴等译. 北京：北京大学出版社，2006：107.

[137] [比]亨利·皮郎. 中世纪欧洲经济社会史[M]. 乐文译. 上海：上海人民出版社，1964：49.

[138] [法]雷吉娜·佩尔努. 法国资产阶级史（上册）[M]. 康新文等译. 上海：上海译文出版社，1991：117.

[139] [美]H.J.伯尔曼. 法律与革命[M]. 贺卫方等译. 北京：中国大百科全书出版社，1993：481-482.

[140] [法]亚历西斯·德·托克维尔. 论美国的民主[M]. 北京：商务印书馆，1988：45-76.

[141] H·S·Commager. Documents of American History. New York university, 1934:16.

[142] 中央编译局. 马克思恩格斯全集（第19卷）[M]. 北京：人民出版社，1965：351-369.

[143] Thomas J. Wertenbaker, The First Amercicans 1607-1690, The Macmillan Company, 1929:55.

[144] Kenneth A. Lockridge, Settlement and Unsettlement in Early America. Cambridge University Press, 1981: 17.

[145] Carl Bridenbaugh. Early Americans. Oxford University Press, 1981: 175-176.

[146] [德]乌尔里希·贝克. 风险社会[M]. 何博闻译. 南京：译林出版社，2004：19.

[147] Ghazala Mansuri and Vijayendra Rao. Localizing Development: Does Participation Work? A world bank policy reaearch report [R]. International Bank for Reconstruction and Development / The World Bank, 2013: 45.

[148] Wehn, U., Evers, J. In: Citizen Observatories of Water: Social Innovation via eParticipation? Presentation at ICT4S (ICT for Sustainability). Stockholm, Sweden, 2014(8): 24-27.

[149] Ciravegna, F., Huwald, H., Lanfranchi, V., Wehn de Montalvo, U. In: Citizen Observatories: The WeSenseIt Vision, INSPIRE (Infrastructure for Spatial Information in the European Community), Florence, Italy, 2013(6): 23–27.

[150] 锁利铭, 马捷. "公众参与" 与我国区域水资源网络治理创新 [J]. 西南民族大学学报（人文社会科学版）, 2014（6）: 147.

[151] Archon Fung. Varieties of Participation in Complex Governance. Public Adm. Rev. 2006(66): 66-75.

[152] [美] 丹尼尔·贝尔. 后工业社会的来临——对社会预测的一项探索 [M]. 高铦等译. 北京: 新华出版社, 1997.

[153] 财政部财政科学研究所. 热点与对策, 2008—2009年度财政研究报告 [R]. 北京: 中国财政经济出版社, 2010.

[154] 石丁, 谢娟. 我国环境财政支出现状及存在的问题 [J]. 现代物业, 2010（1）: 120.

[155] 杨上广. 中国大城市社会空间演化 [M]. 上海: 华东理工大学出版社, 2006: 33-48.

[156] 陈先红. 以生态学范式建构公共关系学理论 [J]. 广告与公共关系, 2009（4）: 122.

[157] Archon Fung. Putting the Public Back into Governance: The Challenges of Citizen Participationand Its Future. public Administration Review, 2015(75): 513-522.

[158] [英] 洛克. 论政府 [M]. 刘晓根编译. 北京: 北京出版社, 2007: 115-116.

[159] 高原. 我国工业污染占比超70%第三方治理推广还存困难 [EB/OL]. (2015-03-04) [2018-07-15] http://finance.sina.com.cn/china/20150304/001221636118.shtml, 2015-03-04.

[160] 赵洁. 政府的社会责任 [M]. 太原: 山西人民出版社, 2015: 176.

[161] Luger C, Stubblefield W A. Artificial Intelligence and the Design of Expert Systems. The Benjamin Cummings Pulb. Comp. Redwood City, California, 1989.

[162] 陈君. 环保技术超市: 中国治污新模式 [EB/OL]. (2014-12-05) [2018-07-15]. http://www.chinatoday.com.cn/ctchinese/society/article/201412/05/content_657123.htm, 2014-12-05.

[163] 周军, 唐兴霖, 赵俊梅. 我国非政府组织与政府间的关系——以草根环境NGO为例 [J]. 理论探讨, 2008（6）.

[164] Peter Ho. Greening without Conflict? Environmentalism, NGOs and Civil Society in China. Development and Change, 2001(32).

[165] 蔡定剑. 中国公众参与的问题与前景 [J]. 民主与科学, 2010（5）.

[166] 杨光斌. 公民参与和当下中国的治道变革 [J]. 社会科学研究, 2009（1）: 20.

[167] 国家林业局办公室. 国家生态大数据研究院成立 [EB/OL]. (2017-05-27) [2018-07-15]. http://

www. forestry. gov. cn/main / 4424 / content-982716. html.

［168］武小川. 论公众参与社会治理的法治化［D］. 武汉：武汉大学博士学位论文，2014.

［169］［美］约翰·克莱顿·托马斯. 公共决策中的公民参与：公共管理者的新技能与新策略［M］. 孙柏瑛等译. 北京：中国人民大学出版社：2005：104.

［170］国家信访局. 国务院信访条例［EB/OL］.（2005-01-18）[2018-07-15]. http://www. gjxfj. gov. cn / 2005-01 / 18/content_3583093. htm, 2005-01-18.

［171］国家环保总局. 环境信访办法［EB/OL］.（2006-06-24）[2018-07-15]. http://www. mep. gov. cn/ gkml / zj / jl / 200910 / t20091022_171839. htm, 2006-06-24.

［172］吴璟，王义保. 城市生态权利：问题本质与现实建构［J］. 天津社会科学，2017（3）：50.

［173］孙柏瑛. 公民参与形式的类型及其适用性分析［J］. 中国人民大学学报，2005（5）：128.

［174］王建容，王建军，刘金程. 公共政策制定过程视角下的公民参与形式及其选择［J］. 天府新论，2010（4）：95.

［175］夏金莱. 行政决策中的公众参与研究［D］. 武汉：武汉大学博士学位论文. 2013.

［176］See Steven P. Croley and William F. Funk. The Federal Advisory Committee Act and Good Government. Yale J. on Reg. , 1997.

［177］中华人民共和国国务院办公厅. 国务院关于印发《国务院工作规则》的通知［EB/OL］.（2013-03-28）[2018-07-15]. http://www. gov. cn/zhengce/content/2018/07/02/, ontent_5302908. htm, 2013-03-28.

［178］翁士洪，叶笑云. 网络参与下地方政府决策回应的逻辑分析［J］. 公共管理学报，2013（4）：26.

［179］国家统计局城市经济社会调查司. 中国城市统计年鉴［M］. 北京：中国统计出版社，2017：14.

［180］钟彬. 达尔的多元主义民主理论研究［D］. 天津：南开大学博士学位论文，2009.

［181］贾生华，陈宏辉. 利益相关者的界定方法评述［J］. 外国经济与管理，2002（5）：13-14.

［182］刘晶. 六里屯垃圾发电项目始末［EB/OL］.（2007-06-08）[2018-07-15]. http://www. mep. gov. cn/hjyw/200706/t20070608_104841. htm, 2007-06-08.

［183］李建军，王彩霞. 信任危机如同环境污染——评"北京六里屯垃圾焚烧发电受民众抵制"［EB/ OL］.（2007-04-17）[2018-07-15]. http://www. solidwaste. com. cn/news/168176. html, 2007-04-17.

［184］张国平. 从结构到主体：我国城市治理范式的重构［J］. 特区经济，2003：10.

［185］中华人民共和国生态环境部. 全国环境统计公报（2015）［EB/OL］.（2017-02-23）[2018-07-15]. http://www. mee. gov. cn/gzfw_13107/hjtj/qghjtjgb/201702/t20170223_397419. shtml.

［186］王宝顺，刘京焕. 中国地方城市环境治理财政支出效率评估研究［J］. 城市发展研究，2011（4）：71.

［187］李连江. 差序政府信任［J］. 二十一世纪，2012（6）.

［188］高勇. 参与行为与政府信任的关系模式研究［J］. 社会学研究，2014（5）：115.

［189］丁煌. 西方行政学说史［M］. 武汉：武汉大学出版社，2004：62.

［190］李黔渝，王贤. 城管执法：依法履职才能走出信任危机［EB/OL］.（2016-01-10）[2018-07-15]. http://www. xinhuanet. com / 2016-01 / 10 / c_1117724300. htm，2016-01-10.

［191］杨光斌. 合法性概念的滥用与重述［J］. 政治学研究，2016（2）：4.

［192］孙晓春，汪轩宇. 中国传统政治思想的价值及其当下意义［J］. 政治学研究，2016（1）：58.

［193］Norman Daniels, ed, Reading Rawls. New York: Basic Books, 1974: 62.

［194］西摩·马丁·李普塞特. 政治人：政治的社会基础［M］. 上海：上海人民出版社，2011：47.

［195］［美］约翰·贝拉米·福斯特. 生态危机与资本主义［M］. 耿建新，宋兴无译. 上海：上海译文出版社，2006：1-2.

［196］马克斯·韦伯. 新教伦理与资本主义精神［M］. 成都：四川人民出版社，1986：3.

［197］［德］乌尔里希·贝克. 世界风险社会［M］. 吴英姿，孙淑敏译. 南京：南京大学出版社，2004：185.

［198］柏拉图. 理想国［M］. 郭斌和，张竹明译，北京：商务印书馆，1986：268-271.

［199］吴璟，王义保. 西方政党制度法治化：内涵、进程与动力［J］. 学习与探索，2016（12）：80.

［200］罗伯特·A. 达尔. 多元主义民主的困境［M］. 北京：求实出版社，1989.

［201］［美］戴维·伊斯顿. 政治生活的系统分析［M］. 王浦劬译. 北京：华夏出版社，1999：26.

［202］张超. 城市管理主体多元化模式探讨［J］. 学海，2006（6）.

［203］俞可平. 中国公民社会：概念、分类与制度环境［J］. 中国社会科学，2006（1）.

［204］中华环保联合会. 中国民间环保组织发展状况报告［R］. 2015.

［205］韦伟等. 2015年中国民间水环境保护组织发展调查报告［R］. 北京：合一绿学院，2015.

［206］唐钧. 政府风险管理的实践与评述——以加拿大和英国政府的改革为例［J］. 中国行政管理，2009（4）：31.

［207］黄学贤,齐建东. 试论公民参与权的法律保障［J］. 甘肃行政学院学报，2009（5）：120.

［208］Thomas Dye, Harmon Zeiglar. The Irony of Democracy: Uncommon Introduction to American Politics. Tenth Edition. Harcourt Brace College Publishers, 1996: 1, 135, 136,18.

［209］珍妮特·登哈特，罗伯特·登哈特. 新公共服务：服务，而不是掌舵［M］. 北京：中国人民大学出版社，2004：22.

［210］王佃利. "经营城市"的新理念及风险回避［J］. 中国行政管理，2003（2）.

［211］A. N. Glucker, et al. Public Participation in Environmental Impact Assessment: Why, Who and How? Environmental Impact Assessment Review, 2013(43).

［212］Cary Coglianese. The Limits of Consensus: The Environmental Protection System in Transition: Toward a More Desirable Future. Environment: Science and Policy for Sustainable Development, 1999(41): 28-33.

［213］David A. Steinman, K. Havens & L. Hornung. The Managed Recession of Lake Okeechobee, Florida: Integrating Science and Natural Resource Management. Ecology and Society, Conservation Ecology, 2002(6): 2.

［214］胡平等. 地方政府公共信息共享机制与管理问题研究［M］. 西安：西安交通大学出版社，2009：40.

［215］高振宁. 环境保护与生态环境信息共享［M］. 北京：中国环境科学出版社，2005：3.

［216］Melo, M. A. and G. Baiocchi. Deliberative Democracy and Local Governance: Towards a New Agenda. International Journal of Urban and Regional Research, 2006(30): 587-600.

［217］ Burgess, J. , M. Limb and C. M. Harrison. Exploring Environmental Values Through the Medium of Small Groups: 1. Theory and Practice. Environment and Planning A: Economy and Spsce,1998(20).

［218］ Meg Holden. Public Participation and Local Sustainability: Questioning a Common Agenda in Urban Governance. International Journal of Urban and Regional Research, 2001(2): 318.

［219］ Holden, M. Revisiting the Local Impact of Community Indicators Projects: Sustainable Seattle as Prophet in its Own Land. Applied Research in Quality of Life, 2006(3).

［220］ Leighninger, M. and M. McCoy. Mobilizing Citizens: Study Circles Offer a New Approach to Citizenship. National Civic Review, 1998(87).

［221］ Climate Change 2014. Intergovernmental Panel on Climate Change (IPCC). Cambridge: Cambridge University Press, 2014.

［222］ Jeroen van der Heijden. Experimental Governance for Low-Carbon Buildings and Cities: Value and Limits of Local Action Networks. Cities, 2016(53):1-7.

［223］ City of Chicago. Chicago Climate Action Plan [R]. Chicago: City of Chicago, 2011.

［224］ NRDC. Retrofit Chicago. Chicago: Natural Resources Defence Council, 2014.

［225］ Retrofit Chicago. Two Years into the Program. Retrieved from http: // retrofitchicagocbi. org/our-media / entry / two-years-into-the-program-participants-reduce-energy-use-by-7, 2015.

［226］ ICLEI. Five Lessons from the Chicago Green Office Challenge. Retrieved from http:// www. icleiusa. org/blog / five-lessons-from-the-chicago-green-office-challenge, 2009.

［227］ Tally is In: Chicago Green Office Challenge Announces Winners. Retrieved from www. delta-institute. org / 2015 / 06 / tally-is-in-chicago-green-office-challenge-announces-winners /, 2015-07-20.

［228］ City of Chicago. Building Energy Benchmarking Report[R]. Chicago: City of Chicago, 2014.

［229］ Better Buildings Partnership. Better Buildings Partnership. Annual report 2013-2014[R]. Sydney: City of Sydney, 2015.

［230］ Blundell, L. The Tenants & Landlords Guide to Happiness[R]. Sydney: The Fifth Estate / Better Buildings Partnership, 2014.

［231］ Greensense. Out of Hours[R]. Melbourne: Greensense, 2013.

［232］ CitySwitch. Progress Report 2014[R]. Sydney: CitySwitch, 2015.

［233］ Noriko Okubo. The development of the Japanese legal system for public participation in land use and environmental matters. Land Use Policy, (2016): 495.

［234］ 韩广，杨兴. 中国环境保护法的基本制度研究［M］. 北京：中国法制出版社，2007.

［235］ Yatsu, Y. , Tabata, M. , 2004. Shizen-saisei-suishinho to Shizen-saisei-jigyo. Gyosei, Tokyo, Japan (in Japanese).

［236］ 张龙江，张永春，等. 公众参与社会环境影响评价和流域水污染控制［M］. 北京：中国环境科学出版，2013：24.

［237］ Garmendia, E. , Gamboa, G. , Olazábal, M. , Franco, J. , Garmendia, J. , Herranz, K. Social Multi-

Criteria Evaluation as a Decision Support Tool in the Adaptive Management of Complex Socio-Ecological Systems: The Case of a Biosphere Reserve in Northern Spain. Paper presented in the International Conference of the Social- Ecological Research Programme—On the Human Dimension of Global Environ- mental Change. Berlin, 2007(2): 22-23.

[238] 高清. 刍议环境保护的公众参与[J]. 经济问题，2008（6）：49.

[239] 张丹明. 美国城市雨洪管理的演变及其对我国的启示[J]. 国际城市规划，2010(6)：83-86.

[240] 张晓昕，郭祺忠，马洪涛. 美国城市雨水径流管理概况[J]. 给水排水，2014(S1)：82-87.

[241] 刘超. 国内外城市雨水管理政策及标准比较研究[D]. 北京：北京建筑大学，2015.

[242] Senge P M. The Fifth Discipline：The Art and Practice of the Learning Organization[M]. USA：Broadway Business, 2006.

[243] 宫永伟，等. 海绵城市建设的公众参与机制探讨[J]. 中国给水排水，2018（18）：2-3.

[244] Thomas N D, Andrew J R. Municipal Stormwater Management (2nd ed) [M]. Florida: Lewis Publishers, 2002.

[245] Daniels S E, Walker G B. Working Through Environ-mental Conflict: The Collaborative Learning Approach [M]. Westport CT: Praeger Publishers, 2001.

[246] Thompson J R, Elmendorf W F, McDonough M H, et al. Participation and conflict: Lessons learned from commu-nity forestry[J]. J Forestry, 2005, 103(4): 174-178.

[247] Rosol M. Public participation in post-Fordist urban green space governance: the case of community gardens in Berlin [J]. International Journal of Urban and Regional Research, 2010, 34(3): 548-563.

[248] 邓炀，王向荣. 公众参与城市绿色空间管理维护——以坦纳斯普瑞公园为例. 中国园林，2019（8）：139-144.

[249] 方家，吴承照. 美国城市公园与游憩部的地位和职能[J]. 中国园林，2012(2)：114-117.

[250] Elizabeth K M，Gary D E. Measuring Job Satisfaction of Volunteers in Public Parks and Recreation[J]. Journal of Park and Recreation Administration, 2001, 19(1): 79-92.

[251] London Audit Commission. Tough Times 2013: Councils' responses to financial challenges from 2012-11 to 2013-14[R]. 2013.

[252] Foster S. Collective action and the urban commons [J]. Notre Dame Law Review, 2011，87(1):57-133.

[253] Buizer M, Elands B,Mattijssen T, et al. The governance of urban green spaces in selected EU-cities: Policies, Practices, Actors,Topics [R]. Forest and Nature Conservation Policy Landscape Centre, 2015.

[254] Alexander P N van der Jagt, Birgit H M E, Bianca Ambrose-Oji, et al. Participatory Governance of Urban Green Spaces: Trends and Practices in the EU[J]. Nordic Journal of Architectural Research, 2016, 28(3):11-40.

[255] 华义. 治理污染，日本做了些什么——访日本环境问题专家冈崎雄太[EB/OL].（2016-12-20）[2018-07-15]. http: //news. xinhuanet. com/tech/2016-12/20/c_1120155015. htm, 2016-12-20.

[256] Okubo, N. ,Kankyo-saisei to Shimin-sanka. In: Awaji, T. (Ed). Chiiki-saisei no Kankyogaku. University

of Tokyo Press, Tokyo, Japan, (inJapanese), 2006b: 251-281.

［257］ 黄桂琴. 论环境保护的公众参与［J］. 河北法学，2004（1）：58.

［258］ Okubo, N. Kyodo no Shinten to Gyoseihogaku no Kadai. In: Isobe, T. , Kobayakawa, M., Shibaike, Y. (Eds.), Gyoseiho no Shin-koso 1: Gyoseiho no Kiso-riron. Yuhikaku, Tokyo, Japan (in Japanese), 2011b:223-243.

［259］ Mikami, T. Chiikikukan wo meguru Jyumin no Rieki to Ho. Yuhikaku, Tokyo, Japan (in Japanese), 2006.

［260］ 罗尼·利普舒茨. 全球环境政治：权力、观点和实践［M］. 郭志俊，蔺雪春译. 济南：山东大学出版社，2012：254.

［261］ 中央编译局. 马克思恩格斯文集（第5卷）［M］. 北京：人民出版社，2009：207-208.

［262］ 陈忠. 城市社会的生态营建及其人文选择［J］. 探索与争鸣，2018（9）：12.

［263］ E. F. Isin and B. S. Turner eds.Handbook of Citizenship Studies. London: Sage, 2000: 8.

［264］ J. Barry. Rethinking Green Theory. London: Sage, 1999: 32.

［265］ RAWLS J . A theory of Justice. Harvard: Harvard University Press, 1971: 136.

［266］ Leventhal, G. S. What Should be Done With Equity Theory? New Approaches to The Study of Fairness in Social Relationships. Gergen K J, Greenberg M S, Willis R H. (eds). Social Exchange Theory. New York: Plenum Press,1988:67.

［267］ 马克·史密斯，皮亚·旁萨帕. 环境与公民权：整合正义、责任与公民参与［M］. 侯艳芳，杨晓燕译. 济南：山东大学出版社，2012：71.

［268］［英］亚当·斯密. 国民财富的性质和原因的研究（上）［M］. 北京：商务印书馆，1972：14.

［269］ 张兴成. 现代性、技术统治与生态政治［J］. 书屋，2003（10）：9.

［270］ 陈忠. 城市社会的生命自觉与风险治理［J］. 武汉大学学报（哲学社会科学版），2018（2）：50.

［271］ Salamon, L. The Tools of Government: A Guide to the New Governance. Oxford: Oxford University Press, 2002.

［272］ 汤哲铭. 城市治理：基于合作博弈的分析［D］. 西安：陕西师范大学，2006.

［273］ 陈景岭. 城市空间中的网络联盟：转型期中国城市治理的路径选择［J］. 生态经济，2007(12)：32.

［274］ 亚当·斯密. 国民财富的性质和原因的研究（下卷）［M］. 北京：商务印书馆，1997：25.

［275］ 张文宏. 网络社群的组织特征及其社会影响［J］. 江苏行政学院学报，2011（4）：70.

［276］ 郎友兴，安东尼·吉登斯. 第三条道路［M］. 杭州：浙江大学出版社，2000：179.

［277］ 亚里士多德. 政治学［M］. 吴寿彭译. 北京：商务印书馆，1985：199.

［278］［英］弗里德里希·奥古斯特·哈耶克. 通往奴役之路［M］. 王明毅，冯兴元等译. 北京：中国社会科学出版社，1997：82.

［279］ 刘旭涛. 行政改革新理论：公共服务市场化［J］. 中国改革，1999（3）：16.

［280］［美］曼瑟尔·奥尔森. 集体行动的逻辑［M］. 陈郁等译. 上海：上海三联书店，上海人民出版社，1995：2.

［281］ 董兴佩. 法益. 法律的中心问题［J］. 北方法学，2008（3）.

［282］ 吴卫星. 环境权法律化实证研究［J］. 青海社会科学，2006（3）.

［283］ 陈泉生. 环境法原理［M］. 北京：法律出版社，1997：115-116.

［284］ 陈忠. 城市社会的伦理自觉［J］. 社会学辑刊物，2018（2）：28.

［285］ 原新. 可持续适度人口的理想结构［J］. 人口学与计划生育，1999（4）：38.

［286］ ［美］约翰·贝拉米·福斯特. 生态革命——与地球和平相处［M］. 北京：人民出版社，2015：41.

［287］ E·博登海默. 法理学——法哲学及其方法［M］. 邓正来译. 北京：中国政法大学出版社，2004：413-414.

［288］ Stephen D. Krasner ed. International Regimes, Ithaca. New York: Cornell University Press, 1983:1.

［289］ 朱德明. 问事先问责问责先问人［J］. 中国环境报，2009（10）.

［290］ 李金龙，游高瑞. 地方政府环境治理能力提升的路径依赖与创新［J］. 求实，2009（3）.

［291］ Thomas Dietz and Paul C. Stern. Public Participation in Environmental Assessment and Decision Making. National Academies Press, 2009:13.

［292］ 胡乙，赵惊涛. "互联网+"视域下环境保护公众参与平台建构问题研究［J］. 法学杂志，2017（4）：126.

［293］ 刘岩. 风险社会理论新探［M］. 北京：中国社会科学出版社，2008：160.

［294］ 周恺，闫岩，宋斌. 基于互联网的规划信息交流平台和公众参与平台建设［J］. 国际城市规划，2012（2）：105.

［295］ ［德］哈贝马斯. 在事实与规范之间［M］. 童世骏译. 北京：北京三联书店，2003：445.

［296］ 彭分文，陈栋. 建立环境友好型社会的公众参与激励机制探析［J］. 广东社会科学，2009（6）：98.

［297］ 刘奚君. 全媒体时代大宣传格局的构建［J］. 学术论坛，2016（12）：147.

［298］ 韦伟等. 中国民间海洋环保组织发展调查报告——机构核心专业业务能力专题调研［R］. 北京：合一绿学院等，2017.

［299］ 吴璟，王义保. 网络文化安全的无缝隙治理［J］. 探索与争鸣，2016（11）：125.